Kieler Studien

Institut für Weltwirtschaft an der Universität Kiel

Herausgegeben von Herbert Giersch

154

Dr. Sighart Nehring

Die Wirkungen von Handelspräferenzen im Warenaustausch zwischen der Bundesrepublik und der DDR

Ein empirischer Beitrag zur Theorie der impliziten Transfers

J.C.B. MOHR (PAUL SIEBECK) TÜBINGEN

ISSN 0340-6989

CIP-Kurztitelaufnahme der Deutschen Bibliothek

Nehring, Sighart:
Die Wirkungen von Handelspräferenzen im Warenaustausch zwischen der Bundesrepublik und der DDR: e. empir. Beitr. zur Theorie d. impliziten Transfers. — Tübingen: Mohr, 1978.
(Kieler Studien; 154)
ISBN 3-16-340551-7 kart.
ISBN 3-16-340552-5 Lw.

Schriftleitung: Hubertus Müller-Groeling

ISSN 0340-6989

Inhaltsverzeichnis

Verzeichnis der Schaubilder

Verzeichnis der Tabellen im Text

Verzeichnis der Tabellen im Anhang

Vorwort

Die vorliegende Studie behandelt die versteckten Transferbeziehungen im präferenzierten Handel der Bundesrepublik mit der Deutschen Demokratischen Republik. Ziel dieser Untersuchung ist es, die ökonomischen Vor- und Nachteile zu analysieren und zu quantifizieren, die der DDR und der Bundesrepublik aus dem Sonderstatus des innerdeutschen Handels entstanden sind.

Zur Bearbeitung dieses Themas wurde ich im Jahre 1973 während meiner Tätigkeit am Wirtschafts- und Sozialwissenschaftlichen Fachbereich der Universität Augsburg von Herrn Professor Martin Pfaff angeregt. Er hat die Arbeit auch nach meinem Wechsel an die Universität Kiel betreut und gefördert; dafür bin ich ihm besonders dankbar. Die empirischen Teile der Studie entstanden im wesentlichen am Kieler Institut für Weltwirtschaft, an dem ich die begonnene Analyse dankenswerterweise fortsetzen und im Sommer 1977 beenden konnte.

Das intellektuelle Klima im Mitarbeiterteam meines verehrten Lehrers, Herrn Professor Herbert Giersch, hat die Arbeit in vielfältiger Hinsicht befruchtet und vorangetrieben. Sehr geholfen haben mir auch zahlreiche Diskussionen mit Kollegen aus dem Institut für Weltwirtschaft. Ihnen gilt mein Dank ebenso wie all jenen Mitarbeitern des Instituts, die in unermüdlicher Hilfsbereitschaft die statistische Aufbereitung der umfangreichen Daten, das Schreiben der diversen Manuskriptversionen und die redaktionelle Überarbeitung besorgten.

Kiel, im Juni 1978 Sighart Nehring

I. Einführung

1. Den Handelsbeziehungen zwischen der Bundesrepublik Deutschland und der Deutschen Demokratischen Republik (DDR) wird wegen ihrer zollpolitischen Sonderstellung im Außenhandel der Bundesrepublik und wegen ihrer starken Verquickung von Politik und Ökonomie besondere Bedeutung beigemessen. Für ein Verständnis der folgenden ökonomischen Analyse dürften einige grundlegende Informationen und Erläuterungen zum Problem nützlich sein.

1. Die Binnenmarktfiktion im innerdeutschen Handel

2. Nach der Teilung Deutschlands (1949) hielt die Bundesrepublik an der Fiktion eines deutschen Staates mit einem deutschen Wirtschaftsgebiet fest[1]. Die Deutsche Demokratische Republik wurde zwar nicht politisch, aber handelspolitisch weiterhin als Inland betrachtet. Der Warenaustausch mit der DDR war somit nicht Außenhandel, sondern Interzonenhandel bzw. (später) innerdeutscher Handel und frei von (tarifären) Hemmnissen[2].

---

[1] Offiziell galt dies zumindest bis zum Abschluß des Grundlagenvertrages vom 21. Dezember 1972. Der Vertragstext findet sich beispielsweise in: Bundesministerium für Innerdeutsche Beziehungen [1973, S. 133 ff.]. - Vgl. auch den ausführlichen politisch-historischen Abriß des innerdeutschen Handels bei Kupper [1972, Kap. I u. II; 1975].

[2] Aus diesen Gründen stellt die westdeutsche Statistik (im Gegensatz zur DDR-Statistik) auch nicht auf Exporte und Importe ab, sondern erfaßt Lieferungen in die DDR und Bezüge aus der DDR [vgl. Statistisches Bundesamt, Fachserie F, R. 6]. Da es sich, ökonomisch betrachtet, um den Warenaustausch zwischen zwei Regionen handelt, wird jedoch im folgenden die übliche Terminologie "Exporte/Importe" (bzw. Ausfuhren/Einfuhren) verwendet.
Vertraglich basiert der Warenverkehr zwischen der Bundesrepublik und der DDR auf dem Interzonenhandelsabkommen (sog. Berliner Abkommen) vom 20. September 1951. Dort werden die für die praktische Handelsabwicklung notwendigen Bestimmungen genannt. Die Vertragswerke wurden mehrfach ergänzt und geändert, so insbesondere durch das "Abkommen über den Handel zwischen den Währungsgebieten der Deutschen Mark (DM-West) und den Währungsgebieten der Deutschen Mark der Deutschen Notenbank (DM-Ost)" in der Fassung vom 16. August 1965. Dieses Abkommen regelt den Waren-, Dienstleistungs- und Zahlungsverkehr [vgl. Sie-

Inzwischen wurden beide deutschen Staaten jeweils Mitglied eines regionalen Wirtschaftszusammenschlusses, nämlich der Europäischen Wirtschaftsgemeinschaft (EWG bzw. EG) und des Rates für gegenseitige Wirtschaftshilfe (RGW). Auch mit ihrem Beitritt zur EWG konnte die Bundesrepublik an der deutschen Binnenmarktfiktion festhalten und bei ihren Partnern durchsetzen, daß die DDR nur von dem EWG-Mitglied Bundesrepublik handelspolitisch nicht als EWG-Ausland (Drittland) behandelt wird[1].

3. Die Binnenmarktfiktion zielt auf eine ökonomische Gleichstellung von DDR-Anbietern und -Nachfragern mit heimischen Konkurrenten auf dem Markt der Bundesrepublik ab. Angesichts der unterschiedlichen Entwicklung der beiden deutschen Staaten in verschiedenen Gesellschafts- und Wirtschaftssystemen äußert sich das Festhalten der

ben 1974, Teil IV: Texte und Abkommen und Vorschriften]. - Einen Überblick über die Entwicklung der gesetzes- und vertragsrechtlichen Grundlagen des innerdeutschen Handels gibt Ollig [1975].

[1] Dies impliziert, daß der gemeinsame EWG-Außenzoll für Importe der Bundesrepublik aus der DDR nicht zur Anwendung kommt. Oder anders ausgedrückt: Die DDR avancierte durch den EWG-Beitritt der Bundesrepublik zu einem Quasi-EWG-Mitglied, das auf dem Markt der Bundesrepublik alle Zollprotektionsvorteile der EWG gegenüber Nichtmitgliedern, den Drittländern, genießt, zu denen auch die ostdeutschen RGW-Partnerländer zählen. Der Markt der Bundesrepublik wurde so zu einer offenen Grenze und zu einem Bindeglied zwischen den beiden Wirtschaftsblöcken in West- und Osteuropa. Denn es ist durchaus legal, daß aus der DDR in die Bundesrepublik importierte Waren von hier aus ganz oder teilweise als Produkte deutschen Ursprungs in die anderen EWG-Länder exportiert werden. Andererseits steht es der DDR frei, aus der Bundesrepublik importierte Produkte in sozialistische Partnerländer weiterzuleiten. Nicht statthaft sind hingegen die sogenannten Umgehungsgeschäfte, wenngleich sie praktisch nicht auszuschließen sind. So könnten Drittländerwaren über die DDR zoll- und abschöpfungsfrei in die Bundesrepublik eingeführt werden. - Zu den hier nicht weiter behandelten indirekten ökonomischen Auswirkungen des DDR-Sonderstatus auf die EWG-Partner der Bundesrepublik vgl. die Argumentation bei Scharpf [1973, S. 125 ff.; 1974].

International ist der besondere Status des innerdeutschen Handels durch eine Ergänzung des Torquay-Protokolls zum allgemeinen Zoll- und Handelsabkommen (GATT) von 1951 und durch ein Protokoll zum EWG-Vertrag (1957) von den jeweiligen Vertragspartnern anerkannt worden. - Zur formalen Stellung des innerdeutschen Handels im Rahmen des EG-Rechts vgl. ausführlich Ehlermann [1975].

Bundesrepublik an der Binnenmarktfiktion vornehmlich in folgenden Punkten[1]:

(a) Preisbasis und Zahlungsverkehr

Zwischen der Bundesrepublik und der DDR wurde vereinbart, daß bei allen Warenkontrakten von westdeutschen Marktpreisen als Preisbasis auszugehen ist. Der Zahlungsverkehr erfolgt ausschließlich im Verrechnungswege. Das Verrechnungsverhältnis zwischen DM-West zu Mark-Ost wurde auf 1 : 1 fixiert. Eine einseitige Veränderung der vertraglich festgelegten Verrechnungsmodalitäten ist nicht ohne weiteres möglich.

(b) Abschöpfungen und Zölle

Die westdeutschen Importe landwirtschaftlicher Produkte aus der DDR sind abschöpfungsfrei[2], die von gewerblichen Waren aus der DDR sind zollfrei.

(c) Indirekte Steuern

Bis 1967 bemühte sich die Bundesrepublik, das Ursprungslandprinzip zu verfolgen: Einfuhren aus der DDR wurden wie Bezüge aus der Bundesrepublik behandelt, d.h. nicht mit einer Umsatzausgleichssteuer belegt. Ausfuhren in die DDR unterlagen derselben Besteuerung wie die auf dem westdeutschen Binnenmarkt abgesetzten heimischen Waren; sie wurden an der Grenze also nicht von der Umsatzsteuer entlastet. Die Besteuerung des westdeutschen Warenverkehrs mit der DDR nach dem Ursprungslandprinzip bzw. gemäß der Binnenmarktfiktion bereitete jedoch immer dann Schwierigkeiten, wenn sich die Konkurrenzverhältnisse für die DDR auf dem Markt der Bundesrepublik durch Änderungen im westdeutschen Umsatzsteuer- oder Wechselkurssystem verschoben[3].

---

[1] Vgl. das Berliner Abkommen mit seinen Ergänzungen z. B. bei Sieben [1974, Teil IV/I.] oder Lambrecht [1974] und Ollig [1975, S. 173 ff.] mit den dort zitierten Quellen.

[2] Abschöpfungen: Ausgleich zwischen niedrigeren ausländischen Preisen (Weltmarktpreisen) und höheren inländischen Preisen beim Import der wichtigsten Agrarprodukte aus Drittländern in die EWG. - Vgl. Bülow, Langner [1973] sowie die Analyse des EG-Agrarsystems bei Rodemer [1977]. - Falls nicht anders erwähnt, werden Abschöpfungen im folgenden wie ein Zoll (Zolläquivalent) behandelt.

[3] Denn wegen des starren und mehr oder weniger willkürlich festgelegten Verrechnungsverhältnisses von 1 DM-West zu 1 Mark-Ost können sich Preisunterschiede bei gehandelten Gütern nicht ausgleichen.

Anläßlich der Umstellung auf die Mehrwertsteuer wich die Bundesrepublik von der Inlandsmarktfiktion ab, indem sie die Exporte in die DDR - wie Ausfuhren in andere Länder - an der Grenze steuerlich entlastete (Bestimmungslandprinzip). Bei den Importen aus der DDR hielt man an der Binnenmarktfiktion fest, die es der DDR (weiterhin) gestatten sollte, zu westdeutschen Marktpreisen zu kontrahieren.

Da die Steuerumstellung wegen des neu eingeführten Vorsteuerabzugs im westdeutschen Unternehmenssektor (Übergang vom Brutto- zum Nettopreis) dort die Preise allgemein sinken ließ, wurde den westdeutschen Importeuren von DDR-Gütern als Ausgleich für den fehlenden Umsatz- bzw. Vorsteuerabzug ein genereller Kürzungsanspruch eingeräumt, der einem Vorsteuerabzug entspricht. Ab 1. Januar 1968 (1. Juli 1968) belief sich dieser bei gewerblichen Gütern auf 4 vH (5 vH), bei ermäßigt besteuerten Produkten auf die Hälfte der genannten Sätze.

Mitte 1970 verfügte die Bundesrepublik im Gefolge der DM-Paritätsänderung und mangels eines veränderbaren Verrechnungskurses eine steuerliche Ersatzaufwertung, die einer erneuten Hinwendung zur ursprünglichen Inlandsmarktfiktion sehr nahe kam: Die zuvor (1968) steuerlich entlasteten gewerblichen Exporte in die DDR werden seither mit einer Mehrwertsteuer von 6 vH belegt, verglichen mit 11 vH im westdeutschen Binnenmarkthandel. Exportierte Agrar- und Ernährungsgüter werden aber nach wie vor steuerlich entlastet oder mit einem reduzierten Satz von 3 vH belastet. Importe aus der DDR sind nunmehr den sonstigen Bezügen innerhalb der Bundesrepublik steuerlich etwa gleichgestellt. Im industriellen Importgüterbereich gilt ein von 5 vH auf 11 vH erhöhter Kürzungsanspruch. Bei Agrarerzeugnissen stieg der Satz auf 5,5 vH an, während auf EG-Marktordnungswaren weiterhin 2,5 vH zu zahlen sind[1].

---

[1] Vgl. "Bundesanzeiger" [Nr. 88, vom 15. Mai 1970; Nr. 97, vom 24. Mai 1973]. - Die Bundesrepublik gewährt der DDR außerdem einen zinslosen Überziehungskredit (Swing), den sie anderen Handelspartnern nicht einräumt. Die im bilateralen Handel durchaus übliche wechselseitige Überziehungsmöglichkeit dient dazu, den gegenseitigen Zahlungsverkehr im Verrechnungswege (Clearing) zu erleichtern. Das Verrechnungskonto kann sowohl von der Bundesrepublik als auch von der DDR bis zu einer vorher vereinbarten Höhe überzogen werden. Allerdings beansprucht die Bundesrepublik den Swing seit Jahren nicht, so daß die DDR diesen Vorteil einseitig ausnutzt. Die gegenwärtige Regelung sieht für die Zeit von 1976 bis 1981 eine Begrenzung des Überziehungskredits auf 850 Mill. DM vor. - Zur Entwicklung des Swings sowie zur Ermittlung des (hypo-

4. Konnte die Bundesrepublik in den genannten Bereichen an ihrer Binnenmarktfiktion noch einigermaßen festhalten, so laufen die in einigen Gütersektoren bestehenden westdeutschen Kontingente für Waren aus der DDR einem freien innerdeutschen Warenverkehr entgegen. Diese Einfuhrbeschränkungen wirken wie ein impliziter Zoll (Zolläquivalent), falls sie nicht redundant sind. Seit 1966 konnte der innerdeutsche Handel bei den Einfuhren aus der DDR allerdings deutlich liberalisiert werden[1]. Ferner sind diejenigen Abweichungen von der Binnenmarktfiktion zu berücksichtigen, die allein durch die systemunterschiedliche Entwicklung in der DDR bedingt sind. Hierzu gehört, daß die DDR ein zentralwirtschaftliches Planpreissystem hat, das mit dem marktwirtschaftlich orientierten Preissystem der Bundesrepublik keine gemeinsame Binnenmarktpreisbasis bilden kann. Außerdem erscheint eine Verbindung der Preissysteme in beiden Regionen zu einer marktmäßig determinierten "gemeinsamen" Preisbasis über einen - veränderbaren - Wechselkurs nicht möglich, solange der Markt der DDR vom ausländischen Markt (beispielsweise dem der Bundesrepublik oder dem Weltmarkt) durch eine "willkürlich" fixierte Parität (wie 1 DM-West zu 1 Mark-Ost) und die Nichtkonvertibilität der DDR-Mark getrennt ist. Insofern können sich bestehende Besteuerungsunterschiede zwischen den zwei deutschen "Binnenmarktregionen" auch nicht ausgleichen, was bei flexibleren Verrechnungskursen denkbar wäre.

---

thetischen) Zinsgewinns der DDR aus den verschiedenen Swing-Abkommen vgl. Nehring [1974b, S. 86 ff.].

[1] Von den rund 5 300 Meldenummern des westdeutschen Warenverzeichnisses für die Industriestatistik sind etwa 70 Positionen nicht aus der DDR zu beziehen (z. B. Gold, Steinkohle, Flugzeuge). 1974 machten die kontingentierten Positionen beispielsweise nur noch 59 gegenüber 191 Positionen im Jahre 1970 aus. Der landwirtschaftliche Bereich ist vergleichsweise stark reglementiert. Dies wird mit der westdeutschen Rücksichtnahme auf die EG-Agrarpreispolitik begründet. Von den rund 950 statistischen Meldenummern des Agrarsektors waren 1974 noch rund 115 kontingentiert und 81 aus der DDR nicht beziehbar, weil diese Güter dort nicht erzeugt werden. Freilich wird von offiziöser Seite betont, daß die Kontingente im innerdeutschen Handel normalerweise nicht sehr bedeutsam seien, weil die offiziell festgesetzten Grenzen selten voll ausgenutzt werden. Vgl. etwa Ollig [1975, S. 175]. - Zum Liberalisierungsstand im innerdeutschen Handel vgl. ausführlich Nehring [1974a, S. 63 ff.] und Ollig [1975, S. 174 f.]. - Zur westdeutschen Kontingentpolitik insgesamt und zur empirischen Ermittlung des Zolläquivalents von mengenmäßigen Importbeschränkungen vgl. Glismann, Neu [1971] und Donges, Fels, Neu u. a. [1973, S. 48 ff.].

Die DDR besitzt seit langem kein - der Bundesrepublik vergleichbares - Umsatzsteuersystem mehr; es ist durch die Produktions- bzw. Dienstleistungsabgabe und andere Zwangsabgaben ersetzt worden. Aber auch die formell noch bestehenden Zölle der DDR, die von ihr, ähnlich wie die Umsatzsteuer, normalerweise weder auf DDR-Importe aus der Bundesrepublik noch auf Importe aus DDR-Drittländern erhoben werden, unterstützen die Binnenmarktfiktion nur scheinbar. Denn in der DDR wird der gesamte Außenhandel staatlich geplant und gesteuert (staatliches Außenhandelsmonopol), so daß Zölle und sonstige Grenzabgaben ihre herkömmliche Funktion als Schutz der heimischen Produzenten vor ausländischer Konkurrenz und/oder als Einnahmequelle des Staates nicht wahrnehmen könnten[1].

5. Die dargelegten Abweichungen von der Binnenmarktfiktion rechtfertigen es nicht, den innerdeutschen Handel als "freien" Binnenhandel zu klassifizieren. Der Handel zwischen beiden deutschen Staaten zeigt eher Merkmale einer Freihandelszone. Sie ist dadurch gekennzeichnet, daß die Partner sich gegenseitig Zoll- und Einfuhrsteuerfreiheit einräumen, während jeder Partner für sich gegenüber Drittländern eine selbständige Zollpolitik betreibt[2].

In den Analysen solcher Wirtschaftszusammenschlüsse wird (wie im folgenden auch) die bevorzugte Behandlung des Partners mit derjenigen von Drittländern (Referenzsystem) verglichen. Allerdings ist die geforderte Reziprozität von Zoll- und Steuerfreiheit im innerdeutschen Handel faktisch nicht erfüllt: Da normalerweise - wie erwähnt - kein ausländischer Exporteur bei Einfuhren in die DDR einer Zoll- und Steuerpflicht unterliegt, genießen die Exporteure der Bundesrepublik, verglichen mit konkurrierenden Angeboten aus Drittländern, auf dem Markt der DDR keine Präferenzbehandlung.

Demgegenüber können DDR-Exporteure ihre Waren jedoch zoll- und steuerfrei in die Bundesrepublik einführen und zu den dortigen Marktpreisen kontrahieren. Verglichen mit EG-Drittlandsanbietern ergibt sich daraus gemäß der Theorie der Protektion für die DDR ein Vorteil. Nach dieser Theorie führt ein Zollsystem[3] im allgemeinen dazu,

---

[1] Vgl. dazu DDR-Handbuch [1975, S. 972 f.]. - Darüber hinaus sei noch erwähnt, daß das Binnenmarktprinzip (im Sinne einer Wirtschaftsunion) auch die Mobilität der Faktoren Kapital und Arbeit zwischen den beiden Regionen umfassen würde.

[2] Von einer Zollunion (z. B. EWG) unterscheidet sich die Freihandelszone (z. B. EFTA) dadurch, daß erstere zusätzlich einen gemeinsamen Außenzoll gegenüber Drittländern hat.

[3] Unter einem Zoll werden im folgenden alle tarifären Einfuhrrestriktionen, wie Einfuhrumsatzsteuern, Zölle und Abschöpfungen verstanden.

daß inländische Produzenten auf dem heimischen Markt höhere Preise fordern können, als dies bei Freihandel der Fall wäre. Folglich können die geltenden Marktpreise in der Bundesrepublik, die als Preisbasis im innerdeutschen Handel gelten, protektionsbedingt im Durchschnitt über den Weltmarktpreisen (Cif-Importpreisen der Bundesrepublik) liegen[1]. Verhalten sich die staatlichen Außenhandelsplaner der DDR ökonomisch rational, dann müssen sie im Westhandel bestrebt sein, ihre Waren dort zu verkaufen, wo sie die relativ höchsten Preise (Stückerlöse oder -gewinne) erzielen, und umgekehrt in jenem Land zu kaufen, dessen Preise vergleichsweise gering sind.

Im ersten Fall dürfte das der Markt der Bundesrepublik sein, denn dort erzielt die DDR wegen der ihr eingeräumten Präferenzen in jenen Güterbereichen den relativ höchsten Stückerlös, in denen die Preisdifferenz zwischen gegebenem westdeutschen Marktpreis und Weltmarktpreis am größten ist. Im anderen Fall wird die DDR bemüht sein, ihre Importe zu Weltmarktpreisen zu tätigen. Angesichts der im Durchschnitt überhöhten westdeutschen Marktpreise und der unvollständigen steuerlichen Entlastung von westdeutschen Exporten in die DDR (es bleibt eine 6 vH Mehrwertsteuerbelastung) dürfte die DDR in der Bundesrepublik nur solche Güter kaufen, bei denen die Bundesrepublik eine starke internationale Wettbewerbsposition besitzt, so daß die Preisdifferenz zwischen westdeutschem Preis und Weltmarktpreis gegen Null tendiert (bzw. relativ kleiner ist als bei anderen mit der Bundesrepublik um DDR-Aufträge konkurrierenden Anbietern).

Der praktizierte Sonderstatus des innerdeutschen Handels erschöpft sich infolgedessen vornehmlich in einseitig gewährten, allgemeinen Präferenzen für die DDR-Exporte in die Bundesrepublik.

2. Zu einer ökonomischen Begründung der westdeutschen Präferenzen zugunsten der DDR

6. Handelspräferenzen im Sinne von einseitigen Zollpräferenzen werden als Spezialfall der reziproken Zollsenkungen im Rahmen der Theorie der Zollunion behandelt. Diese Theorie analysiert die Wohlfahrtsimplikationen einer Zollunion für die einzelnen Mitglieder, für die

---

[1] Empirische Studien bestätigen diese Preisdifferenz für die Bundesrepublik. Vgl. ausführlich Donges, Fels, Neu u. a. [1973] sowie Hiemenz, von Rabenau [1973].

Partner sowie die Welt insgesamt[1]. Die herkömmliche Zolltheoriediskussion konzentrierte sich vor allem auf die Ursachen, die nach dem Wirtschaftszusammenschluß (per saldo) zu Wohlfahrtsgewinnen oder -verlusten führen. Diese können begründet sein in[2]:

(a) Produktionsspezialisierung nach dem Prinzip der komparativen Kostenvorteile, das die Basis für Gewinne aus dem internationalen Warenaustausch ist;

---

[1] Manche Anhänger des Freihandels sehen in der Zollunion einen wichtigen Schritt in Richtung Freihandel, der die Weltwohlfahrt erhöht. Viner [1950, Ch. 4] wies indes einschränkend darauf hin, daß es nach Entstehen einer Zollunion nicht unbedingt zu weltwirtschaftlichen Wohlfahrtsgewinnen, sondern unter Umständen zu Wohlfahrtsverlusten kommen kann, nämlich dann, wenn nicht die Handelsschaffung (trade creation), sondern die Handelsumlenkung (trade diversion) überwiegt.
Zwar gründete sich Viners Analyse implizit auf eine Reihe stark vereinfachender Annahmen (wie eine unelastische Nachfrage, konstante Kosten), die in der Folgediskussion modifiziert wurden, so daß neben den Produktionseffekten Viners noch die Konsumtionseffekte berücksichtigt wurden. Die Grundidee ist nach wie vor relevant. - Vgl. dazu die Überblicksartikel von Lipsey [1960] und Krauss [1972b] sowie die Ausführungen beispielsweise bei Sellekaerts [1971, Ch. 1; 1973] und Pomfret [1976, Ch. 2]. Nach diesem - für die folgenden Überlegungen wichtigen - Konzept wird (heute) unter t r a d e c r e a t i o n eine Zunahme der Allokationseffizienz verstanden. Sie ergibt sich wegen einer Substitution heimischer Güter, die zu (protektionsbedingt) höheren Kosten produziert werden, durch (Import-) Güter aus dem Zollpräferenzland, die zu geringeren Kosten hergestellt werden. Bei t r a d e d i v e r s i o n dagegen handelt es sich um eine Abnahme der Allokationseffizienz; sie resultiert aus einer Verschiebung der Importe aus kostengünstig produzierenden, nicht präferenzierten Drittländern zu einem kostenungünstiger produzierenden (neuen) Partnerland.
In der Literatur wurden freilich auch Konstellationen konstruiert, die zu einem Wohlfahrtsgewinn bei Handelsumlenkung führen. Krauss [1972b] vertritt allerdings die Auffassung, daß dies nicht das Problem sei, weil es in der realen Welt nutzlos ist, die kombinierten Produktions- und Konsumtionseffekte einer Zollunion in handelsumlenkende oder handelsschaffende zu katalogisieren. Für den innerdeutschen Handel ist es - wie noch zu zeigen sein wird - plausibel anzunehmen, daß die DDR ihre Importe aus der Bundesrepublik zu Weltmarktpreisen bezieht, so daß sonst mögliche Handelsumlenkungen für die DDR wohlfahrtsneutral bleiben, weil ihre Importpreise von der Präferenzregelung nicht berührt werden.

[2] Vgl. Lipsey [1960, S. 496] sowie zum gesamten Themenkomplex: derselbe [1970].

(b) Skalenerträgen, die aus dem vergrößerten Absatzmarkt des Wirtschaftszusammenschlusses erwachsen können;

(c) Änderungen der Terms of Trade (TOT), die dadurch möglich werden, daß die Zollunionspartner nunmehr Einfluß auf das Weltmarktpreisverhältnis zu ihren Gunsten ausüben können;

(d) Effizienzänderungen durch zunehmende Auslandskonkurrenz, wenn und soweit wenigstens ein Partner vorher noch nicht technisch effizient (d. h. noch innerhalb statt auf seiner Transformationskurve) produzierte; und

(e) Änderungen in der Rate des Wirtschaftswachstums.

Diesen Ursachen für zollunionsbedingte Wohlfahrtswirkungen soll hier nicht weiter nachgegangen werden. Es sei festgestellt, daß sie der Literatur[1] zufolge keine stichhaltigen ökonomischen Argumente für das Streben von Ländern sind, sich zu Wirtschaftszonen (Zollunion, Freihandelszonen oder einseitigen Präferenzräumen) zusammenzuschließen. Denn vom traditionellen Freihandelsstandpunkt aus betrachtet, führen die Außenzölle der Zollunion nach wie vor zu Wohlfahrtsverlusten ("vested interests" oder "deadweight losses"), so daß die angeführten Ursachen eher Argumente zugunsten "angemessener", nichtdiskriminierender allgemeiner Zollsenkungen sind, als Argumente für einen präferenzierten Zollabbau[2].

7. Lassen sich im Prinzip also keine stichhaltigen ökonomischen Gründe zugunsten diskriminierender Wirtschaftszusammenschlüsse finden, so zeigt die reale Welt mit ihrem ausgeprägten Hang zu diskriminierenden Wirtschaftsräumen (z. B. EWG, EFTA), daß in die nationalen sozialen Wohlfahrtsfunktionen neben ökonomischen offensichtlich auch politische Bestimmungsgründe eingehen. Erst neuere Ansätze[3] der Zollunionstheorie versuchten, die offenkundige Lücke zwischen Theorie und Praxis zu schließen. Ihnen zufolge ist es für ein Land dann ökonomisch rational, sich einer wirtschaftlichen Integration zuzuwenden, wenn sich das - bei gegebenen politischen Re-

---

[1] Vgl. Cooper, Massell [1965], Corden [1972] sowie Krauss [1972b, S. 419 ff.].

[2] Aus der Sicht der potentiellen Zollunionsmitglieder ließe sich ihr Beitrittswunsch allenfalls noch durch die Aussicht auf verbesserte TOT (und damit eine erhöhte gemeinsame Wohlfahrt) erklären. - Es sei unterstellt, daß mit einem allgemeinen Zollabbau keine höheren Anpassungskosten verbunden sind als mit einem begrenzten Zollabbau.

[3] Vgl. im folgenden Johnson [1965] sowie Cooper, Massell [1965].

striktionen - zu maximierende reale Einkommen nicht nur aus privaten Gütern, sondern auch aus öffentlichen Gütern zusammensetzt[1].

Versucht man, den Grundgedanken des Ansatzes von Johnson [1965] auf den Sonderstatus im innerdeutschen Handel zu übertragen, dann läßt er sich folgendermaßen darstellen: Das "öffentliche Gut" werde definiert als eine mehr oder weniger stark ausgeprägte gesamtdeutsche Komponente, die auf die wirtschafts- und gesellschaftspolitische, völkerrechtliche Einheit der deutschen Nation abstellt. Durch die faktisch erfolgte politische Teilung Deutschlands erlitt aber gerade jenes öffentliche Gut einen starken Verlust, zumindest aus der Sicht der Bundesrepublik.

Der Konsum dieses Gutes war nicht mehr direkt über den privaten Markt der Bundesrepublik zu befriedigen, so daß diese Aufgabe von der politischen Führung der Bundesrepublik übernommen werden mußte. Da sie keinen direkten Einfluß auf die eigenstaatliche Entwicklung der DDR besaß, konnte nur ein indirekter Einfluß durch eine Art "bargaining" geltend gemacht werden. Als Mittel diente der Bundesrepublik die Handelspolitik, die die westdeutschen Importe aus der DDR, verglichen mit Importen aus Drittländern, einseitig begünstigte. Diese Zollpräferenzen führen unter anderem zu impliziten Einnahmeverlusten der Bundesrepublik zugunsten der DDR; folglich stellen sie einen Teil jener Kosten dar, die eine gewisse Verminderung des sonst unvermeidlichen Verlustes an diesem öffentlichen Gut bewirken.

Freilich dürfte sich der Inhalt dieses öffentlichen Gutes im Zeitablauf gewandelt haben, wenngleich sein Kern, Einheit der Nation, davon unberührt bleibt. Die neuere "bargaining-position" kann verkürzt so umschrieben werden: menschliche Erleichterungen und Wohlverhalten der DDR in gewissen politischen Bereichen und ökonomische Transfers der Bundesrepublik an die DDR als Gegenleistung.

Verhalten sich die politischen Entscheidungsträger der Bundesrepublik ökonomisch rational, dann müssen sie - gemäß diesem Ansatz - die Präferenzen zugunsten der DDR so lange ausdehnen, bis die Grenzkosten der wirtschaftlichen Zugeständnisse ihrem sozialen Grenznutzen aus der Verlustminderung dieses öffentlichen Gutes entsprechen. Entscheidend ist somit die politische Gewichtung dieses öffentlichen Gutes in der sozialen Wohlfahrtsfunktion der Bundesrepublik, ein Problem, das die Ökonomie (vermutlich) nicht lösen kann.

Anders verhält es sich mit der Frage, ob die indirekten Handelssubventionen für die DDR via westdeutsche Zollpräferenzen nicht - wie

---

[1] Zu einer Theorie des öffentlichen Gutes im Rahmen der Finanzwissenschaft vgl. beispielsweise Hanusch [1972].

die Theorie der Verzerrungen es lehrt[1] - durch ein ökonomisch effizienteres Mittel, eine direkte Subvention, ersetzt werden können, ohne daß der Nutzen aus dem öffentlichen Konsum dadurch gemindert würde. Haben Zölle gegenüber direkten Subventionen einerseits den ökonomischen Nachteil, daß sie zu relativ größeren unverteilbaren volkswirtschaftlichen Verlusten (deadweight losses) führen, so wird Zöllen wie Zollpräferenzen andererseits ein wichtiger politischer Vorteil beigemessen: Ihre ökonomischen Kosten sind weitgehend unsichtbar, verglichen mit direkten Subventionen, die aus Steuermitteln zu finanzieren wären. Dieser politische Vorteil ist vor allem dann wichtig, wenn der notwendige Subventionsbetrag wegen seiner Größenordnung aus politischen Gründen als nicht durchsetzbar angesehen wird. Folglich ist das Problem als Maximierung einer ökonomischen Variablen (Konsum des öffentlichen Gutes) unter politischen Nebenbedingungen anzusehen.

3. Relevanz des Problems, Ziel und Gang der Untersuchung

8. Freilich läuft der neuere Ansatz der Zollunionstheorie Gefahr, für zu viele nichtökonomische Probleme offen zu sein, ohne daß nach den dahinterstehenden Zielen, soweit sie bei den Politikern tatsächlich vorhanden sind und angestrebt werden, gefragt wird [vgl. Krauss 1972a, S. 298]. Insbesondere für solche Fälle, in denen politische Motive für die Gewährung von einseitigen Präferenzen überwiegen, ist eine Kenntnis ihrer ökonomischen Kosten und Nutzen notwendig. Denn ohne dieses Wissen ist eine vorurteilsfreie Bewertung des unterstellten Nutzens aus dem Konsum des öffentlichen Gutes schwerlich vorzunehmen.

[1] Diese Theorie unterscheidet zwischen endogenen und politikbedingten Abweichungen vom Wohlfahrtsoptimum. Nach Bhagwati [1971, S. 72 ff.] sind Gründe für endogene Abweichungen bei einer Politik des Laisser-faire nur in systemimmanenten Faktoren, wie verschiedenartigen Marktunvollkommenheiten oder/und Externalitäten, zu suchen. Demgegenüber führen alle staatlichen Maßnahmen der Handels-, Währungs-, Geld-, Steuer-, Subventions-, Wettbewerbs- und Sozialpolitik, die die endogenen Abweichungen nicht präzise kompensieren, zu politikbedingten Verzerrungen des Optimums. - Zur Verzerrungs- und Wohlfahrtstheorie vgl. ausführlich Bhagwati [1971, S. 69 ff.], Magee [1973] und Corden [1974] mit der dort zitierten Literatur. - Zu einer formalen Klassifizierung der verschiedenen Verzerrungsursachen einer Abweichung vgl. Nehring [1975a, S. 21 ff.].

9. Die ständigen politischen Auseinandersetzungen im In- und Ausland[1] sowie die Art der öffentlichen Diskussion[2] um den Sonderstatus des innerdeutschen Handels bestätigen, daß weitgehend Unklarheit über die relevanten ökonomischen Zusammenhänge, vor allem in empirischer Hinsicht, herrscht. So konnte über das Ausmaß der wirtschaftlichen Vorteile der DDR aus dem Sonderstatus des innerdeutschen Handels, verglichen mit Drittländern, mangels umfassender und disaggregierter Analysen lange Zeit nur spekuliert werden[3]. Erst nach Abschluß des Grundlagenvertrages (1972), mit dem es der DDR gelang, auch weiterhin am Sonderstatus festzuhalten, wurden in der Bundesrepublik erste Schätzungen der DDR-Vorteile im innerdeutschen Handel vorgelegt[4]. Diese Untersuchungen beschränken sich auf das Erfassen von ökonomischen Bruttovorteilen der DDR und/oder Zolleinnahmeverzichten der Bundesrepublik bzw. der Europäischen Gemeinschaft[5]. Andere empirisch wichtige Effekte der Präferenzen blieben bislang ebenso unberücksichtigt wie die theoretischen Impli-

---

[1] Vgl. dazu beispielsweise die verschiedenen parlamentarischen und ministeriellen Verlautbarungen: EG [1970]; BMWI [1970]; Deutscher Bundestag [1974; 1976] sowie aus der Sicht der DDR "Neues Deutschland" [vom 7.6.1970]. Einen Überblick verschafft auch Biskup [1976, S. 19 ff.].

[2] Mit den Argumenten für und wider den Sonderstatus im innerdeutschen Handel beschäftigen sich beispielsweise Hort [1976], "Süddeutsche Zeitung" [vom 30.8.1976], Bolz [1976] sowie Biskup [1977].

[3] Eine sehr grobe Schätzung für die Jahre 1968 und 1969 unternahm lediglich Merkel [1970].

[4] Die ersten Ergebnisse für den industriellen Warenverkehr in den Stichjahren 1964, 1970 und 1972 legte der Verfasser zusammen mit Frank Weiss Ende 1973 vor [vgl. Nehring, Weiss 1973 bzw. 1975]. - Erweiterte Berechnungen, die primär auf die Einnahmeverzichte der Bundesrepublik aus dem Sonderstatus des innerdeutschen Handels abstellen, erschienen Ende 1974 [Nehring 1974b]. - Unabhängig davon berechnete Biskup disaggregierte DDR-Handelsvorteile, allerdings nur für 1970. Eine Ergebniszusammenfassung wurde Ende 1974, die gesamte Studie im Herbst 1976 publiziert [Biskup 1974, S. 13; 1976]. - Zu einer kritischen Wertung der vorstehenden empirischen Schätzungen vgl. Lambrecht [1975a, S. 173 f.].

[5] Die steuerlichen Einfuhrabgaben vereinnahmen die EG-Partnerstaaten, während die nationalen Zolleinnahmen mittlerweile ganz in die Gemeinschaftskasse fließen.

kationen der einseitig gewährten Zollpräferenzen für die DDR im Rahmen der herkömmlichen zolltheoretischen Ansätze[1].

10. Um eine vorurteilsfreie Bewertung der Kosten und Nutzen des praktizierten Sonderstatus im innerdeutschen Handel zu erleichtern, wird in dieser Arbeit versucht, die ökonomischen Wirkungen der westdeutschen Präferenzen zugunsten der DDR-Exporte[2] theoretisch zu analysieren und in ihrer Größenordnung empirisch zu quantifizieren[3].

---

[1] Dies verwundert angesichts der Tatsache, daß Handelspräferenzen, wie die zwischen der Bundesrepublik und der DDR, heute keine einmalige Erscheinung sind. So werden einseitige Zollpräferenzen der Industrieländer für die Entwicklungsländer international nicht nur diskutiert, sondern - wie im AKP-Abkommen von Lomé - bereits teilweise praktiziert. Hierzu vgl. z. B. Weintraub [1967] ; Johnson [1967, Ch. VI; 1969, S. 132 ff.] ; Krämer [1971] ; Feldsieper [1975] sowie die verschiedenen Berichte der UNCTAD (so über die Präferenzregelungen der Europäischen Gemeinschaft, Japans und der Vereinigten Staaten mit Entwicklungsländern). - Ein ähnliches Beispiel sind die präferenzierten bilateralen Handelsbeziehungen zwischen Indien und der Sowjetunion (vgl. dazu beispielsweise Banerji [1977]).

[2] Die Eingrenzung der Studie auf den wichtigen und umstrittensten Teil des Sonderstatus, die Präferenzen zugunsten der DDR-Exporte in die Bundesrepublik, erscheint vertretbar, weil sich der Zinsgewinn der DDR aus dem Swing und der steuerliche Nachteil der DDR bei ihren Bezügen aus der Bundesrepublik vergleichsweise exakt quantifizieren lassen. Zum Steuernachteil vgl. Deutscher Bundestag [1974, S. 5; 1976, S. 6] sowie zu beiden Aspekten Nehring [1974b, S. 81 ff.] . - Von mengenmäßigen Beschränkungen bei industriellen Einfuhren aus der DDR wird im folgenden abstrahiert. D. h., es wird angenommen, daß die Kontingente im industriellen Sektor normalerweise so hoch festgesetzt werden, daß die DDR sie nicht voll ausnutzen kann [vgl. Ollig 1975, S. 174 f.] . Kontingente (und Abschöpfungen) im Agrar- und Ernährungssektor werden hingegen mit Hilfe eines Preisvergleichs durch einen impliziten Zoll berücksichtigt.

[3] Zur Diskussion der - von DDR-Seite wiederholt vorgebrachten - These, daß sich die (Grenzabgaben-) Vorteile der DDR bei ihren Lieferungen in die Bundesrepublik mit den Nachteilen bei ihren preislich überhöhten Bezügen aus der Bundesrepublik in etwa ausgleichen, sei auf die Studie von Biskup [1976, S. 166 ff.] verwiesen. Am Beispiel des Agrar- und Ernährungssektors weist Biskup nach, daß sich die Export- und Importstruktur der DDR im innerdeutschen Handel und die zugehörigen Belastungen keineswegs entsprechen, die DDR also, verglichen mit Preisen auf dem Weltmarkt, hauptsächlich in Bereichen mit überdurchschnittlich hohen

11. In Kapitel II werden die Wirkungen der innerdeutschen Präferenzen vor dem Hintergrund der Zollunionstheorie analysiert. Nachdem die grundsätzlichen Präferenzeffekte anhand allgemeiner Gleichgewichtsüberlegungen kurz aufgezeigt worden sind, erfolgt in einem partiellen Gleichgewichtsansatz die Analyse der spezifischen Präferenzeffekte. Die abgeleiteten Ergebnisse lassen sich in einem empirisch operationalen Meßkonzept formal zusammenfassen. Inwiefern das theoretische Konzept die Realität zutreffend beschreibt, zeigt die anschließende Diskussion wichtiger Modellannahmen.

Um die einzelnen Präferenzeffekte gemäß dem theoretischen Meßkonzept empirisch schätzen zu können, ist insbesondere die Kenntnis der Präferenzraten sowie der Preiselastizitäten des DDR-Angebots und der Nachfrage nach DDR-Produkten auf dem Markt der Bundesrepublik notwendig. Hinreichend disaggregierte Daten, die die Präferenzraten und die Preiselastizitäten der Nachfrage (näherungsweise) erfassen, sind vorhanden, nicht aber solche für die Preiselastizitäten des DDR-Exportangebots. Deshalb sind in Kapitel III zunächst die DDR-Exportpreiselastizitäten zu ermitteln. Dies wird im Rahmen eines ökonometrischen Modells versucht, das die Determinanten der DDR-Exporte im innerdeutschen Handel möglichst vollständig erfaßt.

In Kapitel IV lassen sich dann anhand des Meßkonzepts die verschiedenen Präferenzeffekte im Zeitraum 1958-1974 für 31 Produktuntergruppen und fünf Hauptgruppen quantifizieren.

Das weitere Vorgehen wird dadurch bestimmt, daß die spezifischen Schätzergebnisse, die (in Kapitel II für den Mehr-Güter-Fall bei uneinheitlichen Präferenzraten unter Ceteris-paribus-Bedingungen abgeleitete) These einer optimalen Veränderung der DDR-Exportstruktur durch die gewährten Präferenzen anscheinend nicht sonderlich gut unterstützen. Deshalb wird in Kapitel V mittels einer Simulation des gegebenen Außenhandelsmodells (Meßkonzepts) untersucht, inwieweit die zu erzielenden DDR-Präferenzvorteile gegenüber alternativen Referenzstrukturen sensitiv sind, verglichen mit den Vorteilen, die sich für die tatsächliche Struktur der DDR-Exporte in die Bundesrepublik einstellen.

Preisvorteilen verkauft und in Bereichen mit unterdurchschnittlich geringen oder keinen Preisnachteilen kauft. Biskups Argumentation unterstützt die These, daß das Verhalten der DDR-Außenhandelsplaner unter den gegebenen Nebenbedingungen ökonomisch weitgehend rational ist.

Die Ergebnisse des Sensitivitätstests deuten darauf hin, daß neben der gegebenen Präferenzstruktur andere Faktoren vorhanden gewesen sein müssen, die einer für die DDR profitableren Abweichung der tatsächlichen Exportstruktur von einer "Normalstruktur" entgegengewirkt haben. Diese Hypothese wird in einem weiteren ökonometrischen Ansatz empirisch überprüft.

Abgeschlossen wird die Arbeit mit einer Zusammenfassung wichtiger Ergebnisse sowie durch einige Anmerkungen zur öffentlichen Diskussion um den Sonderstatus des innerdeutschen Handels.

II. Wirkungsanalyse der westdeutschen Präferenzen zugunsten der DDR-Exporte in die Bundesrepublik

12. In Kapitel I wurde der Sonderstatus des innerdeutschen Handels vor allem unter dem integrationstheoretischen Gesichtspunkt untersucht und eingegrenzt. In diesem Kapitel werden die Präferenzen für die DDR zunächst auf den empirisch operationalen Kern des zugrunde gelegten Außenhandelsmodells reduziert; danach werden die verschiedenen Wirkungen der Präferenzen analysiert und schließlich die Annahmen dieses Ansatzes diskutiert.

1. Vorbemerkungen

a. Zum Konzept der "Grants Economics"

13. In der Einführung wurde bereits deutlich, daß die Präferenzen für die DDR zu versteckten Verteilungswirkungen führen. Mit der Identifizierung, Wirkung und Messung (verzerrungsbedingter) versteckter ökonomischer Ströme in den Transaktionen[1] beschäftigen sich die Vertreter der "Grants Economics" (Transferwirtschaftslehre)[2]. Weil das definitorische Konzept der Transferwirtschaftslehre einfach und operational erscheint, wird auch für diese Untersuchung darauf zurückgegriffen. Danach sind Transfers aufzufassen als direkt oder indirekt transferierte Nutzen, die normalerweise als Einkommensübertragungen ausgedrückt werden[3]. Definitorisch wird zwischen expliziten (offenen) und impliziten (versteckten) Transfers unterschieden, die entweder positiv oder negativ sind, je nachdem ob sie den Nettowert des Gebers bzw. Nehmers erhöhen oder vermindern. So wird bei einer einseitigen Einkommensübertragung, also einer

---

[1] Dies ist nur ein Untersuchungsgegenstand; ein weiterer stellt auf die Analyse offener (expliziter) Ströme ab, auf die hier - über die Definition hinaus - nicht weiter eingegangen wird.

[2] Die Transferökonomie wurde von Kenneth E. Boulding und Martin Pfaff begründet; die Literatur zu diesem Gebiet ist mittlerweile zahlreich. Vgl. z. B. die Aufstellung in Boulding, Pfaff [1972b, S. 63] ; die Liste wichtiger Aktivitäten: Association for the Study of the Grants Economy [1973] sowie Boulding [1973] und Pfaff (Ed.) [1976].

[3] Vgl. hierzu ausführlich beispielsweise Boulding, Pfaff, Horvath [1972], Boulding, Pfaff [1972a] ; dieselben (Eds.) [1972, S. 1 ff.] sowie Pfaff (Ed.) [1976], dort insbes. die Tagungsbeiträge von K. E. Boulding, M. Pfaff, A. B. Pfaff und T. Scitovsky.

Übertragung ohne direkte ökonomische Gegenleistung (beispielsweise Geschenk, direkte Subvention, Diebstahl), von einem expliziten Transfer gesprochen. Bei einer Transaktion hingegen, deren geforderte oder erbrachte Leistung oberhalb oder unterhalb ihres ökonomischen Äquivalents - des jeweils zugrunde gelegten "Normpreissystems" (z. B. effizienter Marktpreis) - liegt, fallen ökonomischer Wert und Gegenwert auseinander, so daß die Wertdifferenz den impliziten Transfer innerhalb der gesamten Transaktion angibt. Die Transaktion besteht somit aus einem zweiseitigen, gleichwertigen Tauschkern und einem einseitigen Transferelement[1].

14. In der Transferliteratur fehlen zwar bisher Studien, die die impliziten internationalen Transferbeziehungen, also die versteckten Einkommens-(Wohlfahrts-) Übertragungen, im Warenaustausch zwischen Ländern analysieren, doch ist dies an sich kein Mangel. Denn der Transferansatz ist durch die herkömmliche Außenhandelstheorie, und hier durch die Theorie der Zollunion und die Theorie der Verzerrungen, hinreichend theoretisch fundiert[2]. In diesen Kontext von Transfer- und Außenhandelsansatz lassen sich alle einschlägigen empirischen Arbeiten über Wirtschaftszusammenschlüsse (z. B. diejenigen, die sich mit den ökonomischen Wirkungen der europäischen Integration beschäftigen[3]), wie auch diese Studie über den präferenzierten innerdeutschen Handel, einordnen.

---

1 Bislang umfaßt die theoretische und empirische Transferliteratur vornehmlich solche Transfers, die vom öffentlichen Sektor ausgehen, und zwar primär auf nationaler Basis [vgl. z. B. Pfaff, Pfaff 1972]. Die internationalen Transfers hingegen wurden vorerst mehr oder weniger stark vernachlässigt. Zwar ist es auch eines der erklärten Untersuchungsziele der Transferökonomen, [that] "we address ourselves to economic activities between nations, that do not fully fit into the category of pure exchange" [Boulding, Pfaff, Horvath 1972, S. 23], doch beschränkt sich die empirische Analyse vor allem auf das Gebiet der Entwicklungshilfe i. w. S., wo der Frage nach den effektiven Lasten und Nutzen von "foreign aid programs" nachgegangen wird [vgl. Horvath 1971; 1976] und Sharma [1973]. Insofern kann die vorliegende Studie als eine Erweiterung der empirischen internationalen Transferliteratur angesehen werden.

2 Zu einer systematischen Einordnung impliziter Handelstransfers in das Außenhandelsmodell der Verzerrungstheorie vgl. Nehring [1975a, S. 6 ff.].

3 Vgl. Balassa et al. (Eds.) [1975], darin insbes. den Überblicksaufsatz von Balassa [Ch. 3].

b. Statische versus dynamische Analyse

15. In der Außenhandelsliteratur werden Präferenzräume unter dem statischen und dynamischen Gesichtspunkt untersucht. Nach Balassa[1] zielt die statische Analyse darauf ab, die Wirkungen einer Zollunion auf die Allokation der Ressourcen und die Konsumtionsmöglichkeiten für die am Handel beteiligten Länder bei gegebenen Produktionsmethoden zu untersuchen, also die direkten Effekte der Handelsschaffung (trade creation) und Handelsumlenkung (trade diversion)[2] und/oder von Änderungen der Terms of Trade (TOT) zu erfassen. Denn gemäß der Theorie der Zollunion nimmt die Weltwohlfahrt (bei konstanten TOT) zu, wenn der handelsschaffende den handelsumlenkenden Effekt überwiegt.

Demgegenüber versucht die dynamische Betrachtung den Einfluß einer Zolländerung auf die Wachstumsrate des Volkseinkommens bei gegebener Allokation der Ressourcen festzustellen: Der primären (statischen) Wirkung der Zollvariation auf die relativen Preise folgt eine sekundäre, tertiäre usw. (dynamische) Wirkung der Änderung der relativen Preise auf reales Einkommen und Output. Die meisten dynamischen Effekte dürften auf die Ausweitung der Märkte (Skalenerträge für die Partnerländer) und die Zunahme der Konkurrenz auf dem heimischen Markt zurückzuführen sein (vgl. Ziff. 6)[3]. Während die theoretische Literatur die statischen von den dynamischen Effekten einer Zollvariation trennt, gelingt dies in der empirischen Analyse - wie die Literatur zeigt - nicht oder nur sehr unvollkommen[4].

Die meisten Studien haben Ex-post-Charakter[5] und beschränken sich

---

[1] Vgl. Balassa [1962, Ch. 1 u. 2; 1967, S. 73, 95] sowie den kurzen Überblick bei Sellekaerts [1971, S. 21 ff.].

[2] Vgl. die Definition von Handelsschaffung (trade creation) bzw. Handelsumlenkung (trade diversion) in Ziff. 6, Anm. 1.

[3] Zu einer dynamischen Theorie der Zollunion vgl. Johnson [1955] und Kreinin [1964].

[4] So erklärt Balassa bereits 1963, daß es für empirische Analysen keinen befriedigenden Weg gibt, statische und dynamische Effekte voneinander zu trennen, wie er darüber hinaus die Ansicht vertritt, daß die dynamischen Effekte der EWG-Gründung auf den Handel ziemlich begrenzt sind. Vgl. Balassa [1963] sowie seinen Überblick über neuere empirische Studien zum Thema [1975, Ch. 3].

[5] In Ex-post-Analysen wird der bestehende Zustand mit demjenigen verglichen, der sich unter der Annahme ergeben hätte, daß die Zollvariation nicht durchgeführt worden wäre.

darauf, die statischen Effekte von Zollvariationen zu erfassen[1]. Weil eine empirisch saubere Trennung der statischen von der dynamischen Komponente wegen der methodischen Probleme nicht möglich ist, handelt es sich genaugenommen immer um globale Effekte, die eine Kombination von beiden Komponenten sind.

Empirische Arbeiten, die dynamische Effekte einer Zolländerung behandeln, sind vergleichsweise selten und beschränken sich auf wenige (wachstumsrelevante) Faktoren[2]. Eine quantitative Aussage der außenhandelspolitischen Datenänderung auf das Wachstum insgesamt wird indes nicht gemacht[3]. Die geringe Berücksichtigung dynamischer Effekte in empirischen Untersuchungen kann damit erklärt werden, daß es bislang kaum möglich ist anzugeben, wie stark die einzelnen Wachstumsfaktoren durch außenwirtschaftliche Maßnahmen beeinflußt werden; zudem sind viele der dynamischen Effekte noch weitgehend unbekannt oder nur wenig erforscht[4].

Für die Wirkungsanalyse der Präferenzen im innerdeutschen Handel folgt daraus: Ist es schon sehr problematisch, die dynamischen Effekte von vergleichsweise großen Wirtschaftszusammenschlüssen westlicher Prägung quantitativ erfassen zu wollen, so gilt das um so mehr für den innerdeutschen Handel. Denn dieser ist für beide Partner von unterschiedlicher Bedeutung. Für die DDR dürften die wachstumsrelevanten Einflüsse der Präferenzen (z. B. der Import von technischem Know-how, das in westdeutschen Maschinen enthalten ist) zwar höher anzusetzen sein als für die stärker entwickelte Bundesrepublik, doch ist die notwendige statistische Basis für eine empirische Analyse bei der DDR besonders "dünn".

Demzufolge ist es wenig sinnvoll, einen dynamischen Ansatz anzustreben. Er hätte zwangsläufig auf Verhaltensannahmen zu beruhen, die jedes noch so willkürliche oder gewünschte Ergebnis gerechtfer-

---

[1] Hierzu sowie zu Ex-ante-Untersuchungen vgl. Sellekaerts [1973, S. 520]. Letztlich haben alle empirischen Studien Ex-post-Charakter, denn auch bei Prognosen muß üblicherweise auf Daten der Vergangenheit zurückgegriffen werden.

[2] Dies sind vornehmlich die bereits angeführten Skalenerträge und die Effizienzänderungen der Betriebe, Unternehmen oder Branchen durch verstärkte Konkurrenz von außen.

[3] Vgl. z.B. Thorbecke [1963, S. 173 f.], Balassa [1967, S. 95 ff.] und Pomfret [1976, S. 75 ff.].

[4] Beispiele hierfür sind psychologische Momente, die einen Einfluß auf das Wachstum haben dürften, oder die "nichtpekuniären, irreversiblen Effekte des Erziehungszollarguments" [Giersch 1977, S. 311 ff.].

tigt erscheinen ließe. Statt dessen empfiehlt sich eine komparativ-statische Analyse der Präferenzen im innerdeutschen Handel, nicht zuletzt deshalb, weil hierfür ein theoretisches Meßkonzept existiert, das auch empirisch anwendbar ist und dessen Aussagewert - verglichen mit dynamischen Konzepten - weniger umstritten ist.

2. Allgemeine Gleichgewichtsüberlegungen

17. In der neueren Theorie der Präferenzen wird im Rahmen der Theorie der Zollunion in komparativ-statischen Gleichgewichtsmodellen argumentiert. Dabei wird die Situation vor der Präferenz mit der Situation nach der Präferenz verglichen; dies ließe sich analog auf den Fall des innerdeutschen Handels übertragen. Da es aber vor der Teilung Deutschlands noch keine DDR ohne westdeutsche Handelspräferenzen als Referenzsystem für die heutige Situation mit Präferenzen gab, kann nur eine hypothetische Ausgangssituation ohne Präferenzen mit den gegebenen Präferenzen als Endzustand verglichen werden.

Die Wirkungsanalyse kann in einem allgemeinen (totalen) oder einem partiellen Gleichgewichtsansatz erfolgen. Die erste Modellart beschäftigt sich mit dem Gleichgewicht des gesamten Systems, während die zweite den relevanten Subsektor mittels Angebot und Nachfrage untersucht. Die allgemeine Gleichgewichtsanalyse hat gegenüber der partiellen den Vorteil, daß sie auch die wechselseitigen Rückwirkungen (feedbacks) zwischen dem relevanten Markt (innerdeutscher Handel) und anderen Märkten (z. B. heimischer, internationaler Markt) berücksichtigt. Da vorab schwierig zu beurteilen ist, welches der beiden Modelle zu den besseren Einsichten führt [vgl. z. B. Krauss, Johnson 1974, S. 7 f.], dürfte es zweckmäßig sein, anhand allgemeiner Gleichgewichtsüberlegungen zunächst nur einige grundsätzliche Wirkungen der Präferenzregelung zugunsten der DDR aufzuzeigen. Diese Überlegungen können als (plausibler) theoretischer Rahmen für die anschließende partielle Wirkungsanalyse dienen.

18. Ohne den komplexen formalen Apparat der modernen Präferenztheorie in extenso zu bemühen, stützt sich die Argumentation auf ein einfaches, von Kemp[1] für den allgemeinen Fall abgeleitetes komparativ-statisches Totalmodell. Für den speziellen Fall des innerdeutschen Handels wird es leicht modifiziert.

---

[1] Vgl. im folgenden ausführlich Kemp [1969, S. 25-31].

19. Angenommen, in einer von Zöllen[1] beherrschten Welt (second-best world) gibt es nur drei Länder, die Bundesrepublik (Land B), die DDR (Land D) [2] und die übrige Welt der Drittländer (Land W), die untereinander zwei Güter, Gut 1 und Gut 2, tauschen. Neben den im neoklassischen Außenhandelsmodell üblichen Annahmen (keine Transportkosten, keine Qualitätsunterschiede usw.) wird davon ausgegangen, daß

- für die Bundesrepublik der Handel mit der DDR gegenüber dem Handel mit Drittländern relativ unbedeutend ist,
- aber umgekehrt, für die DDR der Handel mit der Bundesrepublik bedeutsam ist und sie nur mit der Bundesrepublik Handel treibe,
- weder die Bundesrepublik noch die DDR, und auch nicht beide gemeinsam, einen nachhaltigen Einfluß auf die Weltmarktpreise ausüben können, d.h., die Terms of Trade, zu denen beide international handeln, sind gegeben (Kleines-Land-Annahme),
- die DDR in der Produktion des Exportgutes nahezu vollständig spezialisiert ist und
- in der Bundesrepublik wie auch in der DDR ein Zoll auf alle Einfuhren dafür sorgt, daß der heimische Preis des jeweiligen Importgutes[3] über dem Weltmarktpreis liegt, so daß internes und externes Preisverhältnis in beiden Ländern divergieren[4].

Die unter diesen Annahmen abgeleitete ursprüngliche Gleichgewichtslösung[5] gibt die Mengen des Gutes 1 (dies sei das Importgut der Bundesrepublik bzw. das Exportgut der DDR) und des Gutes 2 (Exportgut der Bundesrepublik bzw. Importgut der DDR) an, die die Bundes-

---

[1] Die Zolleinnahmen werden in jedem Land verteilungsneutral an die Inländer verteilt (quantitative Restriktionen sind als Zolläquivalent im Nominalzoll enthalten).

[2] Für die zentralgelenkte DDR sei unterstellt, daß sich ihre Planer nach innen wie nach außen wettbewerbsanalog verhalten.

[3] Der Preis eines Gutes wird in Einheiten des anderen Gutes ausgedrückt.

[4] Mit den üblicherweise hierfür verwendeten Graphiken ausgedrückt: Verglichen mit Freihandel, bestimmt sich der Handelspunkt von B bzw. D somit nicht mehr durch die dreifache Tangentenlösung von Handelsindifferenzkurve mit internem und externem Preisverhältnis, sondern durch den Schnittpunkt der gegebenen TOT mit der (nur noch zweifachen) Tangentenlösung von Handelsindifferenzkurve und interner Preisrelation.

[5] Graphisch ist dieses Gleichgewicht für B und D gekennzeichnet durch die Schnittpunkte von jeweiligem internen Preisverhältnis und jeweiliger Handelsindifferenzkurve mit dem für beide Länder gegebenem Weltmarktpreisverhältnis.

republik und die DDR im Austausch gegen entsprechende (heimische) Gütermengen jeweils importieren, sowie die Gütermenge, die beide Länder zusammen mit Drittländern tauschen[1].

20. Gewährt die Bundesrepublik der DDR jetzt einseitig Zollpräferenzen, indem sie ihren Zollsatz nur für Importe aus der DDR (Gut 1) - für Drittländer diskriminierend - auf Null senkt, dann ist das anfängliche Gleichgewicht gestört. Bis zum neuen Gleichgewicht besteht folgender Wirkungszusammenhang[2]:

Das interne Preisverhältnis (und somit auch die Produktionsstruktur) der DDR bleibt unverändert; denn die Importe aus der Bundesrepublik (Gut 2) unterliegen nach wie vor einem Zoll. Das westdeutsche interne Preisverhältnis bleibt ebenfalls unberührt[3], denn die DDR reagiert auf die Präferenzen zunächst nicht mit einer Mengenänderung ihres Exportgutes (Gut 1). Da die partielle Importzollsenkung in der Bundesrepublik nicht durch eine entsprechende Änderung ihrer internen Preisrelation ausgeglichen wird, muß sich die Austauschrelation für die DDR gegenüber der Bundesrepublik verbessert haben.

Diese Verbesserung impliziert einen Einkommens- bzw. Wohlfahrtsgewinn für die DDR. Er wird dadurch transferiert, daß die DDR für ihre bisher exportierte Menge von Gut 1 nunmehr eine größere Anzahl des importierten Gutes 2 erhält (Erhöhung der Importkapazität der DDR) bzw. für die bislang importierten Güter nur noch eine geringere Exportmenge bereitstellen muß. Mit anderen Worten: Die zugunsten der DDR im präferenzierten Handel mit der Bundesrepublik veränderte Austauschrelation führt in der DDR zu einer verbesserten Versorgungslage, mithin zu einer Wohlfahrtserhöhung.

Für die Bundesrepublik besteht dagegen der einzige unmittelbare Effekt der zollbegünstigten Importe aus der DDR darin, daß sich ihre Austauschrelation gegenüber der DDR verschlechtert, so daß sie einen Wohlfahrtsverlust erleidet. Die Bundesrepublik handelt mit den Drittländern (annahmegemäß) weiterhin zu konstanten TOT.

21. Die Kernwirkung der einseitig präferenzierten Importe der Bundesrepublik aus der DDR, nämlich der Wohlfahrtstransfer von der

---

[1] Diese Menge ergibt sich aus der Differenz der bilateralen Handelsmengen zwischen B und D.

[2] Strenge Inferiorität im Konsum sei in beiden Ländern ausgeschlossen.

[3] Für die Bundesrepublik bleibt der Preis des Exportgutes unverändert. Dies gilt auch für den Preis des Importgutes, weil der heimische Preis protektionsbedingt über dem Weltmarktpreis liegt und annahmegemäß nicht von der relativ kleinen Importmenge aus der DDR beeinflußt wird. Allerdings fallen für diese Menge jetzt keine Zolleinnahmen mehr an.

Bundesrepublik an die DDR (bei jeweilig unveränderten internen Preisrelationen), bleibt auch dann grundsätzlich erhalten,

- wenn das verbesserte ostdeutsche Austauschverhältnis mit der Bundesrepublik in der DDR - aus welchen Gründen auch immer - dazu führt, daß zusätzliche Mengen von Gut 2 aus der Bundesrepublik importiert werden[1], oder
- wenn die DDR ihren Zoll (Zolläquivalent) auf Importe aus der Bundesrepublik ebenfalls senkt[2].

Beide Möglichkeiten führen - abweichend zum vorher behandelten Fall - zu einer Veränderung des internen Preisverhältnisses der DDR: Der Preis von Gut 2 (Importgut) sinkt bzw. der von Gut 1 (Exportgut) steigt. Dies führt ceteris paribus zu einem erhöhten Output bzw. Angebot des Exportgutes (Gut 1).

Allerdings läßt sich die Wohlfahrtsposition der DDR bei verändertem internen Preisverhältnis (verglichen mit der bei konstantem internen Preisverhältnis) und verbessertem Austauschverhältnis mit der Bundesrepublik nur weiter erhöhen, wenn das zusätzliche DDR-Exportangebot (Gut 1) die westdeutsche Gesamtnachfrage für dieses Gut (annahmegemäß) nicht preiswirksam beeinflußt. Denn die Bundesrepublik muß dann nach wie vor einen Teil ihres Handels mit Drittländern abwickeln. Da ihr Zoll und ihre Terms of Trade gegenüber Drittländern unverändert sind, bleibt auch der Output der Bundesrepublik (unabhängig von der Produktionsstruktur) konstant und damit von den Präferenzen für die DDR unberührt [vgl. analog Kemp 1969, S. 28].

22. Als ein wichtiger Ergebnisrahmen für die folgenden partialanalytischen Ausführungen kann festgehalten werden: In dem zugrunde gelegten einfachen Totalmodell führen westdeutsche Präferenzen zugunsten der Importe aus der DDR über ein verändertes (bilaterales) Austauschverhältnis grundsätzlich zu einem versteckten Einkommens- und Wohlfahrtstransfer von der Bundesrepublik an die DDR. Dieser im-

---

[1] Es ist unterstellt, daß die DDR ihren Handel (anfänglich) nur mit der Bundesrepublik abwickelt. Durch die verbesserte Austauschrelation gegenüber der Bundesrepublik könnte die DDR ihre zusätzlichen Importe statt aus der Bundesrepublik auch aus Drittländern beziehen. Wegen der für die DDR vergleichsweise schlechteren TOT mit Drittländern wäre dies ökonomisch allerdings nicht rational. Dies impliziert, daß das Importgut (Gut 2), verglichen mit dem Exportgut (Gut 1), in der DDR nunmehr relativ reichlicher vorhanden ist als zuvor.

[2] Zur formalen Ableitung der Ergebnisse für eine reziprok gewährte Zollpräferenz vgl. Kemp [1969, S. 28 ff.].

plizite Transfer ist ceteris paribus um so größer, je höher - bei gegebenen Produktionsmöglichkeiten und gewissen Spezialisierungsreserven - das zusätzliche DDR-Exportangebot ist, das in der Bundesrepublik gerade noch (inlandspreisunwirksam) abgesetzt werden kann. Zunächst offen geblieben ist, ob eine präferenzbedingte DDR-Exportausdehnung zu einer Handelsschaffung (trade creation) oder einer Handelsumlenkung (trade diversion) führt, d.h., inwieweit die (ökonomische) Wohlfahrt der Drittländer, die der beiden Präferenzpartner zusammen sowie der Welt insgesamt durch die Präferenzen für die DDR beeinflußt worden ist. Dabei wird - um es vorweg zu nehmen - unbeantwortet bleiben müssen, um wieviel die präferenzinduzierten versteckten Einkommenstransfers tatsächlich zu einem Sinken oder Ansteigen der Wohlfahrt der Beteiligten führen. Denn nationale wie internationale Transfers verändern normalerweise die nationale bzw. internationale Einkommensverteilung; sie sind folglich nicht wohlfahrtsneutral. In Ermangelung einer allgemein anerkannten nationalen wie internationalen Verteilungsnorm können die tatsächlichen Wohlfahrtseffekte der präferenzinduzierten versteckten Einkommensumverteilungen nicht bewertet werden. Deshalb wird im folgenden vereinfachend angenommen, daß sich die Wohlfahrt eines Landes, einer Ländergruppe oder der Welt insgesamt tendenziell in dem Maße ändert, wie sich die jeweilige Netto-Einkommensposition durch präferenzbedingte Einkommenstransfers erhöht oder vermindert.

3. Partielle Gleichgewichtsanalyse und das formale Meßkonzept

23. Das für den allgemeinen Fall entwickelte Angebots- und Nachfragemodell[1] wird nunmehr auf den Handel zwischen der Bundesrepublik (B) und der DDR (D) übertragen; die zuvor gemachten Annahmen gelten weiter[2].

24. In einem (aggregierten) Partialmodell für die Bundesrepublik, das das heimisch produzierte Güterangebot und die westdeutsche Ge-

---

[1] Ein wesentlicher Teil der Literatur zur Theorie der Zollunion bzw. der Präferenzen bedient sich der partiellen Gleichgewichtsanalyse. Vgl. dazu im folgenden beispielsweise Johnson [1960, 1962, 1967], Cooper, Massell [1965], Michaely [1965] sowie Krauss [1972b; (Ed.) 1973].

[2] Implizit wird außerdem unterstellt, daß die Importe der DDR aus der Bundesrepublik zu "Weltmarktpreisen" getätigt werden. Die Zollpräferenz der Bundesrepublik für DDR-Güter betrage 100 vH.

samtnachfrage umfaßt[1], führt eine Zollsenkung nur dann zu Handelsschaffung (trade creation), wenn die heimischen (relativen) Güterpreise sinken. Dann würde die heimische Produktion (bei konstanter Konsumnachfrage) durch kostensparende Substitution heimisch produzierter gegen ausländische Güter zurückgehen; des weiteren könnte Handelsschaffung aus einer Erhöhung der Konsumnachfrage resultieren. Da jedoch die DDR-Exporte in die Bundesrepublik, im Vergleich zur westdeutschen Produktion und zur Gesamtnachfrage, nicht als so bedeutsam angesehen werden, daß sie die Preise auf dem Markt der Bundesrepublik beeinflussen können, gibt es durch die Zollpräferenzen für DDR-Güter ceteris paribus keine Handelsschaffung. Möglich ist hingegen eine Handelsumlenkung (trade diversion) zugunsten der DDR und zu Lasten der Drittländer.

25. Unter den üblichen Annahmen der Partialmodelle[2] zeigt Schaubild 1 die Wirkungsweise der Präferenzen auf die in der Bundesrepublik angebotenen (homogenen) DDR-Exportgütermengen A^D und die Nachfrage nach diesen Gütern N^D.

Das Weltmarktangebot A^W der Drittländer auf dem Markt der Bundesrepublik wird als unendlich elastisch angenommen. Der Weltmarktpreis p* ist also für die Bundesrepublik und die DDR ein Datum (Annahme des kleinen Landes). Das gegebene Protektionssystem der Bundesrepublik verteuert die ausländischen Güter um den Nominalzoll t[3] auf den heimischen Preis p.

---

[1] Soweit nicht anders erwähnt, werden elastische Angebots- und Nachfragefunktionen unterstellt. Die Elastizitätsbereiche sind hier unterteilt in: vollkommen (unendlich) elastisch, elastisch sowie starr (vollkommen unelastisch).

[2] Der Weltmarktpreis p* ist hier wie im Totalmodell ein "second-best" Weltmarktpreis, der nicht mehr mit dem Freihandelspreis im traditionellen Außenhandelsmodell identisch ist. Denn p* ist bereits das Ergebnis von international preiswirksamen Unvollkommenheiten (z. B. monopolistische Praktiken). Zu diesen Verzerrungsursachen vgl. beispielsweise Glismann [1975, Kap. III u. IV] und Nehring [1975b, Abschn. 1 u. 4].

[3] Der Nominalzoll t ist die Differenz zwischen Protektionspreis p und Weltmarktpreis p*, also jene Preisdifferenz, die sich bei Gültigkeit der Annahme des kleinen Landes aus der Summe aller außenhandelswirksamen Maßnahmen (Zölle, bestimmte Steuern und Subventionen) des Inlandes ergibt. Oder anders ausgedrückt: Zoll und zollähnliche (ausgeschlossen prohibitiv wirkende) Maßnahmen führen zu einem Unterschied des heimischen Preises zum Weltmarktpreis in Höhe des Nominalzolls t, üblicherweise bezogen auf den Weltmarktpreis [vgl. Hiemenz, von Rabe-

Schaubild 1 - Wirkungsweise der Präferenzen im partiellen Gleichgewichtsmodell

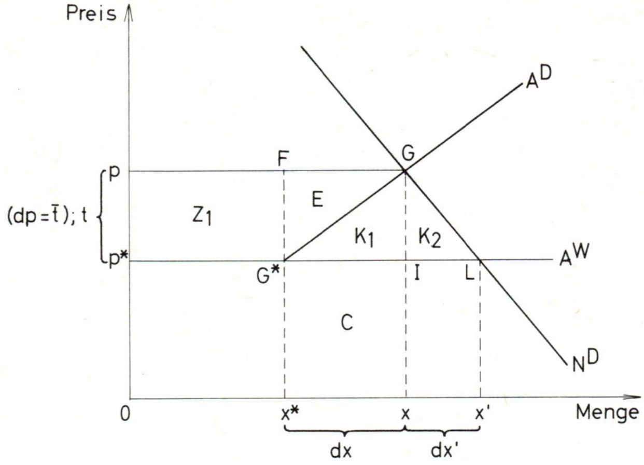

26. Vor der Präferenzgewährung ist die DDR den Drittländern gleichgestellt, d.h., sie exportiert zum Weltmarktpreis p* die Menge x*, auf die westdeutsche Einfuhrabgaben erhoben werden. Die unbefriedigte Nachfrage der Bundesrepublik nach DDR-Produkten (x'-x*), die enge Substitute zu heimisch und ausländisch produzierten Gütern sind[1], wird zusammen mit der sonstigen Überschußnachfrage der Bundesrepublik durch Drittländer befriedigt.

Gewährt die Bundesrepublik lediglich der DDR allgemeine Einfuhrpräferenzen, dann verbessert sich, wie schon dargelegt, ceteris paribus das Austauschverhältnis der DDR gegenüber der Bundesrepublik, weil der DDR-Exporterlös je Stück bei unveränderten Einfuhrpreisen vom Weltmarktpreis p* auf den westdeutschen Marktpreis p (p>p*) steigt.

Kurzfristig erzielt die DDR für ihre bisher angebotene Menge x* einen versteckten Zolltransfer, der den Zolleinnahmen der Bundesrepublik Z_1 (= t · x*) entspricht, auf die diese durch die Präferenzregelung unmittelbar verzichtet.

---

nau 1973, S. 2] . - Dem neoklassischen Außenhandelsmodell folgend, wird hier auf Nominalzollraten abgestellt. Da das Modell von Zwischenprodukten abstrahiert, sind nominale und effektive Zollraten identisch. Zu einer Diskussion der Präferenzen im Kontext des Konzepts der effektiven Zollprotektion vgl. ausführlich Johnson [1966] .

[1] Wegen dieser Substitutionalitätsannahme hat die westdeutsche Nachfragekurve für DDR-Güter dieselbe Steigung wie die Gesamtnachfragekurve der Bundesrepublik.

Längerfristig dürften die erhöhten Exporterlöse (und das verbesserte DDR-Austauschverhältnis) zu einer DDR-Exportangebotsausweitung führen. Allerdings geht bei gegebener Überschußnachfrage der Bundesrepublik für ausländische Güter insgesamt jede präferenzinduzierte bilaterale Handelsausweitung der DDR[1] (die eine DDR-Exporterhöhung darstellt) zunächst voll zu Lasten der Drittländerexporte in die Bundesrepublik. Wie stark die bilaterale Handelsausweitung der DDR ist und ob sie als trade diversion[2] angesehen werden kann, hängt von der Höhe des (gegebenen) Präferenzsatzes t und von der Preiselastizität des DDR-Exportangebots ab.

Der Spielraum für zusätzliche DDR-Exporte im innerdeutschen Handel ist, verglichen mit der Importnachfrage der Bundesrepublik insgesamt, annahmegemäß sehr klein. Wäre dies nicht der Fall und die Exportangebotskapazität der DDR für den Markt der Bundesrepublik relativ groß, so müßte sie trotz gewährter Präferenzen zu Weltmarktpreisen (also vollkommen preiselastisch) anbieten. Verglichen mit den Drittländern hätte sie lediglich eine Art "Vorverkaufsrecht" auf dem Importmarkt der Bundesrepublik und würde eine Konvergenz von westdeutschem Marktpreis und Weltmarktpreis bewirken. Einen Nutzen aus der Präferenz könnte die DDR dann nicht ziehen [vgl. Johnson 1967, S. 189].

Plausibler ist hingegen, daß das DDR-Angebot auf dem Markt der Bundesrepublik A^D längerfristig nicht vollkommen elastisch ist, weil jede Exportausdehnung dx normalerweise nur zu steigenden (Grenz-)Kosten bereitgestellt werden kann (Fläche: K_1)[3]. Allein in diesem Fall führt die präferenzbedingte DDR-Exportausweitung definitionsgemäß zu trade diversion. Denn die Alternativkosten für die Einfuhr der Menge dx aus der DDR sind nach wie vor die (geringeren) Weltmarktpreise, zu denen die Drittländer diese Menge anbieten.

Die zusätzlichen Kosten (Fläche: K_1) der DDR-Exportausdehnung sind somit als eine Verschwendung von weltwirtschaftlichen Ressourcen,

---

[1] Die bilaterale Handelsausweitung ist im folgenden nicht mit der zuvor erwähnten Handelsschaffung (trade creation) zu verwechseln. Die Handelsausweitung sagt noch nichts über ihre Ursache aus; denn diese kann in einer Schaffung (creation) oder in einer Umlenkung (diversion) begründet sein. Oder anders: Handelsausweitung ist zwar auch Handelsschaffung, ohne jedoch die Wohlfahrtsimplikationen der herkömmlichen Abgrenzung (vgl. Ziff. 6) einzuschließen.

[2] D.h. als ein Wohlfahrtsverlust für die Bundesrepublik wie auch für die Welt insgesamt.

[3] Es spricht nichts dagegen, diesen für westliche Industrieländer unterstellten Kostenverlauf auch für die DDR anzunehmen.

also als ein Sinken der Weltwohlfahrt (Bundesrepublik, DDR, Drittländer) anzusehen, das sich als Ergebnis der präferenzierten Behandlung der DDR-Exporte in die Bundesrepublik zu Lasten der kostengünstiger anbietenden Drittländerproduzenten einstellt[1].

In diesem Modell der reinen Handelsumlenkung, die im Ausmaß der bilateralen DDR-Handelsausweitung entspricht, müssen die Drittländer nicht unbedingt einen Verlust erleiden: Zwar verlieren die Drittländer im Handel mit der Bundesrepublik an Exportvolumen, doch ist dies für sie wegen der angenommenen unendlichen Angebotselastizitäten längerfristig nur dann mit einem (Einkommens- oder) Wohlfahrtsverlust verbunden, wenn [vgl. Johnson 1967, S. 188 f.]

- sie ihre Preise senken müssen, um die Differenzmenge ihrer in die Bundesrepublik rückläufigen Exporte anderswo abzusetzen, oder
- sie die für die Produktion der Differenzmenge notwendigen Faktoren in andere Güterbereiche umleiten müssen, wo die Faktoren ein geringeres Einkommen als zuvor erzielen.

Wegen des vermutlich äußerst geringen Anteils dieser Differenzmenge an den Gesamtexporten der Drittländer ist zu erwarten, daß es im Durchschnitt zu keiner Einkommenseinbuße für die Drittländer kommt.

27. Anhand von Schaubild 1 (mit Gleichgewichtspunkt G für die Präferenzsituation) lassen sich die vorstehenden Wirkungen der Präferenzen zugunsten der DDR weiter spezifizieren:

Der Zolleinnahmeverzicht der Bundesrepublik beläuft sich auf die Differenz zwischen Marktpreis p der Bundesrepublik und Weltmarktpreis p* multipliziert mit der abgesetzten DDR-Exportmenge x (Fläche: $Z = Z_1 + (E + K_1) + Z_2$). Dieser stellt den präferenzbedingten Wohlfahrtsverlust der Bundesrepublik dar, der identisch ist mit dem impliziten Bruttotransfer, also der im Exportpreis enthaltenen Einkommensübertragung von der Bundesrepublik an die DDR.

Da der DDR aus der präferenzbedingten Exportangebotsausdehnung zusätzliche Kosten (Fläche: K_1) entstehen, sind diese vom impliziten Bruttotransfer abzuziehen, um zum impliziten Nettotransfer zugunsten der DDR zu gelangen (Fläche: $Z - K_1 = Z_1 + E$). Verglichen mit der Situation vor der Präferenz, wird die Wohlfahrt

[1] Für den Fall, daß auf Geldpreise abgestellt wird, ist anzunehmen, daß die Geldkosten der Produktionsfaktoren den realen sozialen Kosten entsprechen.

der DDR durch diesen versteckten Einkommenstransfer erhöht.

Bei normal verlaufender Exportangebotskurve der DDR und einer Präferenzrate größer als Null ($t>0$) ist der präferenzinduzierte Handelsbilanzeffekt für die DDR (Fläche: C + Z) stets größer als der Bruttotransfer für die DDR. Der Handelsbilanzeffekt gibt an, um wieviel sich die (Devisen-) Erlöse der DDR aus den Exporten in die Bundesrepublik durch die Präferenzregelung erhöht haben. Verbesserte (Devisen-) Erlöse sind eine wichtige Bedingung zur Erhöhung der Importkapazität der DDR.

Der volkswirtschaftliche Verlust der Bundesrepublik ist nach dem Rentenkonzept[1] derjenige Verlust, den die Nachfrager von DDR-Gütern durch höhere Inlandspreise ($p>p^*$) und geringere Versorgung ($x<x'$) erleiden und der auch nach der Präferenz als intern nicht verteilbarer Rest bestehen bleibt (Fläche: $Z + K_2$). Dieser Wohlfahrtsverlust der Nachfrager in der Bundesrepublik übersteigt den rein präferenzbedingten Zolleinnahmeverzicht der Bundesrepublik (Fläche: Z) um die Konsumtionskosten im engeren Sinne (Fläche: K_2)[2].

Der aus der Präferenzregelung resultierende Nettoge-

---

1 Nach diesem Konzept ist die Nachfragekurve N^D als Kurve konstanten Nutzens zu interpretieren, um Einkommenseffekte aufgrund von Preisänderungen auszuschließen. Denn nach Hicks [1945/46, S. 68 f.] müssen die Wohlfahrtseffekte von Preisänderungen zwar mit Hilfe marginaler Indifferenzkurven gemessen werden, doch: In den meist üblichen Fällen, in denen zwei marginale Indifferenzkurven eng beieinander liegen, wird jede von ihnen mit der Nachfragekurve ungefähr übereinstimmen. Vgl. auch die Darstellung bei Leamer, Stern [1976, 186 ff.] und die dort zitierte neuere Literatur.

2 Mit letzteren wird in analogen Partialmodellen zur Messung der Protektionskosten [vgl. Corden 1957; Johnson 1960; Magee 1972; Glismann 1974] normalerweise derjenige Teil der protektionsverursachten Minderung der Konsumentenrente (Fläche unter N^D und oberhalb von A^W) verstanden, der im Wege der Umverteilung weder heimischen noch ausländischen Wirtschaftseinheiten (Staat oder Produzenten) zugute kommt. Da die vorher einbehaltenen Zolleinnahmen nach der Präferenzgewährung an die DDR transferiert werden, erhöhen sich die herkömmlichen Konsumtionskosten (Fläche: K_2) um diesen Betrag, der von den Nachfragern getragen wird. Der volkswirtschaftliche Verlust der Bundesrepublik besteht somit strenggenommen aus Konsumtionskosten i. w. S., von denen die Konsumtionskosten i. e. S. auch international nicht mehr verteilbar, d. h. verloren sind (deadweight loss).

winn ergibt sich aus dem Saldo der implizit transferierten Einkommen zwischen den beteiligten Handelspartnern[1]. Wird unterstellt, daß die Drittländer ihre Differenzmenge, die sie auf dem Markt der Bundesrepublik wegen der westdeutschen Präferenzen für die DDR einbüßen, bei sonst unveränderten Bedingungen auch auf anderen Märkten absetzen können, dann ist der Nettogewinn der Präferenzregelung insgesamt ein Wohlfahrtsverlust: Die Präferenzen mindern die Wohlfahrt der Bundesrepublik durch den Zolleinnahmeverlust (Fläche: Z) stärker als sie die Wohlfahrt der DDR durch den impliziten Nettotransfer (Fläche: $Z_1 + E$) erhöhen. Die Differenz zwischen beiden, die Zusatzkosten der DDR-Exportausdehnung (Fläche: K_1), gibt den weltwirtschaftlichen Verlust an, der speziell der Präferenzregelung zuzuschreiben ist und der von der Bundesrepublik getragen wird. Denn die Alternativkosten für die Differenzmenge der DDR-Exporte sind für die Bundesrepublik die Weltmarktpreise (mit $p^* < p$), zu denen die Drittländer diese Differenznachfrage der Bundesrepublik anderenfalls befriedigt hätten.

28. Die Präferenzeffekte lassen sich im Rahmen des gegebenen Modells zu einem Meßkonzept zusammenfassen, das die operationale Basis für die empirischen Schätzungen in Kapitel IV abgeben wird. Bevor die relevanten Präferenzwirkungen formalisiert werden können, sind einige Definitionen und Umformungen nötig[2].

---

[1] Nach dieser Abgrenzung werden Konsumtionskosten i. e. S., die auf das Protektionssystem an sich zurückzuführen sind und von deren Höhe insgesamt nur ein Teil den Importen der Bundesrepublik aus der DDR zuzuschreiben ist, nicht als präferenzinduziert angesehen. Sie würden bei Protektion (die mit keiner Präferenz verbunden ist) genauso anfallen, freilich mit einem modifizierten Zurechnungsschlüssel.

[2] Auf die formale Herleitung der protektionsbedingten Konsumtionskosten i. e. S. kann verzichtet werden, weil diese - wie erwähnt - unabhängig von den Präferenzen zugunsten der DDR anfallen. Zur mathematischen Darstellung vgl. Johnson [1960, S. 332 f.]. - Die folgenden Ausführungen beziehen sich auf ein beliebiges Produkt (bzw. eine Produktgruppe) j; auf das Subskript wird vereinfachend verzichtet. Grundsätzlich gelten die formalen Herleitungen auch für den Mehr-Güter-Fall. Die mehr theoretischen Schwierigkeiten, die sich hierbei für das Grundmodell mit seiner reinen Freihandels- und Protektionssituation ergeben (relative Preisänderungen nicht gehandelter Güter, Substitutionseffekte zwischen importierten und heimischen bzw. zwischen heimischen Produkten), hält Johnson [1960, S. 332] für nicht so bedeutsam, weil es nur relativ wenig nicht gehandelte Güter gibt bzw. weil sich Wohlfahrtsverluste und

Im Außenhandelsmodell (vgl. Schaubild 1) wird die Preiswirkung außenhandelswirksamer Maßnahmen, also die Differenz von westdeutschem Protektionspreis p und Weltmarktpreis p*, bezogen auf den Weltmarktpreis, als Nominalzoll t definiert:

(1a) $$t = \frac{p - p^*}{p^*}$$ oder (1b) $$p = p^* (1 + t)$$

Die Importe der Bundesrepublik werden an der heimischen Grenze mit der Rate t belastet und erhöhen dadurch den Inlandspreis.

Wird nicht der Weltmarktpreis p*, sondern der westdeutsche Marktpreis p, der für die DDR-Exporteure der relevante Preis nach der Präferenzgewährung ist, als Basis gewählt und gleich Eins gesetzt[1], so hat dies folgenden Vorteil: Menge und Wert (inklusive Zollabgaben) der Importe sind gleich, und die positive Differenz dp zwischen dem heimischen Preis p und dem Weltmarktpreis p* läßt sich ausdrücken durch die Rate t, um die sich der heimische Preis nach Abschaffung der Protektionsmaßnahmen ändern würde [Johnson 1960, S. 331] [2]:

$$\bar{t} = \frac{p - p^*}{p}$$ wobei

(2) $$\bar{t} = \frac{t}{1 - t}$$

-gewinne wohl in etwa ausgleichen [vgl. Leamer, Stern 1976, S. 192 f.]. - Diese Argumente dürften um so mehr für die "nur" präferenzierten DDR-Exporte im innerdeutschen Handel zutreffen, denen wegen ihres geringen Anteils an den gesamten Importen der Bundesrepublik keine heimische Preiswirkung beigemessen wird.

1 D. h., die Mengeneinheiten werden so gewählt, daß der heimische Preis der Importe den Wert Eins annimmt.

2 Zum allgemeinen Meßkonzept vgl. im folgenden Corden [1957] und Johnson [1960] sowie für die empirische Anwendung des Konzepts Magee [1972] und Glismann [1974].

Symbole:

p : Marktpreis der Bundesrepublik (bei Protektion)

p* : Weltmarktpreis

t : Präferenz (≙ Nominalzoll) als relative Preisänderung, bezogen auf den Weltmarktpreis p*

$\bar{t}$: Präferenz (≙ Nominalzoll) als relative Preisänderung, bezogen auf den Marktpreis p der Bundesrepublik

dp : Preisänderung für die DDR aufgrund eines Präferenzabbaus (bei gegebenem Protektionssystem der Bundesrepublik

Übertragen auf den Präferenzfall bei gegebenem Protektionssystem der Bundesrepublik ist $\bar{t}$ die Präferenz für die DDR, bezogen auf den Marktpreis der Bundesrepublik. Oder: $\bar{t}$ gibt die relative (Stückerlös-) Preisänderung dp der DDR aufgrund eines westdeutschen Präferenzabbaus bei fortbestehendem Protektionssystem der Bundesrepublik an, bezogen auf den westdeutschen Marktpreis ($\bar{t}$ = dp).

Die (Bogen-) Preiselastizität des DDR-Exportangebots auf dem Markt der Bundesrepublik ist im relevanten Bereich definiert als

$$(3) \qquad \varepsilon = \frac{\frac{dx}{x}}{\frac{dp}{p}} = \frac{dx}{dp} \cdot \frac{p}{x}$$

und analog die Preiselastizität der Nachfrage der Bundesrepublik nach DDR-Gütern[1]

$$(4) \qquad \eta = -\frac{\frac{dx'}{x}}{\frac{dp}{p}} = -\frac{dx'}{dp} \cdot \frac{p}{x}$$

29. Nunmehr lassen sich die einzelnen Präferenzeffekte im innerdeutschen Handel, verglichen mit einer hypothetischen Situation ohne Präferenzgewährung, darstellen[2].

ε : Preiselastizität der DDR-Exporte (-Angebot) in die Bundesrepublik

η : Preiselastizität der Nachfrage nach DDR-Produkten auf dem Markt der Bundesrepublik

x : DDR-Exportmenge in die Bundesrepublik (= nachgefragte Menge) in der Präferenzsituation (bei gegebenem Protektionssystem der Bundesrepublik)

x* : DDR-Exportmenge in die Bundesrepublik ohne Präferenzen (bei gegebenem Protektionssystem der Bundesrepublik)

x' : in der Bundesrepublik zum Weltmarktpreis nachgefragte DDR-Gütermenge (ohne Protektionssystem der Bundesrepublik = ohne wirksame Präferenzen für die DDR)

dx : DDR-Angebotsänderung aufgrund eines Präferenzabbaus (bei gegebenem Protektionssystem der Bundesrepublik)

dx' : Nachfrageänderung für DDR-Produkte aufgrund eines Zollabbaus in der Bundesrepublik (= Präferenzabbau durch Abbau des Protektionssystems)

[1] Diese ist annahmegemäß identisch mit der Preiselastizität der westdeutschen Gesamtnachfrage.

[2] Hierbei ist zu beachten, daß p - wie bereits erwähnt - gleich Eins gesetzt worden ist.

Die bilaterale Handelsausweitung (DDR-Exportangebotsausdehnung) ermittelt sich mit Hilfe von Gleichung (3), so daß gilt

(5a) $dx = \varepsilon \cdot dp \cdot x$ oder

(5b) $dx = \varepsilon \cdot \bar{t} \cdot x$ $\qquad dx > 0$

Der Protektionseinnahmeverzicht Z der Bundesrepublik[1] (Fläche: $p^*IGp = Z_1 + Z_2 = Z$) beläuft sich auf

(6) $Z = dp \cdot x = \bar{t} \cdot x$ $\qquad Z < 0$

Mit dem Einnahmeverzicht der Bundesrepublik ist der positive implizite Bruttotransfer von der Bundesrepublik an die DDR (iT^D_{brutto}) identisch

(7) $iT^D_{brutto} = |Z| = \bar{t} \cdot x$ $\qquad iT^D_{brutto} > 0$

Um zum impliziten Nettotransfer der DDR (iT^D_{netto}) zu gelangen, sind vom versteckten Bruttotransfer die Zusatzkosten der DDR (Fläche: $G^*IG = K_1$) für die präferenzbedingte Exportmengenausdehnung dx zu subtrahieren:

(8a) $iT^D_{netto} = iT^D_{brutto} - K_1 = |Z| - \frac{1}{2} Z_2 = |Z| - K_1$

wobei

(8b) $K_1 = \frac{1}{2} dp \cdot dx = \frac{1}{2} dp\ (\varepsilon \cdot dp \cdot x) = \frac{1}{2} \bar{t}^{\,2} \cdot \varepsilon \cdot x$

ist, so daß gilt

(8c) $iT^D_{netto} = (\bar{t} \cdot x) - (\frac{1}{2} \bar{t}^{\,2} \cdot \varepsilon \cdot x)$ $\qquad iT^D_{netto} > 0$

Den Nachfragern in der Bundesrepublik entstehen protektionsbedingte Konsumtionskosten im engeren Sinne (Fläche: $ILG = K_2$),

---

[1] Der Protektionseinnahmeverzicht setzt sich zusammen aus den entgangenen Zoll- und Einfuhrumsatzsteuereinnahmen.

die der präferenzierten DDR-Exportmenge zuzurechnen sind. Sie ergeben sich aus

(9a) $K_2 = \frac{1}{2} \cdot dp \cdot dx'$

oder mit Hilfe von (4) aufgelöst nach dx' und Einsetzen von p = 1 und dp = $\bar{t}$ folgt

(9b) $K_2 = \frac{1}{2} \bar{t}^2 \cdot \eta \cdot x$ $K_2 < 0$

Sie sind Bestandteil des von den westdeutschen Nachfragern getragenen gesamten volkswirtschaftlichen Verlustes der Bundesrepublik (VV^B) aus der Präferenzregelung (Konsumtionskosten im weiteren Sinne).

(10) $VV^B = K_2 + Z = (\bar{t} \cdot x) + (\frac{1}{2} \bar{t}^2 \cdot \eta \cdot x)$ $VV^B < 0$

Der präferenzbedingte positive Handelsbilanzeffekt (H^D) der DDR-Exporte übersteigt den Bruttotransfereffekt um C (Fläche: x*xIG*)

(11a) $H^D = iT^D_{brutto} + C = (\bar{t} \cdot x) + (dx \cdot p^*)$

wobei

$p^* = 1 - \bar{t}$

Daraus folgt

(11b) $H^D = (\bar{t} \cdot x) + dx\,(1 - \bar{t})$ $H^D > 0$

Schließlich ergibt sich der Nettogewinn (WV^B_D) der Präferenzregelung für beide Handelspartner zusammen sowie für die Welt insgesamt aus dem Saldo der tatsächlich transferierten Vorteile und Nachteile, nämlich aus dem impliziten Nettotransfer zugunsten der DDR minus dem Bruttotransfer der Bundesrepublik aus dem Protektionseinnahmeausfall.

$$(12a) \qquad WV_D^B = iT^D_{netto} - Z$$

$$\text{wegen} \qquad iT^D_{netto} = Z_1 + \frac{1}{2} Z_2 \qquad\qquad iT^D_{netto} > 0$$

$$\text{und} \qquad Z = Z_1 + Z_2 \qquad\qquad Z < 0$$

ergibt sich

$$(12b) \qquad WV_D^B = - \frac{1}{2} Z_2 = - \frac{1}{2} \bar{t}^2 \cdot \varepsilon \cdot x = - K_1 \qquad WV_D^B < 0$$

Der Nettogewinn aus der Präferenzregelung ist also für die beiden Handelspartner zusammen sowie für die Welt (Bundesrepublik, DDR und Drittländer) insgesamt ein Wohlfahrtsverlust in Höhe der Zusatzkosten für die präferenzinduzierte Exportausdehnung der DDR.

4. Zur empirischen Evidenz wichtiger Modellannahmen

30. Im folgenden Abschnitt soll erörtert werden, inwiefern wichtige Annahmen, die in die vorstehenden Überlegungen zum theoretischen Meßkonzept explizit oder implizit eingegangen sind, die reale Welt zutreffend beschreiben. So ist unterstellt worden, daß
- interne wie externe Preisrelationen unverändert bleiben,
- das Exportangebot der DDR für den Markt der Bundesrepublik preisabhängig ist,
- es der DDR gelingt, den gesamten Präferenzsatz zu vereinnahmen,
- homogene Güter gehandelt werden und
- sich die DDR im Handel mit der Bundesrepublik wettbewerbsanalog verhält [1].

---

[1] Es sei (nochmals) angemerkt, daß die Weltmarktpreise im Modell tatsächliche Weltmarktpreise darstellen und ein funktionierender internationaler Preismechanismus vor wie nach der Präferenzregelung dafür sorgt, daß die westdeutschen Marktpreise von den Weltmarktpreisen um den Nominalzoll divergieren. Vor diesem (gegebenen) Hintergrund sind die Bedingungen zu prüfen, unter denen die Präferenzwirkungen abgeleitet wurden. - Zu den Ursachen der Divergenzen zwischen Weltmarktpreisen und Freihandelspreisen vgl. Nehring [1975b, S. 5 ff.]. - Zum internationalen Preiszusammenhang vgl. beispielsweise Hiemenz, von Rabenau [1973, S. 72 ff.] und Fels [1969, vor allem S. 60 ff.], letzterer insbes. für die Bundesrepublik.

a. Konstante Angebots- und Nachfragebedingungen

31. Im Außenhandelsmodell wurde die bilaterale Handelsausweitung der DDR zu Lasten der Drittländer unter der Bedingung abgeleitet, daß die Präferenzen zugunsten der DDR in der Bundesrepublik wie auch in der DDR weder zu einer Veränderung der internen noch der externen Preisrelation mit Drittländern führt. D.h., durch die Konstanz der Preisrelationen auf dem Binnenmarkt der Bundesrepublik und auch der DDR kann es nur zu Bewegungen auf der Nachfrage- bzw. Angebotskurve, nicht aber zu einer Verschiebung der Kurven kommen.

Dies dürfte für den Durchschnitt aller Güterbereiche in etwa plausibel sein, wenn man das Gewicht des innerdeutschen Handels für beide Staaten in der Vergangenheit heranzieht: Der Anteil des innerdeutschen Warenaustausches am westdeutschen Außenhandelsvolumen insgesamt lag in den vergangenen Jahren unter 2 vH; der Anteil der Importe aus der DDR am Inlandsverbrauch der Bundesrepublik (westdeutsche Gesamtnachfrage[1]) betrug zum Beispiel für das Jahr 1974 nur 0,39 vH[2]. Wählt man statt der gesamten Handelsströme mit der DDR nur denjenigen Teil der DDR-Exporte in die Bundesrepublik, der auf die Präferenzen zurückzuführen ist, also die Handelsausweitung der DDR, so werden die vorstehenden Anteile (normalerweise) noch geringer ausfallen. Im Durchschnitt aller Güterbereiche dürfte es vertretbar sein, präferenzinduzierte Änderungen der Marktpreise in der Bundesrepublik auszuschließen[3].

In der DDR hingegen ist der Handel mit der Bundesrepublik vergleichsweise bedeutsamer. Nach der offiziellen DDR-Statistik erreichte das innerdeutsche Handelsvolumen beispielsweise 1974 einen Anteil von 7,67 vH am gesamten DDR-Außenhandel[4]. Legt man auch hier wieder nur den präferenzierten Teil des Handels zugrunde, so dürften selbst bei einem Wettbewerbs-Preismechanismus westlicher Prägung die DDR-Preisrelationen im Durchschnitt kaum oder gar nicht von der Präferenzregelung berührt werden. Berücksichtigt man den plan-

---

[1] Gesamtnachfrage ("sichtbarer Verbrauch" oder "apparent consumption"): Umsatz minus Außenhandelssaldo (einschließlich innerdeutscher Handel).

[2] Vgl. Statistisches Bundesamt [Statistisches Jahrbuch 1976].

[3] Wenn man das über alle Produkte aggregierte Modell verläßt, so ist zu vermuten, daß dies auch für die meisten Einzelprodukte zutrifft; doch müßte das gesondert empirisch überprüft werden.

[4] Vgl. Staatliche Zentralverwaltung [1975]. Auf eine Relationsangabe zum Inlandsverbrauch wird verzichtet; die Statistik der DDR weist ihn nur für wenige ausgewählte Güter, aber nicht insgesamt aus.

wirtschaftlichen Charakter der DDR-Wirtschaft sowie den fehlenden internationalen Preiszusammenhang (keine Konvertierbarkeit der Währung, willkürlich fixierte Paritäten), so ist es noch unwahrscheinlicher, daß sich die DDR-Marktpreisrelationen präferenzbedingt ändern.

32. Wenn es empirisch plausibel erscheint, daß sich die internen Preisrelationen der Bundesrepublik und der DDR durch die Präferenzen nicht ändern, dann kann es weder seitens der Bundesrepublik noch seitens der DDR zu einer Änderung ihrer Terms of Trade mit Drittländern kommen; denn die Präferenzregelung führt nicht zu Angebots- und Nachfrageänderungen, die sich direkt auf dem Weltmarkt auswirken. Einzig der angesprochene Fall, daß es den Drittländern nicht gelingen sollte, die präferenzinduzierte (positive) Differenzmenge der DDR-Exporte in die Bundesrepublik zu gegebenen Preisen auf dem Weltmarkt anderweitig abzusetzen, könnte zu einer TOT-Anderung führen, die sich auch auf die Bundesrepublik und die DDR auswirkt. Angesichts der maximal erreichbaren Größenordnung der Differenzmenge, bezogen auf eine vergleichsweise sehr große Basis, nämlich die Weltexporte der Drittländer, dürfte diese Möglichkeit jedoch als wenig wahrscheinlich anzusehen sein.

b. Preiselastisches DDR-Exportangebot und volles Ausschöpfen des präferenzbedingten Preisspielraums durch die DDR

33. Bis auf den Fall eines vollkommen preiselastischen Angebots wurden die Modellergebnisse für ein elastisches DDR-Exportangebot unter der Bedingung abgeleitet, daß es der DDR gelingt, den Präferenzsatz t voll zu vereinnahmen. Dies setzt voraus, daß sich die Angebotskurve der DDR und die Nachfragekurve der Bundesrepublik für DDR-Güter genau bei den westdeutschen Marktpreisen, also auf der horizontalen Preisachse p in G im Gleichgewicht befinden. Nur dann sind die tatsächlichen Präferenzeffekte auch die maximal möglichen Effekte (vgl. Schaubild 1).

Anders ist es, wenn die DDR (bei preisabhängigem Angebot) wegen der auf dem Markt der Bundesrepublik herrschenden Wettbewerbsverhältnisse nicht den vollen Präferenzsatz erlösen kann bzw. wenn sich die DDR-Angebotskurve (bei voller Präferenzausnutzung) auch nach der Präferenz als vollkommen preisunelastisch erweist.

34. Für den letzten Fall, dem zweiten Extrem (neben einem vollkommen preiselastischen DDR-Angebot), ist die DDR-Angebotskurve

eine Vertikale (A_1^D) bei der Menge x* (vgl. Schaubild 2); folgende Wirkungen sind bedeutsam:

- Die bilaterale Handelsausweitung ist Null, folglich auch die reine Handelsumlenkung (trade diversion), denn Drittländer werden durch die westdeutschen Präferenzen für die DDR nicht berührt[1].
- Impliziter Brutto- und Nettotransfer zugunsten der DDR sind gleich; ihnen entspricht der westdeutsche Protektionseinnahmeverzicht (Fläche: Z_1) auf die (konstante) DDR-Exportmenge x*.
- Der DDR-Handelsbilanzeffekt (Fläche: B + Z_1) vermehrt sich lediglich um den Wert des präferenzbedingten Brutto- bzw. Nettotransfers (Fläche: Z_1).
- Der volkswirtschaftliche Verlust der Bundesrepublik setzt sich zusammen aus dem Zolleinnahmeverzicht (Fläche: Z_1) und den unabhängig von der Präferenzregelung anfallenden, protektionsbedingten Konsumtionskosten i. e. S. (Fläche: K_2).
- Der Nettogewinn der Präferenzregelung ist für beide Handelspartner und die Welt insgesamt Null, da sich die Einnahmeverzichte der Bundesrepublik und die impliziten Einkommenstransfers der DDR zu Null saldieren.

Schaubild 2 - Wirkungsweise der Präferenzen im partiellen Gleichgewichtsmodell unter verschiedenen Annahmen

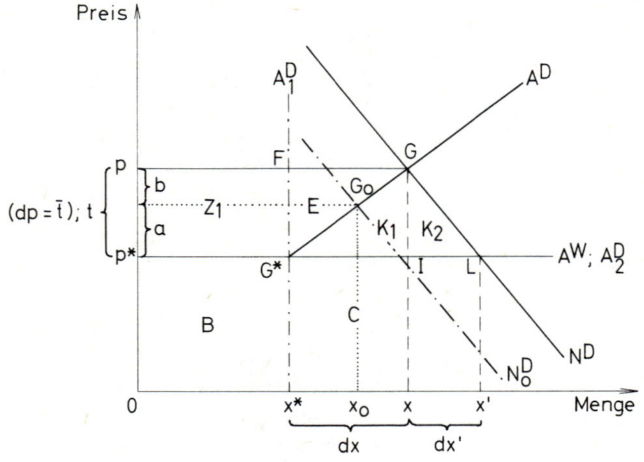

---

[1] Diskriminiert werden sie jedoch nach wie vor durch das gegebene Protektionssystem der Bundesrepublik.

Welche der drei Alternativen, starre, elastische oder vollkommen elastische Preisangebotselastizitäten für die DDR-Exporte in die Bundesrepublik anzunehmen sind, läßt sich a priori nicht sagen. Zwar steht zu vermuten, daß das Angebot der DDR in bestimmten Güterbereichen viel preisabhängiger ist als im Westen angenommen wird, doch muß die konkrete Antwort auf diese - für die Größenordnung der Präferenzeffekte wichtige - Frage der späteren empirischen Ermittlung dieser Preiselastizitäten überlassen bleiben (vgl. Kap. III).

35. Ob die präferenzinduzierten Wirkungen tatsächlich zu maximalen Effekten führen, hängt von der Angebots- und Nachfragekonstellation der DDR-Produkte auf dem Markt der Bundesrepublik ab. Zufällig dürfte es sein, wenn sich der Gleichgewichtspunkt - wie in Schaubild 1 - auf der Horizontalen p in G befindet und die DDR hierdurch größtmögliche Vorteile zu Lasten der Bundesrepublik erzielt. Wahrscheinlicher ist, daß die Realität auch hier, wie bei den Preiselastizitäten des Angebots, zwischen den Extremen, also den Punkten G* und G liegt und sich Angebot und Nachfrage im präferenzierten Preisbereich, d.h. zwischen den Preisen p* und p schneiden[1].

Mit anderen Worten: Je nach Wettbewerbsposition der DDR-Anbieter und der westdeutschen Nachfrager[2] auf dem Markt der Bundesrepublik dürfte sich der präferenzbedingte maximal mögliche Preiserhöhungsspielraum der DDR zwischen beiden Marktpartnern aufteilen.

---

[1] Von der streng theoretischen Alternative einer völlig preiselastischen westdeutschen Nachfrage nach DDR-Gütern wird abgesehen. Wegen der Substitutionalitätsannahme sind die Preiselastizitäten von westdeutscher DDR-Güternachfrage und (abgeleiteter) Gesamtnachfrage der Bundesrepublik identisch. Letztere ist von Glismann [1974, S. 9] empirisch als preisabhängig ermittelt worden. - Das Eingehen auf die Situation, bei der die Nachfrage das DDR-Angebot unterhalb des Weltmarktpreises p* schneidet, erübrigt sich ebenfalls: Außenhandelstheoretisch (keine Transportkosten, keine Präferenzunterschiede der Nachfrager bezüglich der Herkunft der Importgüter) wird dies schon deshalb nicht eintreten, weil die DDR nichts zu verschenken hat, was sie anderweitig zu Weltmarktpreisen absetzen kann. Außerdem könnte dieses Dumping von der Bundesrepublik im Wege des sog. Preisprüfungsverfahrens administrativ schnell unterbunden werden [vgl. Ollig 1975, S. 156 f., 191].

[2] Die Nachfrager von DDR-Waren sind üblicherweise unternehmerisch tätige Importeure. Ob diese den erzielten Preisvorteil bei gegebenen heimischen Preisen an den Endabnehmer weitergeben oder nicht, ist dabei nicht von Bedeutung.

Ein möglicher Gleichgewichtspunkt dieser Art ist Punkt G_o. Verglichen mit der Gleichgewichtssituation in G, teilt sich der potentielle Preiserhöhungsspielraum t im Verhältnis a : b zwischen DDR-Exporteuren und westdeutschen Nachfragern auf. Die Präferenzeffekte verteilen sich analog, und zwar mit dem Ergebnis, daß

- die Exportausweitung der DDR zuungunsten der Drittländer geringer ausfällt ($x_o < x$) und vor allem
- die Bundesrepublik nach wie vor den dieser Gleichgewichtsmenge x_o entsprechenden Zolleinnahmeausfall hat ($t \cdot x_o$), dieser aber nicht voll an die DDR-Exporteure, sondern teilweise, nämlich der b'te Teil, an die heimischen Nachfrager transferiert wird. Zusätzlich findet somit eine interne Umverteilung in der Bundesrepublik statt[1].

Wie sich der präferenzbedingte Preiserhöhungsspielraum der DDR auf dem Markt der Bundesrepublik bei den einzelnen Produkten in der Praxis zwischen den Handelspartnern aufteilt, hängt, wie bereits betont, von der jeweiligen Verhandlungsposition der Beteiligten ab. Die Frage kann also im theoretischen Bereich a priori nicht und in der empirischen Wirtschaftsforschung bei dem gegebenen statistischen Material vermutlich nur spekulativ beantwortet werden[2].

Wegen dieser Schwierigkeiten ist es notwendig, die empirische Analyse auf die theoretisch aufgezeigte Obergrenze der präferenzbedingten Effekte im innerdeutschen Handel zu begrenzen. Das tatsächliche Ausmaß[3] der so ermittelten Größenordnung der verschiedenen Präferenzeffekte dürfte deshalb überschätzt sein.

---

[1] Dieses Ergebnis trifft auch für den Fall zu, daß die DDR die ihr gewährten Präferenzen wegen quantitativer Einfuhrbeschränkungen der Bundesrepublik (impliziter Zoll) statt zu 100 vH nur zu einem gewissen Teil realisieren kann.

[2] Erfolgversprechend könnte hier zum Beispiel die Methode der Befragung westdeutscher Importeure von DDR-Waren sein. - Eine ökonometrische Simultananalyse (Angebots- und Nachfragefunktion werden gleichzeitig geschätzt und ihr Schnittpunkt mathematisch bestimmt) hätte unter anderem deshalb wenig Zweck, weil auch hier spezielle Preise vorgegeben werden müssen. Einen gesonderten Preisindex für die innerdeutschen Warenströme gibt es aber bislang nicht.

[3] Zwar wäre es möglich, mit alternativen Aufteilungsverhältnissen der Präferenzrate t zu rechnen, doch würde dies keine grundsätzlich neuen Einsichten vermitteln und lediglich hypothetischer Natur sein.

c. Zur Substitutionalitätsannahme

36. Möglicherweise unterschätzt werden die westdeutschen Konsumtionskosten i. e. S. durch die Substitutionalitätsannahme für DDR-Produkte auf dem Markt der Bundesrepublik. Wären die Wareneinfuhren aus der DDR für die Bundesrepublik komplementäre Importe, dann würden sich die Konsumtionskosten der Bundesrepublik erhöhen, weil die (von Glismann [1974] empirisch bestimmten) Preiselastizitäten für westdeutsche Importe aus Drittländern normalerweise deutlich über denen der westdeutschen Gesamtnachfrage (für ein Produkt oder eine Produktgruppe) liegen. Alles in allem dürften sich die alternativ geschätzten Konsumtionskosten empirisch nur wenig voneinander unterscheiden. Zugunsten der Substitutionalitätsannahme spricht außerdem die Tatsache, daß die von der DDR faktisch exportierten Gütergruppen meist auch in der Bundesrepublik produziert werden.

37. Bezogen auf das Außenhandelsmodell impliziert die Substitutionalitätsannahme strenggenommen homogene Produkte, d.h. DDR-Güter, die sich in ihrer objektiven und subjektiven Beschaffenheit nicht von den Konkurrenzgütern auf dem Markt der Bundesrepublik unterscheiden. Andernfalls müßte die daraus resultierende Divergenz der DDR-Produktpreise von denen der entsprechenden Güter auf dem Markt in der empirischen Analyse berücksichtigt werden[1].

In der Literatur[2] ist die Homogenitätsannahme aus verschiedenen Gründen empirisch umstritten: Für viele Agrarprodukte, Rohstoffe und Halbwaren aus der DDR dürfte die Annahme in etwa zutreffen. Die meisten "gleichartigen" Fertigprodukte sind hingegen wenig oder kaum untereinander vergleichbar. Denn Produktdifferenzierung und unterschiedliche Materialeinsätze bzw. Herstellungsverfahren erschweren dem Nachfrager die technische Produktvergleichbarkeit. Hinzu kommen beispielsweise Unterschiede beim Garantieumfang, beim Service, in den Zahlungsmodalitäten, bei der Rabattgewährung (Mengen- und Treuerabatte), bei Produktsystem-Anschlußkäufen (Computersysteme o. ä.). Diese objektiven Qualitätsdifferenzen sind normalerweise das Ergebnis mehr oder weniger gezielt eingesetzter absatzpolitischer Maßnahmen, deren preiswirksamer Bestandteil sich empirisch wohl nur sehr schwer isolieren läßt.

---

[1] Freilich wäre dann auch das Modell stärker zu modifizieren. Zu einer theoretischen Analyse mit präferenzierten Gütern, die nur enge Substitute ihrer Konkurrenzprodukte sind, vgl. Johnson [1967, S. 190 ff.].

[2] Vgl. im folgenden z. B. Marer [1969, S. 31] und Hiemenz, von Rabenau [1973, S. 82 f.].

Ergänzt oder überlagert werden die objektiven Unterschiede durch die differierenden subjektiven Qualitätseinschätzungen der Verbraucher. Ihre Präferenzen gegenüber der Qualität bestimmter ausländischer Produkte sind nicht immer objektiv, sondern werden durch gewisse Irrationalitäten, wie Voreingenommenheit durch das Image des Herkunftslandes ("Produkte aus sozialistischen Staaten sind schlechter als westliche Industrieerzeugnisse"), suggestive Werbung und ähnliches mitbestimmt. Dadurch können die wahren Käuferpräferenzen und somit die Nachfragerelationen zwischen DDR-Gütern und Konkurrenzprodukten verzerrt sein. Allerdings ist es auch hier sehr aufwendig, wenn nicht gar unmöglich, die verzerrende subjektive Preiskomponente, zum Beispiel im Wege von Verbraucherbefragungen, empirisch zu erfassen[1].

38. Die mit der Homogenitätsannahme verbundenen Probleme lassen sich auf ein empirisch vertretbares Maß reduzieren, wenn statt auf Einzelprodukte auf Produktgruppen abgestellt wird. Denn bei der Aggregation können sich vor allem kleinere Qualitätsdifferenzen herausmitteln. Der noch verbleibende Rest, der warenkorbbezogene Unterschied von DDR-Preis und Konkurrenzpreis, stellt dann die durchschnittliche Qualitätsdifferenz dar.

Angesichts der Tatsache, daß in der Bundesrepublik kein Preisindex speziell für Importe aus der DDR publiziert wird, kann die obige Qualitätsdifferenz in der späteren empirischen Analyse nicht berücksichtigt werden. Dieser Mangel wird zwangsläufig in Kauf zu nehmen sein, so daß empirisch wie theoretisch auf die volle Homogenitätsannahme für die DDR-Exporte in die Bundesrepublik abgestellt werden muß.

d. Unterschiedliche Präferenzraten im Mehr-Güter-Fall und die DDR-Exportstruktur

39. Die Analyse im Rahmen des Außenhandelsmodells stellt vereinfachend auf einen Warenaustausch mit einem Produktaggregat (Durchschnittsbetrachtung) ab[2]. In der realen Welt werden aber zahlreiche

---

[1] Objektive und subjektive Qualitätsunterschiede (Produktdifferenzierung) müssen in Verbindung mit der anderen wichtigen Art der Marktunvollkommenheit, der monopolistischen Marktmacht, gesehen werden. Denn die Preisdivergenz zwischen DDR-Gut und Konkurrenzgut stellt sich als Ergebnis der Wirkung aller Marktunvollkommenheiten ein. Dieses Ergebnis läßt sich zwar analytisch, kaum aber in der Realität in seine Komponenten zerlegen.

[2] Im folgenden ist unter dem einzelnen Produkt oder Gut eine Gruppe enger Substitute zu verstehen.

verschiedene Produkte (bzw. Produktgruppen) zwischen der DDR und der Bundesrepublik gehandelt, deren Preiselastizitäten und Präferenzraten normalerweise ebenfalls differieren. Folglich haben die Präferenzen für die DDR nicht nur die beschriebenen Niveaueffekte, sondern vermutlich auch Struktureffekte.

40. Angenommen, die DDR exportiert - vor der Präferenzregelung - gemäß ihrer komparativen Kostenvorteile verschiedene Güter in die Bundesrepublik. Die sich einstellende Struktur der Exporte sei eine "Normalstruktur".

Werden nun die DDR-Exporte in die Bundesrepublik durch die Präferenzregelung alle mit dem gleichen Satz begünstigt, den die DDR gleichmäßig ausnutzt, und sind außerdem die DDR-Exportpreiselastizitäten für alle Produkte gleich groß, dann ändert sich an der DDR-Exportstruktur durch die Präferenzen ceteris paribus nichts[1]. Die relative DDR-Exportausweitung ist bei allen Produkten gleich[2].

Sind die Präferenzraten hingegen für alle Gütergruppen unterschiedlich, weil die westdeutschen Nominalzollsätze sektoral mehr oder weniger stark differieren, dann ist die mengenmäßige Ausdehnung der DDR-Exporte ceteris paribus sektoral ungleichmäßig, so daß sich auch die sektorale Zusammensetzung der DDR-Exporte in die Bundesrepublik ändert. Wegen der unterschiedlich stark veränderten Stückerlöse zugunsten der DDR werden bei Wettbewerb ceteris paribus solche DDR-Exportgüterbereiche überdurchschnittlich stark expandieren (abnehmen), deren Präferenzraten überdurchschnittlich hoch (niedrig) sind. Demzufolge wäre im innerdeutschen Handel zu vermuten, daß die Struktur der Abweichungen der tatsächlichen DDR-Exporte (mit Präferenzen) von ihrer Normalstruktur (ohne Präferenzen) der gegebenen Präferenzstruktur entspricht[3].

---

[1] Es wird unterstellt, daß nach der Präferenzgewährung die gleichen Güter wie vor ihr von der DDR in die Bundesrepublik exportiert werden.

[2] Dies muß nicht für die anderen Präferenzeffekte gelten, denn deren Ausmaß hängt noch ab von der jeweiligen Ausgangsmenge (vor der Präferenz), von der jeweiligen Höhe des Weltmarktpreises für ein Gut sowie von der jeweiligen Preiselastizität der westdeutschen Nachfrage für DDR-Güter.

[3] Im Mehr-Güter-Modell mit unterschiedlich hohen Präferenzraten wäre außerdem denkbar, daß die DDR ihren Präferenzvorteil erhöht (maximiert), indem sie ihre Exporte in die Bundesrepublik nur noch auf einen Gütersektor konzentriert, nämlich den mit der höchsten Präferenzrate. Dieser Extremfall einer DDR-Exportstrukturverzerrung kann hier freilich ausgeschlossen werden, weil es wenig plausibel ist, eine unendlich hohe DDR-Angebotselastizität im innerdeutschen Handel zu unterstellen,

41. Verglichen mit der Realität ist dieses Ergebnis allerdings zu relativieren, weil es an verschiedene Bedingungen geknüpft ist, die ebenfalls nicht ohne weiteres als erfüllt angesehen werden können. Zu erwähnen wären hier die sektoral als gleich unterstellten Preisangebotselastizitäten der DDR, eine Annahme, die sehr wahrscheinlich nicht zutrifft. Ist zum Beispiel die Präferenzrate für ein Gut überdurchschnittlich hoch, seine Preisangebotselastizität aber starr, dann ist die mengenmäßige Ausdehnung dieses Gutes geringer, verglichen mit einem Gut, für das die Präferenzrate nur durchschnittlich hoch, das Angebot aber überdurchschnittlich preiselastisch ist. Berücksichtigt man in den Partialüberlegungen also neben unterschiedlichen Präferenzraten noch differenzierte Preisangebotselastizitäten, so läßt sich zeigen, daß die mengenmäßige Ausdehnung eines Gutes bzw. die entsprechende Abweichung der tatsächlichen DDR-Exportstruktur von der "normalen" Struktur, um so größer (kleiner) ist, je höher (geringer) die Präferenzrate und je preiselastischer (weniger preiselastisch) das DDR-Exportangebot ist.

Insgesamt ist zu vermuten, daß in der Praxis verschiedene Faktoren der Tendenz entgegenwirken können, daß sich die DDR-Exportstruktur gemäß der gegebenen Präferenzstruktur ändert; eine Hypothese, die empirisch noch zu überprüfen sein wird (vgl. Kap. V).

e. Wettbewerbsanaloges versus gewinn- oder erlösmaximierendes Verhalten der DDR-Außenhandelsbehörden

42. In der Modellanalyse ist unterstellt worden, daß auf dem Markt der Bundesrepublik für DDR-Produkte vollkommener Wettbewerb herrsche. Diese Annahme ist wenig realistisch. Denn während angesichts der vornehmlich kleinen und mittleren Firmen als Partner der DDR-Exporteure vieles auf ein wettbewerbsorientiertes Verhalten der westdeutschen Nachfrager hindeutet[1], wird das DDR-Exportangebot auf dem Markt der Bundesrepublik nur sehr indirekt von den zahlreichen Betrieben in der DDR bereitgestellt. Direkt geplant und gesteuert wird das Angebot im DDR-System von der zentralen Außenwirtschaftsbehörde, die das Außenhandelsmonopol besitzt [vgl. z.B. DDR-Handbuch 1975, S. 77 ff.].

---

und weil außerdem zu vermuten ist, daß die Bundesrepublik darauf ihrerseits mit restriktiven Maßnahmen (z.B. Quoten) reagieren würde.

[1] Vgl. z.B.: "Frankfurter Allgemeine Zeitung" [vom 19. März 1977] sowie BMWI [1977]. - Freilich wurden diese Vermutungen noch nicht durch entsprechende empirische Analysen der Wettbewerbsverhältnisse auf dem innerdeutschen Markt unterstützt.

43. Marktunvollkommenheiten können also insbesondere seitens der DDR ins Spiel kommen, weil einem monopolistischen Anbieter eine Vielzahl von westdeutschen Nachfragern gegenübersteht. Streng theoretisch könnte dies bei genauer ostdeutscher Kenntnis der westdeutschen Nachfrage nach DDR-Produkten dazu führen, daß der staatliche DDR-Exporteur den gegebenen Preiserhöhungsspielraum der Präferenzen monopolistisch ausnutzt. D. h., der DDR-Anbieter würde eine Devisengewinnmaximierung anstreben, indem er bei gegebener Grenzerlös- und Grenzkostenkurve versucht, die für ihn beste Kombination zwischen höherem Preis (verglichen mit dem Preis vor der Präferenz) und zusätzlicher Angebotsmenge zu realisieren. Schaubild 3 macht deutlich[1], daß diese Strategie aber nur dann verfolgt werden kann, wenn der monopolistische DDR-Anbieter auch den Marktpreis des Gutes bestimmen kann, der bei jeder beliebigen Nachfragekurve stets über dem westdeutschen Marktpreis p liegt. Dies ist im gegebenen Modell nicht nur annahmegemäß ausgeschlossen, sondern auch empirisch - wie bereits dargelegt - kaum möglich. Folglich kann eine DDR-Strategie, die den präferenzbedingten Preisspielraum gewinnmaximierend einzubeziehen versucht, empirisch als ziemlich irrelevant betrachtet werden.

Schaubild 3 - Monopolistisches Verhalten und Präferenzen

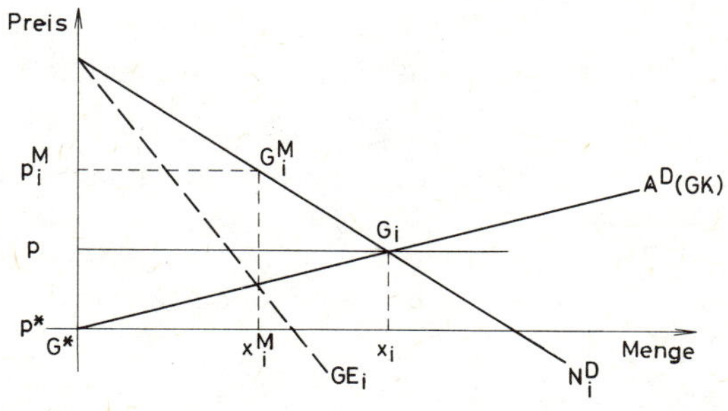

---

[1] Schaubild 3 ist ein Ausschnitt von Schaubild 1 mit G* als neuem Ursprung, von dem aus nur noch die preislichen und mengenmäßigen Wirkungen nach der Präferenz gemessen werden. Weltmarktpreis p*, westdeutscher Marktpreis p und die Angebotskurve der DDR, A^D (sie entspricht den Grenzkosten GK), sind gegeben. N_i^D ist eine beliebige westdeutsche Nachfragekurve nach DDR-Gütern und GE_i die zugehörige Grenzerlöskurve. G_i ist der Gleichgewichtspunkt bei Wettbewerb und G_i^M der für den reinen Monopolfall mit der zugehörigen Preis-Mengen-Kombination.

44. Plausibler dürfte freilich sein, daß die DDR bestrebt ist, ihr Außenhandelsmonopol im Rahmen einer Strategie der Devisenerlösoptimierung auszunutzen:
Normalerweise kann davon ausgegangen werden, daß die DDR immer einen gewissen Importbedarf aus westlichen Industrieländern zu decken hat. Aus der Sicht der DDR-Außenhandelsplaner wäre es dann ökonomisch rational, wenn sie bestrebt sind, die für den Importbedarf notwendigen West-Devisen aus Exporten dort zu erwirtschaften, wo die Stückerlöse am höchsten sind. Unter etwa sonst gleichen Bedingungen in allen westlichen Ländern käme hierfür besonders die Bundesrepublik in Frage. Denn sie ist der einzige westliche Handelspartner der DDR, der die DDR-Exporte zollpolitisch begünstigt. Folglich müßte die DDR bemüht sein, möglichst viele ihrer Exporte mit der Bundesrepublik abzuwickeln. Für den Mehr-Güter-Fall mit unterschiedlich hohen Präferenzraten liefe die Argumentation wiederum auf die zuvor aufgestellte Hypothese einer präferenzbedingten DDR-Exportstrukturdivergenz hinaus, eine strukturelle Abweichung, die den Devisenerlös der DDR unter den gegebenen Bedingungen optimiert. Nach dieser Vermutung dürfte die strukturelle Divergenz auch von der Höhe des jeweiligen Präferenzsatzes abhängen.

5. Zwischenergebnis

45. Die Diskussion dieses Kapitels hat im wesentlichen ergeben, daß

(1) eine (einseitige) westdeutsche Zollpräferenz für DDR-Exporte in die Bundesrepublik unter den gemachten Annahmen dann zu einer reinen Handelsumlenkung (trade diversion) führt, wenn das Exportangebot der DDR für die Bundesrepublik so preiselastisch ist, daß es zu einer (präferenzbedingten) Ausdehnung der DDR-Absatzmenge in der Bundesrepublik kommt;

(2) das Ausmaß der einzelnen Präferenzeffekte nach dem theoretischen Meßkonzept von drei wichtigen Faktoren abhängt: von der Höhe der Präferenzrate, von der Preiselastizität des DDR-Exportangebots für die Bundesrepublik und von der Preiselastizität der Nachfrage auf dem Markt der Bundesrepublik für DDR-Güter;

(3) es im Mehr-Güter-Fall mit verschieden höhen Präferenzraten zu einer präferenzbedingten Veränderung der sektoralen Struktur der DDR-Exporte in der Bundesrepublik kommen dürfte, falls die DDR versucht, aus der Präferenzregelung einen höchstmöglichen Vorteil zu erzielen.

46. Die letzte Hypothese wird in Kapitel V untersucht. Die mit der Präferenzregelung zusammenhängenden niveaumäßigen Effekte werden in Kapitel IV quantifiziert. Da für diese Schätzung alle notwendigen Daten bis auf die für die disaggregierten DDR-Angebotspreiselastizitäten vorliegen (vgl. hierzu auch den Anhang), muß im folgenden Kapitel III zunächst geprüft werden, wie preisabhängig die DDR-Exporte in die Bundesrepublik tatsächlich sind.

III. Die empirische Ermittlung der DDR-Exportpreiselastizitäten im innerdeutschen Handel

47. In diesem Kapitel soll versucht werden, die für die Quantifizierung der Präferenzeffekte noch fehlenden Preiselastizitäten der DDR-Exporte in die Bundesrepublik empirisch zu schätzen. Einigermaßen unverzerrte Preiselastizitäten lassen sich im Rahmen eines ökonometrischen Modells berechnen, das möglichst vollständig auf die ökonomischen Bestimmungsgründe der DDR-Exporte im innerdeutschen Handel abstellt. Zu diesem Zweck werden als erstes Hypothesen zur Erklärung der DDR-Exporte in die Bundesrepublik formuliert, um sie dann mit Hilfe eines multiplen Regressionsansatzes empirisch zu überprüfen. Es reicht, auf die Testergebnisse insgesamt kursorisch einzugehen; ausführlicher zu interpretieren und gegebenenfalls zu modifizieren sind hingegen die ermittelten DDR-Exportpreiselastizitäten.

1. Vorbemerkungen

48. Nach Ländern und Produktgruppen ausreichend disaggregierte Analysen des Warenaustausches zwischen marktwirtschaftlich und planwirtschaftlich orientierten Wirtschaften liegen (verglichen mit Studien des Handels zwischen Marktwirtschaften westlicher Prägung[1]) kaum vor. In Untersuchungen zum Ost-West-Handel werden die sozialistischen Länder meist zu einer Region zusammengefaßt[2]. Falls der innerdeutsche Handel hierbei berücksichtigt wird, geschieht dies normalerweise stark aggregiert[3].

49. Diese Verkürzungen beeinträchtigen nicht selten die Aussagefähigkeit der Ergebnisse verschiedener Studien. Erklärt werden die dort vorgenommenen Problemeingrenzungen häufig mit den fehlenden Möglichkeiten, zuverlässige und disaggregierte Daten für die osteuropäischen Länder zu erhalten, und mit den üblichen Nomenklaturproblemen[4].

---

[1] Vgl. z. B. Houthakker, Magee [1969] oder Ginsburg [1969].

[2] Ein Beispiel dafür ist Stankovsky [1972].

[3] Unberücksichtigt bleibt der innerdeutsche Handel beispielsweise bei Brada, Wipf [1975], während er von Sellekaerts [1971] aggregiert in die Analyse einbezogen wird.

[4] So sind die osteuropäischen Außenhandelsstatistiken in nicht konvertierbaren National- oder Außenhandelswährungen (Transfer-Rubel, Valuta-

Ein besonders großer Stellenwert wird außerdem den Unterschieden in den Wirtschaftssystemen zwischen Ost und West beigemessen, die - so die tradierte Auffassung - ein Übertragen der ökonomischen Determinanten marktwirtschaftlicher Außenhandelsmodelle (wie Einkommen und Preise) auf den Handel von bzw. mit Zentralverwaltungswirtschaften nicht ohne weiteres zuließen[1].

Die ersten beiden Einwände können nur in dem Sinne gelten, daß Ergebnisse von Untersuchungen, die sich auf unzulängliche Daten stützen müssen, mit (noch) größerer Vorsicht als sonst üblich zu interpretieren sind. Der dritte Einwand zielt auf den Unterschied ab, daß der internationale Warenaustausch der sozialistischen DDR nicht marktmäßig, sondern plandeterminiert ist und der Außenhandelsplan sich dem auf Mengenbasis fixierten Volkswirtschaftsplan der DDR unterzuordnen hat[2]. Daraus läßt sich allerdings nicht folgern, daß das Angebotsverhalten der DDR im innerdeutschen Handel unabhängig von ökonomischen Überlegungen ist[3]. Vielmehr ist für die DDR zu vermuten[4], daß

- kein Außenhandelsplan ohne ökonomische Grundlagen aufgestellt wird [vgl. z. B. Krol 1972, S. 36 ff.; Mitzscherling u.a. 1974],

---

Mark) und einer mit internationalen Nomenklaturen nur sehr bedingt vergleichbaren Systematik ausgewiesen.

[1] Wenn nicht anders erwähnt, bleibt der Handel zwischen Planwirtschaften im folgenden unberücksichtigt.

[2] Zu einer allgemeinen Darstellung des Außenhandelssystems in Planwirtschaften vgl. die Standardwerke von Brown, Neuberger (Eds.) [1968], dort insbes. die Einführung der Herausgeber und den Beitrag von Haberler, sowie von Wiles [1968] und Wilczynski [1969, Ch. I, II]. - Ein Überblick über die neuere Außenwirtschaftstheorie in der Planwirtschaft findet sich bei Müller [1975]. Darauf wird hier nicht weiter eingegangen.

[3] Vgl. analog hierzu den aufschlußreichen Tagungsbeitrag von Johnson [1968], in dem er unter anderem feststellt: "In the course of reading the papers and participating the discussions, I came to the conclusion ... that the predominant approach to the trade problems of the centrally planned economies was disturbed by excessive emphasis on the characteristics of these economies and that participants were neither exploiting the available tools and concepts of international trade theory nor asking the sort of question that an international trade theorist would naturally be inclined to ask" [S. 393]. - Diese Diskrepanz zwischen Planwirtschaftsspezialisten und Außenhandelsspezialisten zu überbrücken, wurde erst in jüngster Zeit versucht. Vgl. dazu die Beiträge in Brada (Ed.) [1976].

[4] Vgl. analog ausführlich bei Stankovsky [1972, S. 46 f.] und die dort zitierte Literatur.

- kein Volkswirtschaftsplan so gut ist, daß es nicht zu Abweichungen von Soll und Ist kommt und diese Differenzen dann über den Außenhandel (zumindest tendenziell) auszugleichen sind [vgl. z.B. Krol 1972, S. 71 ff.],

- ein stärkerer Handel mit dem Westen (einschließlich Bundesrepublik) zunehmend west-analoge Mechanismen im Ost-West-Handel nach sich zieht (die teilweise realisierten Reformkonzepte unterstützen diese Tendenz [vgl. ausführlich Nattland 1972]) und

- der Warenaustausch mit dem Westen auch außerplanmäßigen Schwankungen unterliegt, die nicht nur im Planungsdefizit begründet sind, sondern endogene/exogene - vornehmlich ökonomische - Ursachen haben (Ernteschwankungen, Wachstumszyklen in der DDR bzw. RGW [vgl. Bajt 1971], Konjunktur- und Wachstumsschwankungen mit regional differenzierten Preisbewegungen im Westen).

Ohne auf die genannten Punkte im einzelnen weiter einzugehen, dürfte es insgesamt plausibel sein, eine wesentliche, ökonomische Bestimmung (auch) der DDR-Exporte im innerdeutschen Handel zu unterstellen. Inwiefern diese zunächst sehr allgemein formulierte These in der Realität zutrifft, soll im folgenden überprüft werden.

2. Das multiple Regressionsmodell

50. Für die vielfältigen Bestimmungsgründe der DDR-Exporte in die Bundesrepublik bietet sich der multiple Regressionsansatz als eine geeignete Methode an, die ökonomischen Beziehungen zu quantifizieren. Allerdings stößt das gewählte ökonometrische Erklärungsmodell, das auf der Methode der kleinsten Quadrate basiert, auf gewisse methodische Probleme, die in der empirischen Wirtschaftsforschung nicht immer hinreichend gelöst werden konnten[1]:

Als Exportangebot ist üblicherweise diejenige Gütermenge anzusehen, die bei alternativen Exportpreisen jeweils bereitgestellt werden kann. Von diesem potentiellen Angebot wird - entsprechend der jeweiligen Nachfragesituation - eine bestimmte Menge tatsächlich verkauft, so daß ein Über- oder Unterangebot entstehen kann. Da eine Simultan-

[1] Die empirische Berechnung von längerfristigen Preiselastizitäten des Exportangebots wie auch der Importnachfrage führt mit Hilfe der Methode der kleinsten Quadrate fast immer zu einem Identifikationsproblem, weil die tatsächlich beobachteten Preis-Mengenänderungen auf Verschiebungen der Exportangebots- und/oder der Importnachfragefunktionen beruhen können. Vgl. dazu ausführlich Orcutt [1950] und zum neueren Stand der Diskussion Leamer, Stern [1976, S. 28 ff.].

berechnung von DDR-Angebot und westdeutscher Nachfrage nach DDR-Gütern wenig sinnvoll erscheint[1], wird das DDR-Exportangebot statt dessen näherungsweise als die tatsächlich in der Bundesrepublik abgesetzte DDR-Exportmenge im Sinne einer Ausgleichsmenge definiert; letztere entspricht also den Importen der Bundesrepublik aus der DDR.

51. Ist das DDR-Exportangebot für die Bundesrepublik die abhängige (endogene) Variable, dann dürfte es in einer Welt mit Vor-, Zwischen- und Endprodukten plausibel sein, von folgenden allgemeinen Beziehungen zu den unabhängigen (exogenen) Variablen auszugehen (vgl. im folgenden auch Tabelle 1):

(1) Wird unterstellt, daß sich das Güterangebot der DDR für den innerdeutschen Handel insbesondere aus den heimisch verfügbaren Produktionsmengen ableitet, so kommen zur Erfassung dieses Zusammenhangs näherungsweise verschiedene Größen in Betracht:

(a) Das DDR-Exportangebot (eines Gutes oder einer Branche j), also die Exporte der DDR in die Bundesrepublik, MBD_j, wird bzw. werden ceteris paribus zunehmen (abnehmen), wenn die heimische Produktion dieses Gutes zunimmt (abnimmt):
Als Indikator für das insgesamt produzierte Angebot einer Branche wird die industrielle Bruttoproduktion dieses Sektors, $BIPD_j$, gewählt. Für den Agrarbereich ist die Agrarproduktion der DDR, APD, der relevante Indikator.
Zwar ist die DDR kein bedeutender Exporteur von Agrar- und Ernährungsgütern (vgl. Tabelle 1*), doch dürfte es ihr nicht unmöglich sein, erhöhte Agrarexporte in die Bundesrepublik durch ver-

---

[1] Nach Houthakker, Magee [1969, S. 111] und Leamer, Stern [1976, S. 31] waren Versuche, das Identifikationsproblem mit Hilfe simultaner Gleichungstechniken anzugehen, bislang wenig erfolgversprechend. Interpretiert man Leamer und Stern [1976, S. 31] hinsichtlich ihrer Argumentation zugunsten von ökonometrischen Schätzungen der Nachfrage analog für Angebotsschätzungen, dann erscheint eine Regression des Angebots nach der Kleinstquadratmethode für solche Fälle angemessen, in denen die Verschiebungen (shifts) der Nachfragekurve (im Durchschnitt) relativ stärker sind als die der Angebotskurve. Dies kann für den innerdeutschen Handel eine zutreffende Annahme sein. Denn es dürfte plausibel sein, daß das staatlich geplante Exportangebot der DDR wegen des Zwangs zur Aufrechterhaltung ihrer Importkapazität gegenüber der Bundesrepublik wesentlich weniger "shifted" als die westdeutsche Nachfrage nach DDR-Waren, zumal die DDR-Produkte auf dem westdeutschen Markt nahezu vollkommene Substitute der sonstigen Konkurrenzprodukte sind.

mehrte Importe aus den RGW-Partnerländern, insbesondere aus den Agrarländern, auszugleichen. Stellt die Agrarproduktion der RGW-Länder, APRGW, einen Maßstab für deren zusätzliche Exportkapazität dieser Produkte in die DDR dar, dann können die Exporte der DDR im Agrar- und Ernährungsbereich (indirekt) ceteris paribus zunehmen (abnehmen), wenn die Agrarproduktion in den RGW-Ländern steigt (sinkt).

(b) Das DDR-Exportangebot für die Bundesrepublik wird ceteris paribus abnehmen, wenn es in einer Phase der ostdeutschen Wachstumsbeschleunigung in der DDR zu Engpässen und Reibungsverlusten in der Inlandsversorgung kommt; umgekehrt wird es ceteris paribus zunehmen, wenn in einer Phase der Wachstumsverlangsamung die Inlandsversorgung "reichlich" gesichert ist[1]:
So kennzeichnet ein beschleunigter Anstieg des gesamtwirtschaftlichen Indikators industrielle Warenproduktion, IWPTD, oder Ausrüstungsinvestitionen, AINVD, eine Phase der Wachstumsbeschleunigung.

Nimmt die Warenproduktion insgesamt beschleunigt zu, so kommt es wegen der allgemeinen Interdependenz zu Engpässen, die zum Beispiel durch die Kapazitätsgrenzen der Zulieferindustrien für die Wachstumsindustrien bestimmt werden. Exporte der Zulieferindustrien wirken sich dann in der DDR angebotsverkürzend und engpaßfördernd aus.

Ähnlich verhält es sich bei einer verstärkten Zunahme der Ausrüstungsinvestitionen, durch die ebenfalls eine Wachstumsbeschleunigung initiiert werden kann. Denn insbesondere Erweiterungsinvestitionen sind mit Komplementaritäten verbunden. Erst die Kombination mit komplementären Gütern ermöglicht die Produktion zusätzlicher oder neuer Güter. Exporte in diesen komplementären Güterbereichen würden engpaßfördernd wirken und den mit Hilfe dieser Investitionen angestrebten Grad der Inlandsversorgung gefährden.

(c) Das DDR-Exportangebot für die Bundesrepublik wird ceteris paribus abnehmen (zunehmen), wenn die gebundenen Exporte der

---

[1] Empirische Untersuchungen haben entgegen der tradierten westlichen Auffassung gezeigt, daß es auch in Planwirtschaften zu Wachstums- und Nachfrageschwankungen kommt, die aus exogenen und endogenen Faktoren resultieren. Endogene Einflüsse ergeben sich vor allem aus den Unterschieden in den Präferenzen der Planungsbehörden, die zu schwankenden autonomen Investitionen führen, und der Konsumenten, die zu einer Über- oder Unterversorgung mit vorfixierten Gütermengen führen. Hierzu vgl. z. B. Goldmann [1969], Bródy [1969] und Bajt [1971] sowie Olivera [1960].

DDR in die sozialistischen Länder insgesamt, XDSOZL, oder in die RGW-Partnerländer, XDRGW, zunehmen (abnehmen):
Die Exportmengen der DDR im Handel mit sozialistischen Ländern werden üblicherweise lange vor der jeweiligen Produktionsperiode vereinbart, so daß sie auf die heimische Produktion angebotsverkürzend wirken. D. h., die DDR-Planer büßen einen Freiheitsgrad hinsichtlich einer - auch kurzfristig - freien Marktauswahl für den Absatz ihrer Produkte ein. Denn eine (ungeplant) schwankende DDR-Güterproduktion kann nur noch zu Lasten oder zugunsten der ostdeutschen Inlandsversorgung und/oder der Westexporte gehen.

(2) Im Zusammenhang mit der internationalen Marktauswahlmöglichkeit ist hinsichtlich der DDR-Exporte in die Bundesrepublik sowohl die Entwicklung der Nachfrage in der DDR als auch die Entwicklung der westdeutschen Gesamtnachfrage und des westdeutschen Gesamtangebots bedeutsam.

(a) Das Exportangebot der DDR in die Bundesrepublik wird ceteris paribus abnehmen (zunehmen), wenn die Gesamtnachfrage der DDR zunimmt (abnimmt):
Steigt zum Beispiel der hierfür relevante Indikator, das Nationaleinkommen der DDR, NATYD, dann wird normalerweise ein Mehr an Gütern nachgefragt, so daß jeder weitere Export von heimischen Gütern (der nicht durch Importe ausgeglichen wird) tendenziell einen Nachfrageüberschuß bewirkt (lange Lieferfristen für dauerhafte Konsumgüter, Zwangssparen).

(b) Da die DDR-Exporte in die Bundesrepublik auf Gleichgewichtspunkte abstellen, also auch nachfragebestimmt sind, wird das abgesetzte DDR-Exportangebot ceteris paribus zunehmen (abnehmen), wenn die Gesamtnachfrage in der Bundesrepublik zunimmt (abnimmt) [1]:
Indikatoren für Konjunktur- und Wachstumszyklen in der Bundesrepublik können das Bruttoinlandsprodukt, BIPB, bzw. die industrielle Nettoproduktion, INPTB, sein. D. h., bei zunehmendem Bruttoinlandsprodukt nimmt (normalerweise) die Nachfrage nach heimischen wie ausländischen Gütern, also auch nach DDR-Produkten, zu.

In einer Phase der Wachstumsbeschleunigung in der Bundesrepublik, also bei zunehmender Nettoproduktion, können Lieferengpässe entstehen (beispielsweise in Zulieferbereichen), die durch zunehmende Importe aus dem Ausland (einschließlich DDR) zu decken sind.

---

[1] Dies wird insbesondere dann der Fall sein, wenn beispielsweise in der DDR während einer Phase der Wachstumsverringerung das Exportangebot für den Westen relativ reichlich ist und auf einen Nachfrageüberhang (oder ein Angebotsdefizit) in der Bundesrepublik trifft.

Bei der regionalen Verteilung dieses Importbedarfs der Bundesrepublik können - vor allem für bestimmte Produktgruppen (beispielsweise Investitionsgüter) - alle Eigenschaften eines marginalen Anbieters zum Zuge kommen. So ist denkbar, daß zunächst Importe aus den EG- und anderen westlichen Ländern präferiert werden, bis sich dort ebenfalls Engpässe (Lieferfristen) einstellen, ehe schließlich DDR-Güter nachgefragt werden. Insofern nehmen die industriellen DDR-Exporte in die Bundesrepublik zu (ab), wenn die Industrieproduktion in den europäischen Partnerländern der Bundesrepublik, IPEG, zunimmt (abnimmt).

Diese Beziehungen gelten nicht unbedingt für den Agrarbereich. Denn bei im Durchschnitt etwa gleichbleibendem westdeutschem Inlandsverbrauch dieser Produkte (geringe Einkommenselastizität der Nachfrage für Grundnahrungsmittel) führt eine Zunahme (Abnahme) der Agrarproduktion in der Bundesrepublik, APB, bzw. in der Europäischen Gemeinschaft, APEG, ceteris paribus zu einer Abnahme (Zunahme) der DDR-Agrar- und Ernährungsexporte in die Bundesrepublik.

(3) Eine weitere wichtige interregionale Marktauswahlkomponente ist der erzielbare (reale) Exportpreis[1]. Das sektorspezifische DDR-Exportangebot für die Bundesrepublik wird ceteris paribus zunehmen (abnehmen), wenn der entsprechende Marktpreis in der Bundesrepublik, $PXDB_j$ (= Stückerlös der DDR), zunimmt (abnimmt).

In manchen empirischen Untersuchungen wird auf Preise als ein ökonomischer Bestimmungsgrund für die Exporte sozialistischer Länder in den Westen verzichtet [vgl. z. B. Stankovsky 1972], weil sie - so

---

[1] Der Intrablockhandel der DDR beruht vornehmlich auf einer bilateralen Mengenausgleichsplanung. Verglichen damit ergibt sich im Westhandel der DDR noch das Problem der Wertausgleichsplanung (Valutaplan), das wiederum aus dem Preisproblem, also einer künstlichen Trennung von Binnenmarkt und (westlichem) Außenmarkt resultiert: Weil die nicht marktmäßig fixierten Planpreise der DDR kaum Knappheitspreise sein können, die die Konsumentenpräferenzen und die aktuellen Kosten, d. h. die komparativen Vorteile der DDR, widerspiegeln, erscheint es notwendig, für den Außenhandel ein separates Preissystem anzuwenden. Dieses Preissystem orientiert sich wegen des geringen Anteils der sozialistischen Länder am Welthandel an den kapitalistischen Weltmarktpreisen. - Zu einer außenhandelstheoretischen Argumentation vgl. z. B. Bryson [1973], und zu kapitalistischen Weltmarktpreisen als Referenzsystem für den Außenhandel sozialistischer Länder vgl. Marer [1969, S. 31; 1972, S. 64], Aroyo [1969] sowie Schwadtke u. a. [1973, S. 14].

die Argumentation - das Exportangebot nur sehr mittelbar berührten[1]. Für eine Analyse des Ost-West-Handels oder der DDR-Warenexporte insgesamt mag dies (noch) plausibel sein, nicht hingegen, wenn eine interregionale Differenzierung der DDR-Westexporte möglich und wichtig ist. Denn von einer Preisabhängigkeit des DDR-Exportangebots ist gerade dann auszugehen, wenn

- die DDR-Außenhandelsplaner bestrebt sind, im Westhandel eine Exporterlösmaximierung (bzw. eine Importwertminimierung bei vorgegebenen Importmengen) zu verfolgen, und
- die Exportstückerlöse (Preise) nicht in allen westlichen Ländern gleich sind. D.h., die DDR müßte hinsichtlich der interregionalen Verteilung ihrer Westexporte versuchen, dort relativ am meisten anzubieten und abzusetzen, wo sie die vergleichsweise höchsten Preise erzielt. Wegen der (nur) von der Bundesrepublik einseitig gewährten Zollpräferenzen für die DDR dürfte dies - wie erwähnt - für viele Produkte der Markt der Bundesrepublik sein (vgl. Kap. V).

(4) Im innerdeutschen Handel wie im Westhandel allgemein haben die Exporte der DDR die Funktion eines wichtigen Devisenbringers, um die notwendigen geplanten und ungeplanten[2] Importe aus dem Westen finanzieren zu können[3]. Längerfristig müssen sich die bilateralen

---

[1] So meint Levčik [1971], daß die Differenz zwischen dem heimischen und dem ausländischen Preis kein Entscheidungskriterium dafür sei, ob das Produkt ins westliche Ausland exportiert wird oder nicht.

[2] Der Westhandel kommt für ungeplante Importe deshalb stärker zum Zuge, weil er hinsichtlich Angebot und Nachfrage erfahrungsgemäß elastischer als die sozialistischen Länder reagieren kann. Vgl. z.B. UN, ECE [1970, S. 72].

[3] Der Westhandel nahm in der DDR lange Zeit eine Lückenbüßerfunktion wahr. Die Außenhandelsplanung konzentrierte sich stark auf die Importe um vor allem binnenwirtschaftliche Engpässe infolge mangelnder Selbstversorgung, ungenügender Flexibilität oder Unterplanerfüllung zu beseitigen [vgl. DDR-Handbuch 1975, S. 78 f.]. - Erst Mitte der sechziger Jahre erlangten auch die Exporte im Zuge der Wirtschaftsreformen in der DDR ("Neues Ökonomisches System") eine eigenständigere Position. Sie haben nicht mehr die ausschließliche Funktion, die für den Import notwendigen Devisen zu erwirtschaften, sondern darüber hinaus die Aufgabe, das Wirtschaftswachstum zu stimulieren ("Konfrontation der Betriebe mit den Bedingungen des Weltmarktes").
Wegen des erfahrungsgemäß vorhandenen Technologiedefizits auch bei der, verglichen mit anderen Ostblockstaaten, hochentwickelten DDR impliziert dies den Import von westlichen Industriegütern, in denen technischer Fortschritt inkorporiert ist, um
- hierdurch die eigenen Westexporte wettbewerbsfähiger zu machen, da-

Handelsströme ausgleichen. Die wertmäßigen Importe dürfen nur insoweit über die Exporterlöse der DDR hinausgehen, wie eine entsprechende Kreditlinie eingeräumt worden ist. Andernfalls sind restriktive Interventionen der Westhandelspartner zu befürchten[1]. Einen Indikator für diese Restriktion stellt der jeweilige Passiv/Aktivsaldo der Handels- oder Leistungsbilanz dar.

Gibt also die Knappheit an Westdevisen eine wichtige Grenze für die Importexpansion der DDR an, dann ist die zur Finanzierung der Importe aus den westlichen Ländern notwendige Mindestdevisenposition[2] der DDR, DPOSD, positiv korreliert mit dem DDR-Exportangebot für die Bundesrepublik[3].

(5) Die Entwicklung der DDR-Exporte in die Bundesrepublik war in der Vergangenheit nicht frei von negativ wirkenden politischen und administrativen Einflüssen. Ein wichtiger politischer Störfaktor fällt in die

---

mit die Engpaßimporte längerfristig finanzierbar bleiben;
- als rohstoffarmes Land den technischen Fortschritt in Form eigener Güterexporte (z. B. Investitionsgüter) in die RGW-Partnerländer gegen bergbauliche Erzeugnisse sowie Grundstoff- und Produktionsgüter zu tauschen (komplementärer Handel), damit die eigene Spitzenstellung im Ostblock gehalten bzw. ausgebaut werden kann.

Aus alledem folgt: Soll der Westhandel der DDR einen nennenswerten Wachstumsbeitrag leisten, so muß sich die staatliche Außenhandelsbehörde weniger an der Steigerung der Exportmengen, durch die der eigenen Wirtschaft Güter entzogen werden, sondern an der Erhöhung der Exportgewinne [Nattland 1971, S. 51 f.] oder an einer (effizienten) Erhöhung der Devisenerlöse aus den Exporten ausrichten.
Zum Technologieimport des Ostens allgemein vgl. UN, ECE [1970, S. 20] und, bezogen auf die Determinanten der westdeutschen Handelsstruktur mit den Zentralverwaltungswirtschaften, vgl. Wolter [1976, S. 15] und Weiss, Wolter [1971].

[1] Eine wohldefinierte und allgemein akzeptierte Verschuldungsgrenze gibt es allerdings nicht. Zur Verschuldungsproblematik im Ost-West-Handel vgl. z. B. Clement [1976] und Machowski [1976].

[2] Das Exportangebot des Agrar- und Ernährungssektors ist wegen der Ernteschwankungen hinsichtlich der Deviseneinnahmen mit größeren Unsicherheiten behaftet als das industrielle Exportangebot. Denn schlechte Ernten der DDR (bzw. des Ostblocks) führen wegen der reduzierten Exporte in den Westen nicht selten zu "ungeplanten" Deviseneinnahmeausfällen, die zu ad hoc umstrukturierten, verringerten Importen aus dem Westen zwingen, falls kein anderer Ausgleich möglich ist. Vgl. analog Stankovsky [1972, S. 68].

[3] Implizit ist auch ein bilateraler Zahlungsverkehr unterstellt.

Zeit des Baus der Berliner Mauer in und nach 1960. Administrative Hemmnisse der Bundesrepublik dürften sich vornehmlich in den Jahren 1965/67 restriktiv auf die DDR-Exporte in die Bundesrepublik ausgewirkt haben. Diese Ursachen werden mittels einer Dummyvariablen, DVAR, erfaßt.

Wenn diese sogenannten Störphasen im innerdeutschen Handel als Basis genommen werden, dann sind die DDR-Exporte in die Bundesrepublik mit der Dummyvariablen positiv korreliert.

52. Das beschriebene Regressionsmodell umfaßt also (maximal) acht unabhängige Variable. Die Abhängigkeiten der DDR-Exporte in die Bundesrepublik von diesen exogenen Bestimmungsgrößen sind im folgenden empirisch zu untersuchen.

3. Datenmaterial

53. Der Beobachtungszeitraum beginnt mit 1958 und endet mit 1974, dem Jahr, für das zum Zeitpunkt der Berechnungen die aktuellsten Daten vorlagen. Allerdings gibt es die Zeitreihen für zahlreiche Variable des Modells nicht in der gewünschten statistischen Qualität oder Abgrenzung.

54. So existiert in der Bundesrepublik kein Preisindex für den innerdeutschen Handel[1]; der warenmäßige Ausweis erfolgt in der Abgrenzung des "Warenverzeichnisses für die Industriestatistik" (WI) und nach der "Allgemeinen Erzeugnisgliederung der Land-, Forst- und Jagdwirtschaft; Fischerei". Diese Gliederungen sind mit den international üblichen nicht voll vergleichbar.

Gravierender sind die Probleme mit der offiziellen DDR-Statistik: Die veröffentlichten Außenhandelsdaten sind nur wenig disaggregiert; teilweise sind sie lückenhaft und widersprüchlich. Die methodisch bedingten Unterschiede zwischen den statistischen Ausweisen zum Beispiel des DDR-Westhandels in der offiziellen Berichterstattung der DDR, verglichen mit der entsprechenden OECD-Berichterstat-

[1] Die Abkommen zum Interzonenhandel sehen vor, daß zu Marktpreisen der Bundesrepublik, also nicht zu Weltmarktpreisen, fakturiert wird. Dies impliziert - wie erwähnt - einen protektionsbedingten Preiserhöhungsspielraum für die DDR, da die heimischen Preise (gemäß der Theorie der Protektion) um den Protektionssatz über den Cif-Importpreisen der Bundesrepublik (Weltmarktpreisen) liegen (vgl. Anhang).

tung, erklären die tatsächlichen Differenzen in den Angaben nur zu einem gewissen Teil [vgl. ausführlich Lambrecht 1975b] . Die DDR publiziert ihren Warenaustausch lediglich nach Ländern insgesamt, jedoch nicht für alle einzelnen Warengruppen (-obergruppen) der "Erzeugnis- und Leistungsnomenklatur der DDR". Darüber hinaus ergeben sich die bekannten methodischen Schwierigkeiten bei der Vergleichbarkeit der DDR-Indikatoren der "Volkswirtschaftlichen Übersichten" und "Wirtschaftsbereiche" mit denen der "Volkswirtschaftlichen Gesamtrechnung" der Bundesrepublik [vgl. z. B. DDR-Handbuch 1975, S. 360 ff.] .

55. Die aufgezeigten Probleme haben für die Datenaufbereitung zwei Konsequenzen. Einmal wird möglichst auf westliche Statistiken zurückgegriffen. Zum anderen ist es notwendig, für diejenigen Variablen, die nicht in der gewünschten Form vorliegen, nach gewissen Ersatzvariablen (Näherungen) zu suchen, die der Erklärung dieser speziellen Variablen am nächsten kommen. Dies impliziert oft Schätzversuche mit verschiedenen Ersatzvariablen, um eine beste Näherung als erklärende Variable in die Regressionsgleichung einzuführen.

Sämtliche Quellen sowie die Erläuterungen zur Konstruktion der Variablen befinden sich im Anhang.

56. Tabelle 1 faßt alle verwendeten Indikatoren[1] (mit der jeweiligen Kurzbezeichnung) zusammen, wobei die Ziffern des Subskripts hinter dem Punkt darauf hinweisen, daß es sich um alternative Näherungsvariable handelt, während das positive/negative Symbol in der Klammer hinter der Kurzbezeichnung die vermutete Richtung der Beziehung der unabhängigen zur abhängigen Variablen angibt.

4. Zur Regressionsanalyse

57. Die aufgestellten Hypothesen zur Erklärung der DDR-Exporte im innerdeutschen Handel werden im Zeitraum 1958-1974 für die fünf Güterhauptsektoren und ihre 31 Untergruppen mit Hilfe eines schritt-

---

[1] Indikatoren, deren zweite Ziffer im Subskript eine Null ist, sind nur nachrichtlich angegeben, um zu zeigen, aus welchen wesentlichen Größen sich der übergeordnete Indikator zusammensetzt.

Tabelle 1 - Test-Indikatoren[a] für die Regressionsanalyse

Variable[b]		Kurz-bezeichnung	Vermutetes Vorzeichen
Abhängige Variable			
	Exporte der DDR in die Bundesrepublik im Sektor j (= Importe der Bundesrepublik aus der DDR im Sektor j)	MBD_j	
Unabhängige Variable			
(1)	Angebots- und Kapazitätsauslastungsindikatoren der DDR		
$A_{1.1}$	industrielle Bruttoproduktion im Sektor j, DDR (in WI-Systematik transformiert)	$BIPD_j$	(+)
$A_{1.2}$	Agrarproduktion, DDR	APD	(+)
$A_{2.1}$	industrielle Warenproduktion, DDR	IWPTD	(-)
$A_{2.2}$	Ausrüstungsinvestitionen, DDR	AINVD	(-)
$A_{3.1}$	Exporte der DDR in RGW-Partnerländer	XDRGW	(-)
$A_{3.2}$	Exporte der DDR in sozialistische Länder	XDSOZL	(-)
(2)	Preise (Stückerlöse) für DDR-Exporte in die Bundesrepublik als Marktauswahlindikator		
A_4	(relative) westdeutsche Marktpreise (= Preise der DDR-Exporte in die Bundesrepublik)	$PXDB_j$	(+)
$A_{4.01}$	"Weltmarktpreise": westdeutsche Cif-Importpreise $PXDW_j$		
$A_{4.02}$	Nominalprotektionsrate der Bundesrepublik gegenüber Drittlandsanbietern t_j		
(3)	Sonstige Marktauswahlindikatoren		
A_5	Nationaleinkommen, DDR	NATYD	(-)
$A_{6.1}$	Bruttoinlandsprodukt, Bundesrepublik	BIPB	(+)
$A_{6.21}$	industrielle Nettoproduktion, Bundesrepublik	INPTB	(+)

noch Tabelle 1

$A_{6.22}$	Agrarproduktion, Bundesrepublik		APB	(-)
$A_{6.31}$	Industrieproduktion, EWG		IPEG	(+)
$A_{6.32}$	Agrarproduktion, EWG		APEG	(-)
$A_{6.4}$	Agrarproduktion, RGW		APRGW	(+)
(4)	Devisenbilanzrestriktion der DDR im innerdeutschen Handel			
$A_{7.1}$	Mindestdevisenposition 1, DDR		DPOSD 1	(+)
$A_{7.2}$	Mindestdevisenposition 2, DDR		DPOSD 2	(+)
$A_{7.01}$	Importe der DDR aus der Bundesrepublik	MTDB		
$A_{7.02}$	DDR-Exporte der Vorperiode in die Bundesrepublik	XDB T-1		
$A_{7.031}$	Veränderung im Kreditsaldo der DDR mit der Bundesrepublik, total	UKSDBT		
$A_{7.032}$	Veränderung des zinslosen BRD-Kredits (Swing) für die DDR	USWDB		
(5)	(Handelspolitische) Dummyvariable			
$A_{8.1}$	Dummyvariable, industrieller Sektor[c]		$DVAR_1$	(+)
$A_{8.2}$	Dummyvariable, Agrar- und Ernährungssektor[d]		$DVAR_2$	(+)

[a] Zur Konstruktion der Variablen sowie zu den statistischen Quellen vgl. Anhang. - [b] Das Subskript j bezieht sich auf eine Güterbranche. - [c] Werte für den Beobachtungszeitraum 1958-1960 = 2, 1961-1964 = 1, 1965-1967 = 2, 1968-1973/74 = 3. - [d] Werte für den Zeitraum 1958-1967 = 1, 1968-1974 = 2.

weisen, multiplen Regressionsansatzes[1] und zweier Funktionstypen überprüft[2].

Da es hinsichtlich der Auswahl einer geeigneten Funktionsform keine allgemein akzeptierten Kriterien gibt, werden sowohl der lineare Funktionstyp (mit variablen Elastizitäten) als auch der doppellogarithmische Funktionstyp (mit konstanten Elastizitäten) herangezogen[3].

---

[1] Dieses Rechenprogramm, das die unabhängigen Variablen schrittweise in die Funktion einführt, hat den Vorteil, daß Multikollinearität schneller erkannt und die damit verbundenen Probleme reduziert werden können. Hierzu vgl. beispielsweise Koutsoyiannis [1973, S. 230 f.]; allgemein zur multiplen Regressionsmethode und ihren statistischen Tests, vgl. ebenda [P. 1, 2]. - Die Analyse erstreckt sich auf das Rechnen mit Ursprungswerten.

[2] Als Determinanten einer auf theoretischen Überlegungen beruhenden Exportangebotsfunktion werden zunächst die Konstante (CONST), die Preisvariable ($PXDB_j$) und die Variable des sektorspezifisch produzierten DDR-Angebots ($BIPD_j$) in die Regressionsgleichung eingeführt, weil vermutet wird, daß diesen Faktoren ein sehr wichtiger Einfluß auf das Exportangebot beizumessen ist. Danach werden weitere Variable (gemäß ihrer F-Statistik) in die Gleichung eingegeben, bis das korrigierte Bestimmtheitsmaß $\bar{R}^2$ nicht mehr steigt. Gewählt wird der Gleichungstyp mit dem höheren $\bar{R}^2$.

[3] Diese beiden Funktionstypen sind die in der Außenhandelsliteratur gebräuchlichsten. Sie können nur monoton zu- oder abnehmende Prozesse erfassen, nicht jedoch reversible. Zur Auswahl der Funktionsform vgl. Leamer, Stern [1976, S. 17 ff.]. - Leamer, Stern zufolge kann man das Rechnen mit verschiedenen Funktionstypen auch als die Suche nach dem besten Funktionstyp betrachten, die weniger auf die Signifikanz der Variablen als auf die Signifikanz einer speziellen Funktionsform abstellt [1976, S. 18]. - Für das gegebene Regressionsmodell, für das im übrigen unterstellt wird, daß die üblichen ökonometrischen Vorbedingungen erfüllt sind [vgl. z.B. Koutsoyiannis 1973, Ch. 9], lautet die allgemeine Schreibweise für die beiden Funktionstypen:

(1) $$y = a_o + \sum_{i=1}^{8} a_i x_i$$

mit der variablen Elastizität

$$E_{(y, x_i)} = \frac{a_i x_i}{a_o + a_i y} \qquad \text{und}$$

(2) $$\log y = a_o + \sum_{i=1}^{8} a_i \log x_i$$

mit der konstanten Elastizität

$$E_{(y, x_i)} = a_i$$

Kriterien für die Auswahl einer geschätzten Funktion sind die üblichen statistischen Prüfmaße, wie das korrigierte Bestimmtheitsmaß $\bar{R}^2$, der t-Testwert zur Überprüfung der Signifikanz der Koeffizienten[1] und das Ausmaß an Autokorrelation (Durbin-Watson-Statistik)[2].

5. Schätzergebnisse

58. Tabelle 2 zeigt die Ergebnisse der Regressionsschätzung für die DDR-Exporte im innerdeutschen Handel.

Die in der vorgegebenen Weise durchgeführten Regressionen haben (bis auf einen Fall) für jede Sektorgleichung einen signifikanten F-Testwert ergeben, wenngleich das korrigierte Bestimmtheitsmaß in einigen Branchen deutlich "unterdurchschnittlich" hoch ist (vor allem Säge- und Holzbearbeitungswerke, Druckerei und Vervielfältigung sowie Leder). Einige Male mußten die ökonomischen Basisvariablen $PXDB_j$ und/oder $BIPD_j$ ausgeschieden werden, weil sie nicht das erwartete Vorzeichen hatten (z. B. Eisen- und Stahlerzeugung, NE-Me-

---

[1] Als signifikant soll hier eine Irrtumswahrscheinlichkeit von 10 vH angesehen werden. - Um einen direkten Vergleich des relativen Erklärungsbeitrags einer einzelnen unabhängigen Variablen bei Variation der abhängigen Variablen zu ermöglichen, wird neben den t-Testwerten der Koeffizienten noch das zugehörige Beta-Weight (standardisierter partieller Regressionskoeffizient) aufgeführt. Sollte der t-Testwert eines Koeffizienten nicht hinreichend signifikant sein, so ist eine Aussage mit Hilfe der Beta-Weights nur mit Vorbehalten zulässig. Beta-Weight, B_i, ist definiert als:

$$B_i = b_{X_i} \cdot \frac{S_{X_i}}{S_Y}$$

wobei:

b_{X_i} = berechneter Koeffizient der unabhängigen Variablen X_i

S_{X_i} = Standardabweichung der unabhängigen Variablen X_i

S_Y = Standardabweichung der abhängigen Variablen Y

(Vgl. z. B. Yamane [1973, S. 921 ff.]).

[2] Gleichungen im indeterminierten Bereich werden bei 1 vH Irrtumswahrscheinlichkeit noch akzeptiert, solche im autokorrelierten Bereich abgelehnt.

talle und -Halbzeug, Maschinenbau, Verbrauchsgüterindustrien) oder weil ihre Koeffizienten deutlich nicht signifikante t-Testwerte erbrachten[1]. Darüber hinaus zeigen verschiedene Gleichungen möglicherweise autokorrelierte Residuen[2], das wiederum auf verzerrte t-Testwerte der Koeffizienten hindeuten kann.

59. Wegen dieser Einschränkungen ist - wie bei fast allen ökonometrischen Analysen dieser Art - eine gewisse Vorsicht bei der Interpretation der Schätzergebnisse angebracht. Hinsichtlich der angestellten Überlegungen sind die Ergebnisse insgesamt aber als plausibel anzusehen:

(1) In vier von fünf Hauptgruppen wird das DDR-Exportangebot im innerdeutschen Handel von den erzielbaren Preisen (DDR-Stückerlösen) auf dem Markt der Bundesrepublik, $PXDB_j$, mitbestimmt; ihrer relativen Bedeutung nach (vgl. die Beta-Weights) etwa in der Reihenfolge
- Investitionsgüterindustrien,
- Grundstoff- und Produktionsgüterindustrien,
- Bergbauliche Erzeugnisse,
- Agrar und Ernährung[3].

Bei den Verbrauchsgütern liegt die Vermutung nahe, daß diese "preisunabhängigen" DDR-Exporte in die Bundesrepublik am ehesten zu Lasten der Inlandsversorgung ausgedehnt werden, weil der Deviseneinnahmeerzielung zur Bezahlung der notwendigen eigenen Importe aus der Bundesrepublik hohe Priorität beigemessen wird; die signifikanten Koeffizienten der Variablen Mindestdevisenposition, DPOSD, stützen dies. Hinzukommen mag, daß die DDR ihren preislichen Präferenzvorteil auf dem Markt der Bundesrepublik aus Wettbewerbsgründen nicht wie gewünscht realisieren kann. In diesem Fall wäre nicht ausgeschlossen, daß die DDR deutlich unter den

---

[1] Als Grenzwert für das Ausscheiden einer vorzeichengerechten Basisvariablen wurde ein t-Testwert von 0,5 gewählt. Zum Vergleich der Erklärungsbeiträge einzelner Variablen ist unter dem jeweiligen t-Testwert eines Koeffizienten das Beta-Weight angegeben.

[2] Gründe für Autokorrelation der Residuen können z. B. sein: das Fehlen einer oder mehrerer wichtiger exogener Variablen, eine fehlspezifizierte mathematische Funktionsform und/oder das Vorliegen versteckter Strukturbrüche in den Zeitreihendaten (vgl. dazu beispielsweise Koutsoyiannis [1973, S. 197 f.]).

[3] Diese Rangordnung entspricht, wenn man von den Verbrauchsgüterindustrien einmal absieht, in etwa auch der Rangordnung der DDR-Exportstruktur gegenüber dem Rest der Welt (vgl. Tabelle 1* sowie Ziff. 63).

Tabelle 2 - Determinanten der DDR-Exporte im innerdeutschen Handel 1958-1974

Abhängige Variable DDR-Exporte in die Bundesrepublik: MBD_j aus Sektor ...	Funktionstyp	K, t, B[a]	Unabhängige Variable für den industriellen Sektor: CONST	$PXDB_j$	$BIPD_j$	DPOSD	XDRGW	IWPTD	INPTB	NATYD	BIPB	AINVD	IPEG	DVAR	ε_{PXDB_j}	R^2 ($\bar{R}^2$)	F[b]	DW
Bergbauliche Erzeugnisse	lin.	K	113280,0	2468,70	1791,4				4388,6	-2806,7		-2478,5			0,295	0,949	40,563	2,583[c]
		t	0,854	2,119	1,141				2,795	- 1,468		- 2,800				(0,925)		
		B		0,217	0,261				1,739	- 1,100		- 1,853						
Grundstoff- und Produktionsgüterindustrien	lin.	K	- 612720,0	2187,7	3508,4	0,325[d]		-1609,3							1,011	0,940	47,239	2,132
		t	- 4,328	3,478	0,731	2,055		- 0,846								(0,920)		
		B		0,286	0,683	0,742		- 0,567										
Steine und Erden	log	K		0,904		1,356[d]						-0,173			0,904	0,905	31884,4	2,085
		t		3,346		5,937						-0,845				(0,885)		
		B		0,083		1,059						-0,163						
Eisen- und Stahlerzeugung	lin.	K	-3555020,0	9262,4		0,037			1594,9						2,791	0,906	41,901	2,075
		t	- 3,178	2,168		1,300			2,398							(0,885)		
		B		0,283		1,367			0,774									
Eisen-, Stahl- u. Tempergießereien	log	K	- 4,114		0,774	0,920[d]								0,554	.	0,801	17,402	1,451
		t	- 2,667		0,768	1,924								2,212		(0,755)		
		B			0,191	0,529								0,331				
Ziehereien und Kaltwalzwerke	lin.	K	- 46848,0	12906,0	196,18									2786,4	5,978	0,787	16,044	1,327[c]
		t	- 2,122	1,469	3,358									1,408		(0,738)		
		B		0,509	1,158									0,249				
NE-Metalle und -Halbzeug	lin.	K	- 82519,0			0,039[d]			330,94					11543,0	.	0,809	18,354	1,536
		t	- 3,276			1,383			0,798					1,147		(0,765)		
		B				0,535			0,296					0,159				
Mineralölerzeugnisse	lin.	K	- 93148,0	73602,0			-317,72[e]							86546,0	0,981	0,796	16,931	1,077[c]
		t	- 2,156	3,429			- 1,618							3,663		(0,749)		
		B		0,520			- 0,212							0,534				
Chemische Erzeugnisse	lin.	K	- 111950,0	3186,1	713,260	0,026[d]								12526,0	0,556	0,954	62,209	2,260
		t	- 3,812	2,500	3,210	1,116								1,740		(0,939)		
		B		0,226	0,804	0,249								0,449				

Säge- und Holzbearbeitungswerke	log	K t B	8,061 3,210	1,091 2,740 0,607	3,754 1,981 3,942	0,625[d] 1,512 0,818			2,518 2,421 2,542	- 7,958 - 4,298 - 7,505					1,091	0,735 (0,615)	6,107	2,667[c]
Holzschliff, Zellstoff, Papier u. Pappe	lin.	K t B	- 33201,0 - 3,043	9073,7 1,641 0,180		0,018[d] 7,069 0,834								3731,5 1,535 0,184	1,235	0,861 (0,829)	26,842	1,502
Gummi- und Asbestwaren	lin.	K t B	- 10963,0 - 2,940		659,65 4,572 4,990		-373,29 - 5,052 - 2,979	-134,27 - 1,606 - 1,324						2914,9 1,564 0,158	.	0,887 (0,849)	23,516	1,329[c]
Investitionsgüterindustrien	lin.	K t B	-1594400,0 - 3,086	621310,0 2,824 1,025		0,045 1,436 0,390	-974,17 - 2,166 - 0,781	-1186,3 - 2,289 - 1,175					7088,1 4,448 3,423		6,937	0,944 (0,919)	37,038	2,150
Stahl- u. Leichtmetallbau	log	K t B	0,131 0,229		1,250 4,580 0,576									1,589 4,691 0,590	.	0,784 (0,753)	24,419	2,315
Stahlverformung	lin.	K t B	- 15432,0 - 5,898	3658,0 0,764 0,066				-49,658 - 3,065 - 1,328		205,73 5,420 2,308					0,256	0,946 (0,933)	75,367	1,117[c]
Maschinenbau	lin.	K t B	- 35142,0 1,859		521,17 1,031 1,200	0,022 1,595 0,682	-495,71 - 2,660 - 1,454	-652,83 - 2,925 - 2,364	1335,1 2,686 2,060					12951,0 2,828 0,458	.	0,909 (0,855)	16,661	1,952
Straßenfahrzeuge	log	K t B	14,222 4,139	3,255 3,130 0,705	2,634 3,002 2,020		- 2,129 - 2,331 - 1,685							1,292 5,061 0,715	3,255	0,795 (0,727)	11,625	2,535[c]
Elektrotechnik	log	K t B	8,735 2,738	4,283 3,009 0,517	3,589 9,642 1,226	0,644[d] 1,130 0,187								0,665 3,920 0,191	4,283	0,975 (0,967)	119,029	2,131
Feinmechanik, Optik, Uhren	lin.	K t V	- 46794,0 1,231	6289,6 0,500 0,178			-253,72 - 2,558 2,170			320,09 1,152 1,419	0,114 1,439 1,724				0,627	0,853 (0,805)	17,474	1,573[c]

noch Tabelle 2

Abhängige Variable DDR-Exporte in die Bundesrepublik: MBD_j aus Sektor ...	Funktionstyp	K, t, B[a]	Unabhängige Variable für den industriellen Sektor: CONST	$PXDB_j$	$BIPD_j$	DPOSD	XDRGW	IWPTD	INPTB	NATYD	BIPB	AINVD	IPEG	DVAR	ε_{PXDB_j}	R^2 ($\bar{R}^2$)	F^b	DW
Eisen-, Blech- und Metallwaren	lin.	K	- 38567,0	88064,0	226,14	0,006	-223,27		281,70						0,859	0,979	104,105	2,906[c]
		t	- 3,034	2,029	3,082	2,094	- 4,507		2,461							(0,970)		
		B		0,181	1,141	0,357	- 1,303		0,865									
Verbrauchsgüterindustrien	lin.	K	-306190,0		3296,1	0,151								35041,0	.	0,964	114,510	2,034
		t	- 3,293		2,715	2,523								1,182		(0,955)		
		B			0,481	0,480								0,078				
Feinkeramik	log	K	1,707	1,041	1,113	0,636									1,041	0,941	69,144	1,792
		t	0,601	1,545	1,953	2,049										(0,927)		
		B		0,182	0,583	0,509												
Glas und Glaswaren	lin.	K	- 22781,0	6170,2	115,14	0,006									0,914	0,934	60,989	2,038
		t	- 2,300	1,813	2,079	2,114										(0,918)		
		B		0,197	0,581	0,516												
Holzwaren	lin.	K	- 57305,0		508,61	0,025									.	0,968	208,468	1,832
		t	8,601		3,713	2,800										(0,963)		
		B			0,568	0,428												
Musikinstrumente, Sport- und Spielwaren	log	K	- 16,186	1,489	5,743	0,653				-4,989					1,489	0,923	33,022	1,932
		t	- 3,010	1,214	3,983	1,968				-2,900						(0,895)		
		B		0,120	2,810	0,552				-2,444								
Papier und Pappewaren	lin.	K	- 4201,9			0,002		-57,519	150,36						.	0,901	27,318	1,380[c]
		t	- 1,813			1,807		- 3,947	3,739							(0,868)		
		B				0,577		- 1,855	2,065									
Druckerei, Vervielfältigung	lin.	K	15566,0	23565,0		0,004					-0,028				3,029	0,600	6,496	2,238
		t	1,751	0,506		3,044					-3,931					(0,508)		
		B		0,109		1,756					-2,160							
Kunststofferzeugnisse	lin.	K	- 31964,0		63,341	0,005		-140,32			0,094				.	0,969	67,908	1,729
		t	- 3,559		2,066	2,166		- 2,381			2,166					(0,954)		
		B			0,549	0,890		- 0,934			0,890							
Leder (Herstellung, Veredelung)	log	K	4,128	0,814		1,290		1,512						0,916	0,814	0,621	3,604*	2,146
		t	0,892	1,281		2,814		1,959						2,300		(0,449)		
		B		0,489		1,767		2,248						1,143				

Lederwaren und Schuhe	log	K	- 9,771			0,734					1,626			0,334	.	0,927	54,778	1,946
		t	- 5,405			1,384					2,011			1,161		(0,910)		
		B				0,401					0,510			0,133				
Textilien	lin.	K	- 48450,0		867,71	0,062									.	0,951	135,540	2,319
		t	- 1,598		1,921	3,584										(0,944)		
		B			0,345	0,634												
Bekleidung	lin.	K	-175150,0	4709,9	730,00	0,065									0,987	0,933	59,971	2,077
		t	- 2,618	1,100	1,143	3,316										(0,917)		
		B		0,126	0,251	0,634												
(Industrie)	lin.	K	-893530,0	23628,0		$0,480^{d}$		-2539,9	9712,5					99551,0	0,414	0,968	67,165	2,164
		t	- 2,792	2,558		3,226		- 1,621	2,135					2,058		(0,954)		
		B		0,163		0,582		- 0,476	0,776					0,123				

			Unabhängige Variable für den Agrar- und Ernährungssektor														
			CONST	$PXDB_j$	$BIPD_j$	APD	DPOSD	APB	NATYD	BIPB	APRGW	APEG	DVAR				
Agrar und Ernährung	lin.	K	-855980,0	38617,0			0,105			0,423	39,168	10594,0	82163,0	0,310	0,992	163,778	2,002
		t	- 7,424	1,628			2,820			1,038	1,660	4,642	5,061		(0,986)		
		B		0,068			0,462			0,304	0,058	1,147	0,253				
Erzeugnisse der Land-, Forst- und Jagdwirtschaft, Fischerei	lin.	K	-483180,0	19070,0		1742,9	0,041	2417,8					20117,0	0,345	0,975	17442,5	1,767
		t	- 5,686	1,081		2,825	1,597	3,118					1,577		(0,963)		
		B		0,105		0,461	0,279	0,320					0,097				
Ernährungs- und Genußmittelindustrie	lin.	K	-484920,0	84372,0	35,946		0,119		-5720,3			9247,3	26275,0	0,781	0,956	36,019	$2,433^{c}$
		t	- 3,322	1,470	1,821		3,213		- 3,160			3,844	2,155		(0,929)		
		B		0,163	0,139		1,360		- 3,141			2,608	0,237				

[a]K = Koeffizient, t = t-Wert, B = Beta-Weight. - Kritische t-Testwerte bei 5 bzw. 10 vH Irrtumswahrscheinlichkeit für Variablenanzahl (einschließlich Konstante): drei Variable: 2,145 bzw. 1,761; vier Variable: 2,160 bzw. 1,771; fünf Variable: 2,179 bzw. 1,782; sechs Variable: 2,201 bzw. 1,796; sieben Variable: 2,228 bzw. 1,812. - [b]F-Testwerte sind signifikant (*nicht signifikant) bei einer Irrtumswahrscheinlichkeit von 1 vH. - [c]Möglicherweise autokorreliert bei einer Irrtumswahrscheinlichkeit von 1 vH. - [d]DPOSD 2. - [e]XDSOZL.

Quelle: Anhang I, 1. - Eigene Berechnungen.

Marktpreisen der Bundesrepublik, möglicherweise auch unter Weltmarktpreisen anbietet, um kurzfristig die notwendigen Devisen zu beschaffen[1].

(2) Ferner zeigt sich, daß das DDR-Exportangebot bei den fünf Hauptgruppen offenbar insbesondere im Investitionsgütersektor "unabhängig" von dem insgesamt produzierten Angebot dieser Hauptgruppe, $BIPD_j$, ist. Dies läßt sich (teilweise) mit den Lieferverpflichtungen der DDR gegenüber den RGW-Partnerländern, XDRGW, erklären, die auf das produzierte DDR-Angebot normalerweise (per saldo) verkürzend wirken.

(3) Für den weit überwiegenden Teil aller Haupt- und Untergruppen ist - neben den beiden Basisvariablen $PXDB_j$ und $BIPD_j$ - der erwartete enge Zusammenhang zwischen dem importinduzierten Deviseneinnahmezwang, DPOSD, und der abhängigen Variablen (Exportangebotsnotwendigkeit), MBD_j, zu beobachten.

(4) Die negative Wirkung der DDR-Exporte in sozialistische Länder auf die Exportfähigkeit der DDR in die Bundesrepublik zeigt sich - trotz der Unzulänglichkeit eines Gesamtexportindikators, XDRGW bzw. XDSOZL - gerade in den Bereichen, die den komplementären Charakter der DDR-Ostexporte dokumentieren. Primär sind es die Sektoren der Investitionsgüterindustrien. Diese RGW-integrationsbedingte Beschränkung der DDR-Exporte in den Westen, insbesondere in die Bundesrepublik, dürfte ein wichtiger Grund dafür sein, daß der potentiell hohe Exportanteil intraindustrieller Güter, der für Länder etwa gleich fortgeschrittener Entwicklungsstufe kennzeichnend ist[2], zwischen der DDR und der Bundesrepublik mehr oder weniger stark gedämpft ist[3].

---

[1] Im herkömmlichen Außenhandelsmodell wird von der letzten Möglichkeit (annahmegemäß) abstrahiert.

[2] Entwicklungsstufe(-niveau), gemessen am hohen Grad der Kapitalakkumulation und dem hohen Ausbildungsstand der Arbeitskräfte eines Landes. Vgl. allgemein hierzu die Beiträge von Hufbauer, Chilas [1974] und von Hesse [1974] sowie für den Handel der Bundesrepublik mit den Staatshandelsländern: Weiss, Wolter [1977].

[3] Ein weiterer Grund dürfte darin liegen, daß es für die DDR wenig attraktiv ist, die restlichen westexportfähigen Güter dieser Sektoren auf den westdeutschen Markt zu lenken, weil dort die westdeutsche Wettbewerbsfähigkeit bei diesen Produktbereichen offensichtlich besonders hoch und die protektionsbedingten Preis-(Erlös-)Vorteile der DDR, verglichen mit anderen Exportbereichen, gering ausfallen. Die Struktur der DDR-Exporte in die restlichen OECD-Länder entspricht hingegen eher derjenigen Struktur, die angesichts des relativ hohen Entwicklungsni-

(5) Die signifikanten Koeffizienten der Variablen industrielle Warenproduktion, IWPTD, bzw. Ausrüstungsinvestitionen, AINVD, dürften einige der DDR-Wirtschaftsbereiche identifizieren, die beispielsweise in einer Phase der DDR-Wachstumsbeschleunigung besonders engpaßsensibel zu Lasten der Exporte in die Bundesrepublik reagieren (z. B. Stahlverformung, Maschinenbau und Kunststofferzeugnisse sowie Bergbauliche Erzeugnisse).

(6) Der häufig signifikante Koeffizient der Dummyvariablen, DVAR, unterstützt die bekannte These, daß die DDR-Exporte in die Bundesrepublik im Beobachtungszeitraum von politischen wie administrativen Hemmnissen (negativ) beeinflußt worden sind[1]. Diese Störungen konzentrieren sich vor allem auf einzelne Branchen des Agrar- und Ernährungssektors, der Grundstoff- und Produktionsgüterindustrien sowie der Investitionsgüterindustrien, weniger dagegen auf die Sektoren der Verbrauchsgüterindustrien (abgesehen von Leder sowie Lederwaren und Schuhen). Zudem fällt auf, daß bei vielen der Untergruppen ein deutlicher Zusammenhang zwischen der Signifikanz des Koeffizienten der Dummyvariablen und der Nichtsignifikanz oder dem "falschen" Vorzeichen des Koeffizienten der Preisvariablen zu erkennen ist. Daraus kann gefolgert werden, daß die DDR-Exporte (auch) wegen dieser partiellen Hemmnisse bei steigenden Preisen nicht entsprechend ausgeweitet werden konnten.

(7) Die sonstigen Marktauswahlvariablen, nämlich die Angebots- und Nachfrageindikatoren der Bundesrepublik, INPTB bzw. BIPB, sowie der DDR-Eigennachfrageindikator, NATYD, spielen als Bestimmungsgründe der abhängigen Variablen insgesamt keine sehr systematische Rolle; in den spezifizierten Branchen sind sie allerdings des öfteren nicht unbedeutend. Auffällig ist in diesem Zusammenhang das vergleichsweise hohe Signifikanzniveau der alternativen Indikatorvariablen Industrieproduktion der EG-Länder, IPEG[2]. Dies kann - wie erwähnt - so interpretiert werden, daß die DDR ihr Investitionsgüterangebot in der Bundesrepublik erst dann verstärkt absetzen kann, wenn sowohl die Kapazitäten in der Bundesrepublik als auch in den EG-Ländern ausgelastet sind.

---

veaus der DDR zu erwarten ist. Die These von einer präferenzinduzierten DDR-Exportstrukturverzerrung in bezug auf die Bundesrepublik (verglichen mit der DDR-Struktur für Exporte in die restlichen OECD-Länder) wird also virulent. Vgl. dazu die Analyse in Kapitel V.

[1] Vgl. dazu auch die Analyse des Einflusses westdeutscher quantitativer Restriktionen auf die Warenimporte aus den Staatshandelsländern bei Wolf [1976].

[2] Hier ist die alte Europäische Gemeinschaft der Fünf für den gesamten Beobachtungszeitraum unterstellt.

60. Insgesamt läßt sich sagen:

Mit Hilfe der schrittweisen Regressionsanalyse[1] konnte die ursprüngliche exogene Variablenanzahl auf einen harten Kern reduziert werden, der die DDR-Exporte im innerdeutschen Handel statistisch recht gut erklärt.

Hinsichtlich Signifikanz und Beta-Weight der einzelnen Variablen über alle Branchen hinweg ist ein wichtiges Ergebnis darin zu sehen, daß bei einer qualifizierenden Rangordnung der unabhängigen Variablen der Mindestdevisenposition, DPOSD, der größte Erklärungswert zukommen dürfte. Es folgt die sektorspezifische DDR-Gesamtangebotsvariable, $BIPD_j$, und die Preisvariable dicht gefolgt von der Dummyvariablen. Danach erst kommen die Ostblockexporte der DDR, XDRWG bzw. XDSOZL, während den restlichen Variablen eine insgesamt untergeordnete Bedeutung beizumessen sein dürfte.

Verglichen mit ähnlichen Schätzungen[2] sind diese "Rangdifferenzen" im Erklärungswert der verschiedenen ökonomischen Variablen zu einem gewissen Teil dem systembedingten Unterschied im Außenhandel von Zentralverwaltungswirtschaften und Marktwirtschaften zuzuschreiben. So kommt dem bilateralen Zahlungs-(Devisen-)bilanzindikator, DPOSD, in einem sozialistischen Land wie der DDR, das keinen multilateralen Handel treibt, weder marktmäßig bestimmte Währungsparitäten noch Währungskonvertibilität kennt, zwangsläufig ein größeres strategisches Gewicht zu als den Außenhandelspreisen in multilateralen Handelsbeziehungen westlicher Prägung.

Darüber hinaus dürfte diese erste Analyse vor allem bestätigt haben, daß die DDR-Exporte in die Bundesrepublik wesentlich von ökonomischen Faktoren bestimmt werden und daß sie zumindest in einigen wichtigen Sektoren sehr wohl preiselastisch[3] und nicht - wie oft angenommen - vollkommen unelastisch sind.

---

[1] Damit konnte auch das Problem der Multikollinearität abgeschwächt werden.

[2] Aggregierte Schätzungen von Handelsfunktionen finden sich z. B. bei Houthakker, Magee [1966], Sellekaerts [1971, S. 39 f., 139 ff.] sowie bei Jones, Nusbaumer [1976].

[3] Die sektorspezifischen positiven (durchschnittlichen) Preiselastizitäten des DDR-Exportangebots, ε_{PXDB_j}, sind in Tabelle 2 gesondert ausgewiesen, und zwar unabhängig von der Signifikanz und dem Beta-Weight der Preiskoeffizienten. Anhand ihrer Werte kann abgelesen werden, welche plandeterminierten Exportsektoren der DDR vermutlich mehr oder weniger stark auf Stückerlösänderungen reagieren.

6. Interpretation und Ergänzung der Preiselastizitäten

61. Die durchgeführte empirische Analyse der Determinanten der DDR-Exporte in die Bundesrepublik ist für das weitere Vorgehen insofern wichtig, als es überwiegend gelungen ist, disaggregierte Preiselastizitäten des DDR-Exportangebots auf dem Markt der Bundesrepublik zu ermitteln. Denn diese sind, zusammen mit den Preiselastizitäten der Nachfrage der Bundesrepublik nach DDR-Gütern und den Protektionsraten der Bundesrepublik, für die angestrebte Berechnung der präferenzbedingten Effekte der DDR-Exporte im innerdeutschen Handel notwendig. Zuvor müssen noch einige Bemerkungen und Ergänzungen zu den Preiselastizitäten gemacht werden.

62. Tabelle 2, Spalte ε_{PXDB_j}, zeigt die aus den Preiskoeffizienten der Regressionsgleichungen berechneten Preiselastizitäten der DDR-Exporte in die Bundesrepublik. Die Elastizitäten sind durchschnittliche Werte[1] für den Beobachtungszeitraum 1958-1974.

63. Im großen und ganzen sind die Werte der ermittelten Preiselastizitäten als plausibel zu betrachten[2]. Zwar konnten für einige Untergruppen keine ökonomisch sinnvollen Werte (unerwartete oder "falsche" Vorzeichen) der Preisangebotselastizitäten ermittelt werden, doch überrascht dies nicht sonderlich, wenn man sowohl den Besonderheiten des innerdeutschen Handels - verglichen mit dem Warenaustausch zwischen westlichen Industrieländern - als auch der Qualität des verfügbaren Datenmaterials Rechnung trägt.

---

[1] Beim linearen Funktionstyp wurde die variable Preiselastizität durch Einsetzen des jeweiligen Mittelwertes berechnet; bei doppellogarithmischen Gleichungen ist die Preiselastizität konstant und gleich dem Wert des betreffenden Regressionskoeffizienten.

[2] Wenn die DDR mit ihren Exporten in die Bundesrepublik elastisch auf westdeutsche Preissteigerungen reagiert, dann gilt dies auch für Preissteigerungen auf den ausländischen Märkten, deren Äquivalent relative Preissenkungen in der Bundesrepublik sind. - So fällt auf, daß die Elastizitätswerte insgesamt in jenen Sektoren überdurchschnittlich hoch sind, in denen die DDR - gemessen an ihrer Exportstruktur gegenüber dem Rest der Welt (Tabelle 1*) - über komparative Vorteile im Sinne einer überdurchschnittlichen Exportfähigkeit verfügt (z. B. einige Investitionsgüterindustrien; Musikinstrumente, Sport- und Spielwaren; Bekleidung; Eisen- und Stahlerzeugung).

Das Vorzeichenphänomen könnte - wie bereits angedeutet - etwa folgendermaßen erklärt werden:

(1) Die in Intensität und Produktauswahl im Zeitablauf schwankenden Einfuhrkontingente bzw. -verbote der Bundesrepublik für DDR-Waren (z. B. in den Sektoren: Ernährungsgüter, Textilien, NE-Metalle) können dazu beigetragen haben, daß eine DDR-Angebotsexpansion trotz steigender Marktpreise in der Bundesrepublik nicht gleichermaßen möglich war.

(2) Die von der DDR angebotenen Produkte entsprechen hinsichtlich ihrer Qualität (inklusive Service) zuweilen nicht oder nur beschränkt der Qualität der Konkurrenzangebote auf dem Markt der Bundesrepublik. So ist denkbar, daß bei steigenden westdeutschen Preisen auch der preisliche Präferenzvorteil der DDR nicht ausreicht, um konkurrenzfähig zu sein. Bei diesen Produkten kann es der Außenhandelsbehörde der DDR infolgedessen opportun erscheinen, ihre ex ante fixierte Exportangebotsmenge eines Gutes für den Westen insgesamt zwischen den westlichen Teilmärkten anders bzw. flexibel aufzuteilen, das heißt nicht selten, am Markt der Bundesrepublik mehr oder weniger vorbeizuleiten (dies dürfte z. B. ganz oder teilweise für den Maschinenbau oder den Stahl- und Leichtmetallbau zutreffen).

(3) Für das Angebot bestimmter DDR-Produkte, insbesondere des konsumnahen Bereichs, dürften Preisveränderungen in der Bundesrepublik nur eine untergeordnete Rolle spielen. Berücksichtigt man gegenüber den Stückerlösen von Drittlandsanbietern den präferenzbedingten Preiseffekt, der die DDR-Stückerlöse in der Bundesrepublik (normalerweise) erhöht, und unterstellt, daß die DDR auf Devisenerlöse zur Bezahlung ihrer Westimporte angewiesen ist, dann steht zu erwarten, daß sie diese Güter "unabhängig" von den Preisschwankungen auf dem Markt der Bundesrepublik anzubieten versucht. Diese Hypothese wird in den Regressionen unterstützt durch den statistisch engen Zusammenhang zwischen Mindestdevisenerfordernis der DDR und ihrem Angebot für diese Produktgruppen (z. B. Kunststofferzeugnisse, Lederwaren, Textilien).

(4) Nicht auszuschließen ist, daß es der DDR zeitweise und/oder in Teilbereichen wegen eigener Versorgungs- oder Lieferengpässe, beispielsweise wegen der Lieferverpflichtungen in die RGW-Länder, nur beschränkt gelingt, auf Preiserhöhungen in der Bundesrepublik, also auf Möglichkeiten zur Steigerung des Devisenerlöses, mit einer entsprechenden Exportangebotsausdehnung zu reagieren (Gummi- und Asbestwaren, Maschinenbau).

(5) Schließlich sei erneut auf das Datenproblem hingewiesen. Der herangezogene Preisindex ist nur eine Näherung für den statistisch nicht

gesondert erfaßten Preisindex der DDR-Exporte in die Bundesrepublik. Da überdies andere Näherungen verwendet werden mußten, sind die Regressionsergebnisse mit den üblichen Unsicherheiten behaftet, die zwangsläufig auch einige der Koeffizienten der Preisvariablen mehr oder weniger stark beeinträchtigen[1]. Abgesehen von weiteren möglichen Erklärungsfaktoren für ein unerwartetes Vorzeichen der Preiskoeffizienten ist festzuhalten, daß normalerweise keine eindeutige Aussage darüber gemacht werden kann, welcher der genannten Gründe für eine spezielle Branche zutrifft; dazu bedarf es weiterer Analysen. Vermutlich kommt dabei nur eine Kombination verschiedener Erklärungsfaktoren in Frage.

64. In abgeschwächter Form beziehen sich die genannten Erklärungsversuche auch auf diejenigen Branchen, deren Preiskoeffizienten das ökonomisch erwartete positive Vorzeichen haben, die aber statistisch nicht hinreichend gesichert sind. Wenn dennoch mit den daraus bestimmten Preiselastizitäten weitergearbeitet wird, dann deshalb, weil die Analyse primär auf Preisreaktionen abstellt und es sinnvoll und vertretbar sein dürfte, empirisch ermittelte, plausible Preiselastizitäten statt theoretischer oder hilfsweise anders bestimmter Werte einzusetzen.

65. Tabelle 3 zeigt die in den folgenden Berechnungen der Präferenzeffekte zugrunde gelegten Preiselastizitäten des DDR-Exportangebots und der jeweiligen Gesamtnachfrage der Bundesrepublik als Näherung für die Nachfrage der Bundesrepublik nach DDR-Gütern[2].

Zu den Preisangebotselastizitäten, ε_j, ist anzumerken:

(1) Die in der Analyse der Determinanten der DDR-Exporte in die Bundesrepublik empirisch geschätzten Elastizitäten wurden übernommen.

(2) Um die Elastizitäten der Hauptgruppen nicht zu überschätzen, wurde unterstellt, daß die Elastizität einer Hauptgruppe die höchste ihrer Untergruppen nicht übersteigt. Dementsprechend ist die An-

---

[1] In der empirischen Studie von Houthakker, Magee [1969], die repräsentativ für viele andere sein dürfte, wird dieses Problem wie folgt erläutert: "The price variables do not perform nearly as well, with many insignificant estimates and a few incorrect signs, ... this poor performance may be due to the notorious inadequacies of import and export price indexes" [S. 112].

[2] Zu den Quellenangaben und Erläuterungen der für die Berechnung der Präferenzeffekte ebenfalls notwendigen, aber hier nicht aufgeführten westdeutschen Protektionsraten vgl. den Anhang.

Tabelle 3 - Durchschnittliche Preiselastizitäten der DDR-Exporte in die Bundesrepublik[a] (ε) und der westdeutschen Gesamtnachfrage[b] (η)

Wirtschaftszweig[c]	ε[d]	η
Bergbauliche Erzeugnisse	0,29	-0,09
Grundstoff- und Produktionsgüterindustrien	1,01	-0,12
Steine und Erden	0,90	-0,05
Eisen- und Stahlerzeugung	2,79	-0,42
Eisen-, Stahl- und Tempergießereien	1,01	-0,06
Ziehereien und Kaltwalzwerke	5,98	-0,12
NE-Metalle und Halbzeug	1,01	-0,12
Mineralölerzeugnisse	0,98	-0,12
Chemische Erzeugnisse	0,56	-0,12
Säge- und Holzbearbeitungswerke	1,09	-0,11
Holzschliff, Zellstoff, Papier und Pappe	1,24	-0,12
Gummi- und Asbestwaren	1,01	-0,12
Investitionsgüterindustrien	4,28	-0,09
Stahl- und Leichtmetallbau	4,28	-0,05
Stahlverformung	0,26	-0,09
Maschinenbau	4,28	-0,09
Straßenfahrzeuge	3,26	-0,11
Elektrotechnik	4,28	-0,05
Feinmechanik, Optik, Uhren	0,63	-0,09
Eisen-, Blech- und Metallwaren	0,86	-0,09
Verbrauchsgüterindustrien	0,97	-0,06
Feinkeramik	1,04	-0,06
Glas und Glaswaren	0,91	-0,06
Holzwaren	0,97	-0,06
Musikinstrumente, Sport- und Spielwaren	1,49	-0,06
Papier- und Pappewaren	0,97	-0,05
Druckerei, Vervielfältigung	0,33	-0,06
Kunststofferzeugnisse	0,97	-0,06
Leder (Herstellung, Veredelung)	0,81	-0,43
Lederwaren und Schuhe	0,97	-0,10[e]
Textilien	0,97	-0,06
Bekleidung	0,99	-0,06
Agrar und Ernährung	0,31	-0,06[e]
Erzeugnisse der Land-, Forst- und Jagdwirtschaft, Fischerei	0,35	-0,05[e]
Ernährungs- und Genußmittelindustrie	0,78	-0,07[e]

[a] Zeitraum 1958-1974. - [b] Zeitraum 1962-1972. - [c] Ohne Wasserfahrzeuge. - [d] Gerundete Werte. - [e] Geschätzt.

Quelle: Glismann [1974, S. 9]. - Tabelle 2. - Eigene Berechnungen und Schätzungen.

gebotspreiselastizität für die Hauptgruppe Investitionsgüterindustrien modifiziert worden. Sie entspricht derjenigen der Untergruppe Elektrotechnik.

(3) Die fehlende Preiselastizität der Hauptgruppe Verbrauchsgüterindustrien ist ein Durchschnitt ihrer vorhandenen Untergruppenelastizitäten, die mit den zugehörigen Exportanteilen der DDR in die Bundesrepublik (Durchschnitt von 1958 bis 1974) gewichtet wurden.

(4) Für die noch fehlenden Preiselastizitäten der Untergruppen wurde dann der Wert der jeweiligen Hauptgruppe eingesetzt.

Die Preisnachfrageelastizitäten, η_j, für den industriellen Sektor wurden der Studie von Glismann [1974, S. 9] entnommen, für den Agrar- und Ernährungssektor wurden sie geschätzt.

Die Tatsache, daß die Preisangebotselastizitäten wesentlich höher als die der Nachfrage sind, erscheint plausibel[1] und steht im Einklang mit den Arbeiten anderer Autoren[2].

66. Zusammenfassend: Dieses Kapitel diente vor allem dazu festzustellen, inwiefern die DDR-Exporte in die Bundesrepublik preisabhängig sind. Neben einer wesentlichen ökonomischen Bestimmung der DDR-Exporte im innerdeutschen Handel haben die Regressionsergebnisse die Hypothese einer Preisabhängigkeit der DDR-Exporte für zahlreiche Branchen unterstützt. Für einige Sektoren erbrachte die Analyse allerdings ökonomisch unerwartete Zusammenhänge zwischen der unabhängigen Preisvariablen und der abhängigen Regressionsvariablen. Hierfür kann eine Kombination gewisser Faktoren, die im einzelnen nicht feststellbar sein dürften, verantwortlich gewesen sein. Folglich ist es vertretbar, die gegebenen Preiselastizitäten mittels

---

[1] Angesichts der angeführten devisenpolitischen Gründe verwundert es nicht, wenn die DDR-Preisangebotselastizität wesentlich über der Elastizität der Nachfrage der Bundesrepublik nach DDR-Gütern liegt. Zudem ist diese Nachfrageelastizität durch die Gesamtnachfrageelastizität der Bundesrepublik approximiert worden. Letztere ist aber immer relativ gering, da eine Substitutionsmöglichkeit zwischen Inlands- und Auslandsgütern nicht mehr wirksam werden kann, also ex definitione ausgeschlossen ist.

[2] Vgl. z. B. Houthakker, Magee [1969, S. 111], Magee [1972, S. 660 ff.] und Glismann [1974, S. 5 ff.] sowie die Aufstellung im Gutachten von Baron, Glismann, Stecher [1977].

plausibler Kriterien zu modifizieren und zu ergänzen.

Anhand dieser und bereits vorhandener Dateninformationen - wie den (sektoralen) Preiselastizitäten der westdeutschen Nachfrage nach DDR-Gütern, den Präferenzraten und den DDR-Exporten in die Bundesrepublik - lassen sich im nächsten Kapitel die verschiedenen Präferenzeffekte auf der Basis des dargestellten Meßkonzepts schätzen.

IV. Tabellarische Darstellung und Interpretation der ermittelten Präferenzeffekte

67. In Tabelle 2* sind die verschiedenen statischen Effekte der gegebenen Präferenzen für DDR-Exporte in die Bundesrepublik für alle fünf Haupt- und 31 Untergruppen ausgedruckt[1]:

Zunächst für das Anfangs- und Endjahr, 1958 bzw. 1974, dann für den gesamten Beobachtungszeitraum 1958-1974 sowie für die Periode 1968-1974, also die Zeit nach Einführung politisch-administrativer Erleichterungen im innerdeutschen Handel (z. B. Swing-Automatik, stärkere Liberalisierung der DDR-Exporte in die Bundesrepublik).

Bei den Hauptgruppen (bis auf Bergbau) sind jeweils zwei Ergebniszeilen - neben den in Klammern gesetzten Zeilen, die nur die rein zollpräferenzbedingten Effekte ausweisen - angeführt. Die obere Zeile ergibt sich aus der Rechnung mit der für diese Hauptgruppe direkt ermittelten Preiselastizität, die untere aus der wertmäßigen Spaltensumme der zugehörigen Untergruppen[2].

Die für die Hauptgruppen direkt berechneten Preiselastizitäten sind normalerweise verzerrt, weil sie nur einen gewogenen Durchschnitt ihrer zugehörigen Untergruppen-Preiselastizitäten darstellen und wichtige Sonderbewegungen geglättet werden. Deshalb beschränkt sich die folgende Interpretation auf jene Ergebnisse der Hauptgruppen, die sich mit Hilfe der direkt für ihre Untergruppen geschätzten Preiselastizitäten ermitteln. Darüber hinaus kommt es einer vereinfachten Ergebnisdarstellung entgegen, wenn bei den Untergruppen nur die ersten sechs Ränge angeführt werden. Die Ränge bestimmen sich nach dem Gewicht einer sektoralen Präferenzwirkung am entsprechenden Präferenzeffekt insgesamt.

68. Tabelle 4 (a-g) gibt diesen Kriterien folgend eine zusammengefaßte Darstellung der Ergebnisse von Tabelle 2* wieder[3]. Die jeweils erste Spalte einer Periode nennt den präferenzbedingten sektorspezi-

---

[1] Vgl. auch die Legende zu Tabelle 2*. - Die aggregierte Untergruppe Bergbauliche Erzeugnisse ist gleichfalls Hauptgruppe.

[2] Ein Vergleich der Alternativergebnisse zeigt, daß sich die Größenordnungen der Schätzwertpaare in etwa entsprechen, im Durchschnitt also keine übermäßig großen Differenzen zwischen den verschiedenen Ermittlungsarten bestehen.

[3] Alle Angaben in den Tabellen 4 a-g sind gerundete Werte der entsprechenden Zahlen in Tabelle 2*; die Zeiträume sind dieselben wie in Tabelle 2*.

fischen Effekt in Mill. DM (zu Preisen von 1962) ; die zweite seine vH-Relation, bezogen auf den totalen Effekt (berechnet aus der Summe dieses Effekts über alle Untergruppen) , und in Klammern darunter seine vH-Relation, bezogen auf die entsprechenden DDR-Exporte in die Bundesrepublik (beispielsweise der Effekt der Handels- bzw. Exportausweitung im Bereich Textilien des Jahres 1958, bezogen auf die DDR-Textilexporte desselben Jahres) . In der dritten Spalte sind für die jeweiligen vH-Relationen der Effekte noch die entsprechenden Ränge (für die fünf Hauptgruppen bzw. die 31 Untergruppen) berechnet worden. Um die Entwicklung zwischen den fünf Hauptgruppen zu verdeutlichen, werden diese Sektoren unter der Rubrik Wirtschaftszweig grundsätzlich als erste aufgeführt, gefolgt von der Summenzeile "Insgesamt". Welche diejenigen der 31 Einzelbranchen sind, die über den gesamten Zeitraum 1958-1974 durchschnittlich den größten Anteil am spezifischen totalen Effekt (Insgesamt) erreicht haben, darüber gibt die Reihenfolge der unter "Insgesamt" aufgeführten sechs Sektoren Auskunft. Der Zeitraum 1958-1974 kann überdies als Referenzsystem für den durchschnittlichen Beitrag einer Haupt- bzw. Untergruppe angesehen werden, von dem aus die drei anderen Perioden zu beurteilen sind.

69. Der Handelsausweitungseffekt, also die bilaterale, mengenmäßige Erhöhung der DDR-Exporte in die Bundesrepublik[1], die den Präferenzen zuzuschreiben ist, erscheint in Tabelle 4a. Die Exportausdehnung beträgt für den gesamten Beobachtungszeitraum (1958-1974) rd. 4,2 Mrd. DM, davon allein rd. 2,7 Mrd. DM für die Periode 1968-1974. Dies entspricht einem (zunehmenden) Anteil an den DDR-Exporten in die Bundesrepublik von 17,4 bzw. 20,0 vH. Bezogen auf das Anfangsjahr der Analyse, 1958, in dem die Exporterhöhung erst 97,9 Mill. DM (11,1 vH) beträgt, steigt sie bis 1974 um 363 vH auf 453,7 Mill. DM (19,1 vH).

Die Rangfolge der durchschnittlichen[2] Anteile der einzelnen Haupt- bzw. Untergruppen an der Exportausweitung insgesamt ist nur schein-

---

[1] Die bilaterale Exporterhöhung ist eine reine Mengengröße (in Schaubild 1 also die Strecke dx) . Will man den zugehörigen wertmäßigen Ausdruck ermitteln, so ist die Menge noch mit einem Preis (hier: Inlands- oder Weltmarktpreis) zu multiplizieren. In dem betrachteten Fall ist der westdeutsche Inlandspreis p zu wählen, um den wertmäßigen Teil der Ausweitung mit den entsprechenden DDR-Exportwerten in die Bundesrepublik ins Verhältnis setzen zu können. Da p annahmegemäß gleich Eins gesetzt worden ist, sind Mengen und Werte in diesem Fall identisch.

[2] Unter durchschnittlich ist im folgenden der Zeitraum 1958-1974 zu verstehen.

Tabelle 4a - Handelsausweitungseffekt[a], DDR, 1958-1974

Wirtschaftszweig (Haupt-/Untergruppe)	1958			1974			1958-1974			1968-1974		
	Mill. DM	vH	Rang	Mill. DM	vH	Rang	Mill. DM	vH	Rang	Mill. DM	vH	Rang
Bergbauliche Erzeugnisse	3,7	3,7 (1,6)	5 (5)	1,8	0,3 (2,9)	5 (5)	45,0	1,0 (1,7)	5 (5)	15,6	0,5 (2,8)	5 (5)
Grundstoff- und Produktionsgüterindustrien	22,8	23,3 (8,6)	2 (4)	171,8	37,9 (19,1)	1 (2)	1 060,6	25,4 (15,1)	3 (4)	776,1	28,6 (18,8)	1 (2)
Investitionsgüterindustrien	30,6	31,3 (34,3)	1 (1)	107,4	23,7 (46,6)	3 (1)	1 216,1	29,1 (43,8)	1 (1)	762,0	28,1 (45,5)	2 (1)
Verbrauchsgüterindustrien	20,2	20,6 (13,5)	4 (3)	120,7	26,6 (18,2)	2 (3)	1 098,0	26,3 (17,1)	2 (2)	739,8	27,3 (18,0)	3 (3)
Agrar und Ernährung	20,6	21,1 (16,0)	3 (2)	52,0	11,5 (11,3)	4 (4)	761,5	18,2 (15,3)	4 (3)	421,1	15,5 (14,0)	4 (4)
Insgesamt	97,9	100,0 (11,1)		453,7	100,0 (19,1)		4 181,2	100,0 (17,4)		2 714,5	100,0 (20,0)	
Maschinenbau	25,7	26,3 (45,6)	1 (4)	33,7	7,4 (62,9)	7 (3)	683,2	16,3 (56,9)	1 (3)	364,7	13,4 (62,6)	1 (3)
Ernährung und Genußmittel	18,0	18,4 (16,4)	2 (11)	39,4	8,7 (21,0)	5 (8)	493,8	11,8 (19,5)	2 (8)	286,6	10,6 (20,5)	4 (8)
Elektrotechnik	2,0	2,0 (50,9)	10 (2)	62,9	13,9 (66,0)	2 (2)	408,8	9,8 (65,8)	3 (2)	321,8	11,9 (67,6)	3 (2)
Textilien	11,1	11,3 (14,2)	3 (17)	40,6	9,0 (16,0)	3 (14)	398,5	9,5 (16,1)	4 (18)	246,0	9,1 (16,9)	5 (14)
Eisen- und Stahlerzeugung	1,4	1,4 (35,1)	14 (6)	68,4	15,1 (37,5)	1 (6)	368,6	8,8 (37,2)	5 (6)	321,9	11,9 (37,7)	2 (6)
Bekleidung	2,5	2,5 (16,1)	8 (13)	39,7	8,8 (19,6)	4 (11)	312,0	7,5 (18,7)	6 (11)	221,9	8,2 (19,2)	6 (12)

[a] Zur Darstellung der Effekte vgl. Ziff. 68.

Quelle: Tabelle 2*. - Eigene Berechnungen.

bar unerwartet: Angesichts der relativ (zu den anderen Hauptsektoren) geringen Präferenzraten verwundert der hohe Anteil der DDR-Investitionsgüterindustrien, zumal ihnen im Westen normalerweise keine allzu starke Konkurrenzfähigkeit beigemessen wird. Doch dürften insbesondere die Investitionsgüterindustrien verdeutlichen, daß ein vergleichsweise geringer Präferenzsatz - wenngleich von einem niedrigen Exportniveau ausgehend - zu einer relativ starken Wettbewerbsverbesserung auf dem Markt der Bundesrepublik und damit zu einer relativ großen Exportausdehnung führen kann. Das gilt um so mehr, je höher das Exportpotential der DDR in dem betreffenden Güterbereich insgesamt ist und je flexibler dieses DDR-Angebot für die Bundesrepublik gehandhabt werden kann [1]. Ohne Präferenzen würde der Anteil der Hauptgruppe Investitionsgüterindustrien vermutlich relativ stark abnehmen.

Bei den 31 Untergruppen sind der durchschnittliche 1. Rang von Maschinenbau und der 3. Rang von Elektrotechnik in diesem Zusammenhang nicht mehr überraschend, obwohl der Maschinenbau, verglichen mit der Elektrotechnik, für 1974 (7. Rang gegenüber 2. Rang) eine deutlich sinkende Tendenz anzeigt.

Geht man weiterhin von der relativ schlechten Exportfähigkeit der DDR für den Agrar- und Ernährungssektor aus, dann wird der (nur) 4. Rang dieser Hauptgruppe sowie das Fehlen ihrer Untergruppe Landwirtschaft unter den ersten sechs Rängen (für 1958-1974) erklärlich. Denn die beschleunigte Entwicklung der Exportanteile dieser Gruppen an den DDR-Exporten in die Bundesrepublik insgesamt (von rd. 14 vH für 1958/63 auf rd. 21 vH für 1969/74 bzw. von rd. 4,6 vH auf rd. 11 vH) [2] würde andernfalls auf eine einseitig starke, präferenzbedingte Exporterhöhung deuten.

Insgesamt zeigt sich, daß die DDR im großen und ganzen versucht hat, ihre präferenzinduzierten Exporterhöhungen vor allem dort anzusetzen, wo sie über ein überdurchschnittliches Exportpotential verfügt [3].

---

[1] Die Struktur der DDR-Exporte, die sich im Handel mit dem Rest der Welt einstellt (Tabelle 1*), kann als ein Indikator für die komparativen Kostenvorteile der DDR gegenüber Drittländern und damit auch als ein Indikator für das Exportpotential bzw. die Exportfähigkeit der DDR in die Bundesrepublik angesehen werden (Vgl. dazu ausführlich Kapitel V.).

[2] Berechnet mittels der im Anhang angeführten Daten und Quellen.

[3] Der Rangkorrelationskoeffizient (nach Spearman) für die Wertepaare von DDR-Exporterhöhung im innerdeutschen Handel und Struktur der DDR-Exporte in den Rest der Welt (Tabelle 1*) beträgt 0,59 und ist für n = 31 mit einer Irrtumswahrscheinlichkeit von 1 vH signifikant. - Die Rang-

70. Stellt Tabelle 4a den bilateralen, mengenmäßigen Handelsausweitungseffekt der Präferenzen dar, der unter gewissen Bedingungen[1] als Substitution von Drittländerexporten durch DDR-Exporte angesehen werden kann, so geben die folgenden Tabellen einen Anhaltspunkt für die Größenordnung derjenigen Kosten und Nutzen, die mit der Präferenzregelung und der von ihr verursachten mengenmäßigen Exportausweitung verbunden sind.

71. Den Teil der DDR-Exporte, auf den die Bundesrepublik präferenzbedingt auf Protektionseinnahmen (Zölle plus Importsteuern) verzichtet, der folglich der (maximal mögliche) implizite Bruttotransfer an die DDR ist, zeigt Tabelle 4b. Der Bruttotransfer beläuft sich für den Zeitraum 1958-1974 auf insgesamt rd. 4 Mrd. DM; das sind rd. 16,5 vH der entsprechenden DDR-Exporte oder beispielsweise 166,2 vH der DDR-Exporte in die Bundesrepublik im Jahre 1974. Die Entwicklung dieses Effekts - zwischen 1958 und 1974, sowie in der neueren Periode 1968-1974 - verdeutlicht das Ansteigen seines Anteils am jeweiligen DDR-Exportwert, nämlich von 11,2 vH (1958) auf 15,9 vH (1974) bzw. vom Durchschnittsanteil 16,5 vH (1958/74) auf 17,6 vH (1968/74)[2].

---

korrelationen beziehen sich im folgenden, wenn nicht anders erwähnt, auf die jeweiligen Wertepaare aller Untergruppen (n = 31), auf den Durchschnittszeitraum 1958-1974 und auf eine Irrtumswahrscheinlichkeit, die bei 1 vH signifikant ist (kritischer Wert bei 1 vH: 0,43 und bei 5 vH: 0,30).

[1] Bei gegebener Importgesamtnachfrage der Bundesrepublik, gegebener westdeutscher Protektion und unendlichen Exportangebotselastizitäten der Drittländer ist diese bilaterale Exportausdehnung, wie schon an anderer Stelle erwähnt, als reine Handelsumlenkung (trade diversion) zu interpretieren.

[2] In diesem Zusammenhang ist Biskups Studie anzuführen [Biskup 1976]. Mit einer unterschiedlichen Methode hat Biskup versucht, die Vorteile der DDR aus dem Sonderstatus des innerdeutschen Handels, allerdings nur beispielhaft für das Jahr 1970, zu ermitteln. Da die Berechnungsmethode nicht hinreichend präzisiert wird (Biskup hat z.B. möglicher- und fälschlicherweise den tatsächlichen DDR-Exportwert als Zollwert zugrunde gelegt - vgl. BMWI [1974, S. 3] in einer Erwiderung auf einen Artikel von Biskup [1974]), kann hier nur ein grober Vergleich vorgenommen werden. Fest steht, daß die Vorteile anhand der sechsstelligen Einzelpositionen der Industriestatistik mit Hilfe der offiziellen Zoll-, Abschöpfungs- und Umsatzsteuersätze berechnet wurden und - genauso wie hier - als maximal mögliche Vorteile aufzufassen sind. Biskups Berechnungen dürften am ehesten mit dem "Protektionseinnahmeverzicht der Bundesrepublik", also dem "Bruttotransfer an die DDR" kompatibel sein. Die Zoll-, Abschöpfungs- und Umsatzsteuervorteile der DDR bei

Tabelle 4b - Protektionseinnahmeverzicht[a], Bundesrepublik, 1958-1974

Wirtschaftszweig (Haupt-/Untergruppe)	1958			1974			1958-1974			1968-1974		
	Mill. DM	vH	Rang	Mill. DM	vH	Rang	Mill. DM	vH	Rang	Mill. DM	vH	Rang
Bergbauliche Erzeugnisse	12,4	12,5 (5,3)	4 (5)	6,1	1,6 (10,0)	5 (5)	152,5	3,9 (5,7)	5 (5)	53,0	2,2 (9,4)	5 (5)
Grundstoff- und Produktionsgüterindustrien	26,1	26,3 (9,8)	2 (3)	129,2	34,1 (14,3)	1 (4)	905,0	22,9 (12,9)	3 (4)	602,8	25,2 (14,6)	3 (3)
Investitionsgüterindustrien	8,6	8,7 (9,7)	5 (4)	33,6	8,9 (14,6)	4 (3)	372,1	9,4 (13,4)	4 (3)	234,1	9,8 (14,0)	4 (4)
Verbrauchsgüterindustrien	21,5	21,7 (14,3)	3 (2)	122,6	32,4 (18,5)	2 (2)	1 115,9	28,2 (17,4)	2 (2)	748,0	31,2 (18,2)	2 (2)
Agrar und Ernährung	30,5	30,8 (23,7)	1 (1)	86,9	23,0 (18,9)	3 (1)	1 408,3	35,6 (28,2)	1 (1)	756,8	31,6 (25,1)	1 (1)
Insgesamt	99,1	100,0 (11,2)		378,4	100,0 (15,9)		3 953,8	100,0 (16,5)		2 394,7	100,0 (17,6)	
Landwirtschaft etc.	7,4	7,5 (39,8)	6 (1)	36,5	9,6 (13,4)	5 (26)	776,0	19,6 (31,6)	1 (1)	389,8	16,3 (24,2)	1 (2)
Ernährung und Genußmittel	23,1	23,3 (21,0)	1 (2)	50,4	13,3 (26,9)	1 (1)	632,3	16,0 (25,0)	2 (2)	367,0	15,3 (26,2)	2 (1)
Textilien	11,4	11,5 (14,6)	3 (12)	41,7	11,0 (17,4)	2 (6)	409,6	10,4 (16,5)	3 (13)	252,8	10,6 (17,4)	3 (10)
Bekleidung	2,5	2,5 (16,3)	8 (7)	40,3	10,6 (19,8)	3 (3)	316,1	8,0 (18,9)	4 (5)	224,8	9,4 (19,5)	4 (5)
Chemische Erzeugnisse	10,0	10,1 (14,5)	4 (14)	38,3	10,1 (18,2)	4 (5)	298,7	7,6 (16,7)	5 (11)	188,8	7,9 (18,0)	5 (7)
Mineralölerzeugnisse	9,9	10,0 (7,3)	5 (28)	34,7	9,1 (12,9)	6 (29)	215,4	5,5 (9,5)	6 (30)	111,2	4,6 (13,0)	7 (29)

[a] Zur Darstellung der Effekte vgl. Ziff. 68.

Quelle: Tabelle 2*. - Eigene Berechnungen.

Um vom *impliziten* Bruttotransfer zum *Nettotransfer* von der Bundesrepublik an die DDR zu gelangen, sind die zusätzlichen Produktionskosten zu subtrahieren, die der DDR durch die Exportausdehnung entstanden sind. Diese Ergebnisse zeigt Tabelle 4c. Ihr zufolge verbleibt der DDR aus der Präferenzregelung für den Zeitraum 1958-1974 noch ein versteckter Nettotransfer von etwa 3,6 Mrd. DM oder 14,9 vH der entsprechenden DDR-Exporte. Das sind beispielsweise rd. 151 vH der DDR-Exporte in die Bundesrepublik im Jahre 1974.

Ein Vergleich der beiden Transfertabellen (Tabellen 4b und 4c) miteinander sowie mit der DDR-Exportausweitung (Tabelle 4a) offenbart interessante Merkmale:

Geht man von den Durchschnittsrängen der Sektoren in den Tabellen 4b und 4c aus, so sind diese in etwa gleich[1], was angesichts der im Vergleich zu anderen Effekten geringen (und monoton steigenden) Zusatzkosten der DDR-Exportausdehnung wenig verwundert. Demgegenüber zeigen die Transfertabellen, verglichen mit der Tabelle für die DDR-Exportausdehnung, eine Rangverschiebung zwischen den Sektoren[2]. Dies läßt sich vermutlich auch durch die Struktur der gegebenen Präferenzen erklären. Denn insbesondere die Ränge der Hauptgruppen der Transfertabellen scheinen recht gut mit denen der durchschnittlich gegebenen Präferenzstruktur übereinzustimmen[3]; lediglich die Ränge der Investitionsgüterindustrien und der Grundstoff- und Produktionsgüterindustrien sind miteinander vertauscht.

Sowohl in den Transfertabellen (zu) geringe Rang der Investitionsgüterindustrien als auch der entsprechende, über alle Untergruppen insignifikante Rangkorrelationskoeffizient deuten freilich auf Fakto-

---

ihren Exporten in die Bundesrepublik weist Biskup mit insgesamt rd. 508 Mill. DM zu laufenden Preisen aus. In Preisen von 1962 (Deflator: westdeutsche Erzeugerpreise, Inlandsabsatz) entspricht dies etwa 479 Mill. DM. Um die Größenordnung der beiden Schätzergebnisse vergleichen zu können, wurde der "Bruttotransfer" speziell für das Jahr 1970 ermittelt. Er beläuft sich über alle 31 Untergruppen aufsummiert auf rd. 352 Mill. DM und liegt damit deutlich unter der Schätzung von Biskup.

1 Der zugehörige Rangkorrelationskoeffizient beträgt 0,997.

2 Der Rangkorrelationskoeffizient für die Wertepaare von Bruttotransfer und DDR-Exporterhöhung sowie von Nettotransfer und DDR-Exporterhöhung ist jeweils gleich 0,86.

3 Diese Beobachtung gilt auch für die ersten sechs größten Untergruppen der Transfertabellen ($r = 0,77$; für $n = 6$ bei einer Irrtumswahrscheinlichkeit von 5 vH signifikant). - Auf eine gesonderte tabellarische Darstellung der Präferenzraten wird hier verzichtet.

Tabelle 4c - Impliziter Nettotransfer[a], DDR, 1958-1974

Wirtschaftszweig (Haupt-/Untergruppe)	1958			1974			1958-1974			1968-1974		
	Mill. DM	vH	Rang	Mill. DM	vH	Rang	Mill. DM	vH	Rang	Mill. DM	vH	Rang
Bergbauliche Erzeugnisse	12,3	13,3 (5,3)	4 (5)	6,0	1,8 (9,8)	5 (5)	151,0	4,2 (5,6)	5 (5)	52,3	2,4 (9,3)	5 (5)
Grundstoff- und Produktionsgüterindustrien	24,9	27,0 (9,3)	2 (3)	116,9	34,2 (13,0)	1 (4)	833,1	23,2 (11,8)	3 (3)	546,7	25,3 (13,2)	3 (3)
Investitionsgüterindustrien	6,9	7,5 (7,7)	5 (4)	25,5	7,5 (11,0)	4 (3)	284,9	7,9 (10,3)	4 (4)	175,9	8,2 (10,5)	4 (4)
Verbrauchsgüterindustrien	20,0	21,7 (13,3)	3 (2)	111,8	32,8 (16,9)	2 (2)	1 020,1	28,4 (15,9)	2 (2)	681,1	31,6 (16,6)	2 (2)
Agrar und Ernährung	28,1	30,5 (21,8)	1 (1)	80,8	23,7 (17,6)	3 (1)	1 298,2	36,3 (26,0)	1 (1)	701,8	32,5 (23,3)	1 (1)
Insgesamt	92,2	100,0 (10,4)		341,0	100,0 (14,3)		3 587,3	100,0 (14,9)		2 157,8	100,0 (15,9)	
Landwirtschaft etc.	6,9	7,5 (37,0)	6 (1)	35,7	10,5 (13,1)	5 (22)	727,9	20,3 (29,6)	1 (1)	372,5	17,3 (23,1)	1 (2)
Ernährung und Genußmittel	21,2	23,0 (19,3)	1 (2)	45,1	13,2 (24,0)	1 (1)	570,3	15,9 (22,6)	2 (2)	329,3	15,3 (23,5)	2 (1)
Textilien	10,6	11,5 (13,6)	3 (12)	38,2	11,2 (15,9)	2 (6)	376,5	10,5 (15,2)	3 (13)	231,4	10,7 (15,9)	3 (9)
Bekleidung	2,3	2,5 (15,0)	8 (7)	36,3	10,6 (17,9)	4 (3)	286,5	8,0 (17,2)	4 (5)	203,2	9,4 (17,6)	4 (5)
Chemische Erzeugnisse	9,6	10,5 (13,9)	4 (11)	36,3	10,7 (17,3)	3 (5)	284,7	8,0 (15,9)	5 (7)	179,4	8,3 (17,1)	5 (6)
Mineralölerzeugnisse	9,5	10,3 (7,1)	5 (28)	32,5	9,5 (12,1)	6 (23)	204,4	5,7 (9,0)	6 (29)	104,1	4,8 (12,2)	6 (24)

[a] Zur Darstellung der Effekte vgl. Ziff. 68.

Quelle: Tabelle 2*. - Eigene Berechnungen.

ren hin, die eine Anpassung der Transferstruktur an die gegebene Präferenzstruktur verhindert haben dürften[1]. Diese Hypothese ist in Kapitel V noch zu präzisieren und zu überprüfen.

72. Die volkswirtschaftlichen Kosten der Präferenzen für die DDR erschöpfen sich für die Bundesrepublik nicht im staatlichen Protektionseinnahmeverzicht. Hinzu kommen die Konsumtionskosten im engeren Sinne, jene Kosten also, die wegen der Präferenzregelung zwar den DDR-Exporten zuzurechnen sind, die aber protektionsbedingt ohnehin entstünden, nur daß sie anderen Exportländern "anzulasten" wären[2].

Tabelle 4d erfaßt die Konsumtionskosten i. e. S. Verglichen mit den anderen Präferenzeffekten sind sie gering. Für den Zeitraum 1958 bis 1974 haben sie rd. 31 Mill. DM betragen und stiegen von 0,6 Mill. DM im Jahre 1958 auf 3,1 Mill. DM im Jahre 1974 an. Der um die Konsumtionskosten i. e. S. vermehrte Protektionseinnahmeverzicht ergibt den volkswirtschaftlichen Verlust (Konsumtionskosten im weiteren Sinne) der Bundesrepublik in Tabelle 4e. Wegen der relativ geringen Größenordnung der (wenngleich etwas anders strukturierten) Konsumtionskosten i. e. S. hat sich an der sektoralen Struktur des volkswirtschaftlichen Verlustes, verglichen mit der des Pro-

---

[1] Der Rangkorrelationskoeffizient für die Wertepaare von Brutto- bzw. Nettotransfer und gegebenen Präferenzraten (letztere näherungsweise bestimmt als Durchschnitt der Stichjahre 1958, 1964, 1970, 1972) beträgt nur 0,14 und ist auch bei einer Irrtumswahrscheinlichkeit von 10 vH nicht signifikant. Daraus kann aber nicht der Schluß gezogen werden, daß der Präferenzstruktur in diesem Zusammenhang nur eine geringe bis keine Bedeutung beizumessen sei; denn in der durchgeführten Rangkorrelation hat jeder Sektor das gleiche Gewicht, zumal sich der gesamte Transfer (wie Tabelle 4b bzw. 4c zeigt) gerade auf jene Wirtschaftszweige konzentrieren kann, die auch vergleichsweise hohe Präferenz-(Protektions-)raten aufweisen.

[2] Für den volkswirtschaftlichen Verlust durch tarifäre heimische Maßnahmen sind freilich nicht die ausländischen Exporteure direkt verantwortlich, denn diese bekommen in dem hier zugrunde gelegten Modell (und ohne Präferenzgewährung) nach wie vor nur den - verglichen mit dem heimischen Preis - geringeren Weltmarktpreis. Die von den Nachfragern bezahlte positive Importpreisdifferenz wird bis auf einen Rest (= volkswirtschaftlicher Verlust) auf die heimischen Produzenten (Produzentenrente) und den Staat (Zolleinnahmen) umverteilt. Verantwortlich für den volkswirtschaftlichen Verlust tarifärer Hemmnisse, gleichgültig aus welchen Gründen sie erhoben werden, ist das Land, das sie einführt.

Tabelle 4d - Konsumtionskosten[a], Bundesrepublik, 1958-1974

Wirtschaftszweig (Haupt-/Untergruppe)	1958			1974			1958-1974			1968-1974		
	Mill. DM	vH	Rang	Mill. DM	vH	Rang	Mill. DM	vH	Rang	Mill. DM	vH	Rang
Bergbauliche Erzeugnisse	0,03	5,04 (0,01)	5 (5)	0,03	0,88 (0,05)	5 (5)	0,44	1,42 (0,02)	5 (5)	0,23	1,19 (0,04)	5 (5)
Grundstoff- und Produktionsgüterindustrien	0,18	30,12 (0,07)	2 (2)	1,61	52,10 (0,18)	1 (1)	9,91	31,97 (0,14)	2 (2)	7,60	39,44 (0,18)	1 (2)
Investitionsgüterindustrien	0,04	7,34 (0,05)	4 (4)	0,19	5,99 (0,08)	4 (4)	2,16	6,97 (0,08)	4 (4)	1,40	7,24 (0,08)	4 (4)
Verbrauchsgüterindustrien	0,10	16,16 (0,06)	3 (3)	0,67	21,77 (0,10)	2 (3)	5,96	19,22 (0,09)	3 (3)	4,16	21,58 (0,10)	3 (3)
Agrar und Ernährung	0,24	41,34 (0,19)	1 (1)	0,60	19,26 (0,13)	3 (2)	12,53	40,42 (0,25)	1 (1)	5,89	30,55 (0,20)	2 (1)
Insgesamt	0,59	100,00 (0,06)		3,10	100,00 (0,13)		31,00	100,00 (0,13)		19,28	100,00 (0,14)	
Landwirtschaft etc.	0,07	12,50 (0,40)	3 (1)	0,12	4,00 (0,05)	7 (28)	6,97	22,50 (0,28)	1 (3)	2,51	13,04 (0,16)	3 (8)
Ernährung und Genußmittel	0,17	28,84 (0,15)	1 (5)	0,47	15,31 (0,25)	2 (3)	5,56	17,92 (0,22)	2 (4)	3,38	17,52 (0,24)	1 (3)
Eisen- und Stahlerzeugung	0,01	2,21 (0,33)	9 (2)	0,69	22,31 (0,38)	1 (2)	3,71	11,98 (0,38)	3 (2)	3,28	17,01 (0,38)	2 (2)
Chemische Erzeugnisse	0,09	14,88 (0,13)	2 (9)	0,42	13,46 (0,20)	3 (4)	3,02	9,75 (0,17)	4 (6)	2,04	10,59 (0,19)	4 (4)
Textilien	0,05	8,49 (0,06)	4 (18)	0,22	7,01 (0,09)	6 (20)	2,04	6,58 (0,08)	5 (21)	1,32	6,87 (0,09)	5 (23)
Bekleidung	0,01	2,07 (0,08)	10 (13)	0,24	7,72 (0,12)	5 (18)	1,80	5,81 (0,11)	6 (15)	1,31	6,83 (0,11)	6 (16)

[a] Zur Darstellung der Effekte vgl. Ziff. 68.

Quelle: Tabelle 2*. - Eigene Berechnungen.

Tabelle 4e - Volkswirtschaftlicher Verlust[a], Bundesrepublik, 1958-1974

Wirtschaftszweig (Haupt-/Untergruppe)	1958			1974			1958-1974			1968-1974		
	Mill. DM	vH	Rang	Mill. DM	vH	Rang	Mill. DM	vH	Rang	Mill. DM	vH	Rang
Bergbauliche Erzeugnisse	12,5	12,5 (5,3)	4 (5)	6,1	1,6 (10,0)	5 (5)	152,9	3,8 (5,7)	5 (5)	53,3	2,2 (9,5)	5 (5)
Grundstoff- und Produktionsgüterindustrien	26,2	26,3 (9,8)	2 (3)	130,8	34,3 (14,5)	1 (4)	914,9	23,0 (13,0)	3 (4)	610,4	25,3 (14,8)	3 (3)
Investitionsgüterindustrien	8,7	8,7 (9,7)	5 (4)	33,8	8,9 (14,6)	4 (3)	374,2	9,4 (13,5)	4 (3)	235,5	9,8 (14,1)	4 (4)
Verbrauchsgüterindustrien	21,6	21,6 (14,4)	3 (2)	123,3	32,3 (18,6)	2 (2)	1 121,9	28,2 (17,5)	2 (2)	752,2	31,2 (18,3)	2 (2)
Agrar und Ernährung	30,7	30,9 (23,9)	1 (1)	87,5	22,9 (19,0)	3 (1)	1 420,8	35,6 (28,5)	1 (1)	762,7	31,5 (25,3)	1 (1)
Insgesamt	99,7	100,0 (11,3)		381,5	100,0 (16,0)		3 984,7	100,0 (16,6)		2 414,1	100,0 (17,7)	
Landwirtschaft etc.	7,5	7,5 (40,2)	6 (1)	36,6	9,6 (13,5)	5 (27)	783,0	19,7 (31,9)	1 (1)	392,3	16,3 (24,3)	1 (2)
Ernährung und Genußmittel	23,3	23,4 (21,1)	1 (2)	50,9	13,3 (27,1)	1 (1)	637,8	16,0 (25,2)	2 (2)	370,4	15,3 (26,5)	2 (1)
Textilien	11,5	11,5 (14,7)	3 (13)	41,9	11,0 (17,4)	2 (6)	411,6	10,3 (16,6)	3 (13)	254,1	10,5 (17,5)	3 (10)
Bekleidung	2,5	2,5 (16,4)	8 (7)	40,5	10,6 (19,9)	3 (3)	317,9	8,0 (19,0)	4 (5)	226,1	9,4 (19,6)	4 (5)
Chemische Erzeugnisse	10,1	10,1 (14,7)	4 (14)	38,7	10,1 (18,4)	4 (5)	301,7	7,6 (16,9)	5 (11)	190,9	7,9 (18,1)	5 (7)
Mineralölerzeugnisse	9,9	10,0 (7,4)	5 (28)	35,0	9,2 (13,0)	6 (29)	216,7	5,4 (9,6)	6 (30)	112,1	4,6 (13,1)	7 (29)

[a] Zur Darstellung der Effekte vgl. Ziff. 68.

Quelle: Tabelle 2*. - Eigene Berechnungen.

tektionseinnahmeverzichts, über alle 31 Untergruppen kaum etwas geändert.

Für den Zeitraum 1958-1974 ergibt sich ein volkswirtschaftlicher Verlust von insgesamt rd. 3,98 Mrd. DM, der 16,6 vH der DDR-Exporte dieses Zeitraums oder 167,5 vH der DDR-Exporte in die Bundesrepublik des Jahres 1974 ausmacht. Größter Einzelsektor zwischen 1958 und 1974 war mit 783,0 Mill. DM (das sind 19,7 vH des Effekts insgesamt) die Untergruppe Landwirtschaft. Der volkswirtschaftliche Verlust dieses Sektors erreichte, obgleich seine Anteile deutlich rückläufig sind, im Periodendurchschnitt 1958/74 immerhin 31,9 vH der entsprechenden landwirtschaftlichen DDR-Exporte in die Bundesrepublik. Dieser hohe Anteil ist primär der Entwicklung des EG-Agrarsystems zuzuschreiben, das für viele Agrargüter heimische Preise "produzierte", die weit über ihren Weltmarktpreisen lagen [vgl. Rodemer 1977].

73. Betrachtet man die Präferenzeffekte wieder aus der Sicht der DDR, so informiert Tabelle 4f über den präferenzinduzierten Handelsbilanzeffekt auf der Exportseite der DDR. Der Handelsbilanzeffekt übersteigt den Bruttotransfer von der Bundesrepublik an die DDR (Protektionseinnahmeverzicht der Bundesrepublik, Tabelle 4b) um die bilaterale DDR-Exportausweitung, bewertet zu Weltmarktpreisen (dx . p* = C in Schaubild 1), so daß dies der mit Abstand größte Effekt der Präferenzregelung ist.

Für die DDR ist der Handelsbilanzeffekt (Devisenerlöserhöhung) von großer Bedeutung, weil ihre DM-Devisenposition dadurch beträchtlich verbessert wird, und eine ausreichende Devisenposition die notwendige Voraussetzung für (dringliche) Importe der DDR aus dem Westen ist.

Insgesamt beläuft sich der Handelsbilanzeffekt für den Zeitraum 1958-1974 auf rd. 7,4 Mrd. DM oder 30,8 vH der entsprechenden Gesamtexporte der DDR in die Bundesrepublik. Verglichen mit dem Durchschnittswert 1958/74 stieg dieser Anteil für die neuere Phase 1968/74 auf 34,1 vH an.

Vereinfacht gesprochen kann der Handelsbilanzeffekt als eine Kombination der beiden Effekte, impliziter Bruttotransfer an die DDR und DDR-Exportausweitung (bewertet zu Weltmarktpreisen) betrachtet werden. Entsprechend verläuft die Rangordnung bei den Hauptgruppen von Verbrauchsgüterindustrien über Agrar und Ernährung, Grundstoff- und Produktionsgüterindustrien, Investitionsgüterindustrien zu Bergbaulichen Erzeugnissen.

An der Rangfolge bei den Untergruppen läßt sich erkennen, welcher

Tabelle 4f - Handelsbilanzeffekt[a], DDR, 1958-1974

Wirtschaftszweig (Haupt-/Untergruppe)	1958			1974			1958-1974			1968-1974		
	Mill. DM	vH	Rang	Mill. DM	vH	Rang	Mill. DM	vH	Rang	Mill. DM	vH	Rang
Bergbauliche Erzeugnisse	15,9	8,7 (6,8)	5 (5)	7,7	1,0 (12,6)	5 (5)	194,6	2,6 (7,2)	5 (5)	67,1	1,5 (12,0)	5 (5)
Grundstoff- und Produktionsgüterindustrien	46,5	25,4 (17,4)	1 (4)	276,3	36,5 (30,6)	1 (3)	1 821,9	24,6 (25,9)	3 (4)	1 266,7	27,3 (30,6)	2 (4)
Investitionsgüterindustrien	35,8	19,6 (40,1)	4 (1)	124,7	16,5 (54,1)	4 (1)	1 413,8	19,2 (50,9)	4 (1)	879,7	19,0 (52,5)	4 (1)
Verbrauchsgüterindustrien	38,7	21,0 (25,8)	3 (3)	221,6	29,3 (33,4)	2 (2)	2 022,2	27,3 (31,5)	1 (3)	1 353,8	29,2 (32,9)	1 (3)
Agrar und Ernährung	46,3	25,3 (36,0)	2 (2)	126,6	16,7 (27,5)	3 (4)	1 949,7	26,3 (39,1)	2 (2)	1 067,9	23,0 (35,4)	3 (2)
Insgesamt	183,2	100,0 (20,7)		756,9	100,0 (31,8)		7 402,2	100,0 (30,8)		4 635,2	100,0 (34,1)	
Ernährung und Genußmittel	37,3	20,4 (33,9)	1 (8)	79,2	10,5 (42,2)	2 (7)	1 002,1	13,5 (39,6)	1 (7)	578,3	12,5 (41,3)	1 (7)
Landwirtschaft etc.	8,9	4,9 (48,0)	7 (6)	47,4	6,3 (17,4)	8 (30)	947,5	12,8 (38,6)	2 (8)	489,6	10,6 (30,3)	2 (18)
Maschinenbau	29,0	15,8 (51,3)	2 (4)	36,6	4,8 (68,3)	9 (3)	750,7	10,1 (62,5)	3 (3)	396,4	8,6 (68,0)	5 (3)
Textilien	20,9	11,4 (26,7)	3 (18)	75,3	9,9 (31,3)	3 (14)	741,9	10,0 (29,9)	4 (19)	455,9	9,8 (31,4)	3 (14)
Bekleidung	4,5	2,5 (29,8)	8 (13)	72,1	9,5 (35,5)	4 (10)	568,9	7,7 (34,1)	5 (12)	403,4	8,7 (34,9)	4 (11)
Eisen- und Stahlerzeugung	1,7	0,9 (43,3)	20 (7)	83,8	11,1 (45,8)	1 (6)	451,4	6,1 (45,6)	6 (6)	393,7	8,5 (46,1)	6 (6)

[a] Zur Darstellung der Effekte vgl. Ziff. 68.

Quelle: Tabelle 2*. - Eigene Berechnungen.

der beiden Primäreffekte (Bruttotransfer oder Exportausweitung) tendenziell überwogen hat. Zum Beispiel dominiert bei Rang 2 des Handelsbilanzeffekts für den Sektor Landwirtschaft offensichtlich der Bruttotransfereffekt den Exportausweitungseffekt, während es sich beim 3. Rang des Sektors Maschinenbau umgekehrt verhält. Vorab läßt sich aber nicht immer sagen, welchem der beiden Effekte beim Handelsbilanzeffekt über alle Sektoren stärkeres Gewicht zukommt[1]; dies müßte von Fall zu Fall genauer analysiert werden.

74. Den Nettogewinn der Präferenzregelung im innerdeutschen Handel, der sich aus einer Sicht der weltwirtschaftlichen Vorteilhaftigkeit für alle Handelspartner zusammen ergibt, zeigt schließlich Tabelle 4g. Dieser Gewinn resultiert aus dem Saldo der tatsächlich transferierten Einkommensvorteile und -nachteile, also aus dem (positiven) Nettotransfer der DDR und dem (negativen) Protektionseinnahmeverzicht der Bundesrepublik. Letzterer entspricht dem Bruttotransfer der Bundesrepublik an die DDR. Dieser unterscheidet sich vom (kleineren) Nettotransfer der DDR, wie erwähnt, durch die zusätzlichen Produktionskosten der präferenzbedingten DDR-Exportausweitung. Demzufolge repräsentieren diese Produktionskosten der DDR die Höhe des weltwirtschaftlichen Nettogewinns, der per saldo negativ, mithin ein weltwirtschaftlicher Verlust ist, den die Bundesrepublik zu tragen hat.

Insgesamt beläuft sich der Nettoverlust im Zeitraum 1958-1974 auf 366 Mill. DM oder 1,5 vH der entsprechenden DDR-Exporte in die Bundesrepublik. Dieser Verlust, der 1958 rd. 6,9 Mill. DM (bzw. 0,8 vH) und 1974 rd. 37,6 Mill. DM (bzw. 1,6 vH) ausmacht, ist - verglichen mit den anderen Präferenzeffekten - relativ klein und identifiziert jene Wirtschaftszweige, in denen die Drittlandsanbieter der Bundesrepublik potentiell am nachhaltigsten durch die Präferenzen für die DDR diskriminiert werden. Denn die Nachfrage der Bundesrepublik hätte insbesondere in diesen Sektoren - wegen der geringeren Alternativkosten - effizienter durch Drittländer befriedigt werden können, eine Tatsache, die wohl bei allen regionalen Zusammenschlüssen zu beobachten ist, wenn und soweit man politische Faktoren außer acht läßt und nur auf das Effizienzkriterium abstellt.

---

[1] Denn die Rangkorrelationskoeffizienten der Wertepaare von Handelsbilanzeffekt und Exportausweitung bzw. Bruttotransfer betragen 0,95 bzw. 0,97.

Tabelle 4g - Nettogewinn der Präferenzen[a], Bundesrepublik und DDR, 1958-1974

Wirtschaftszweig (Haupt-/Untergruppe)	1958			1974			1958-1974			1968-1974		
	Mill. DM	vH	Rang	Mill. DM	vH	Rang	Mill. DM	vH	Rang	Mill. DM	vH	Rang
Bergbauliche Erzeugnisse	-0,10	1,42 (0,04)	5 (5)	- 0,09	0,23 (0,15)	5 (5)	- 1,44	0,40 (0,05)	5 (5)	- 0,75	0,32 (0,13)	5 (5)
Grundstoff- und Produktionsgüterindustrien	-1,20	17,50 (0,45)	4 (4)	-12,33	32,82 (1,36)	1 (3)	- 71,87	19,61 (1,02)	4 (4)	- 56,11	23,67 (1,36)	3 (4)
Investitionsgüterindustrien	-1,68	24,47 (1,89)	2 (1)	- 8,14	21,66 (3,53)	3 (1)	- 87,19	23,79 (3,14)	3 (1)	- 58,23	24,56 (3,47)	2 (1)
Verbrauchsgüterindustrien	-1,49	21,72 (1,00)	3 (3)	-10,88	28,96 (1,64)	2 (2)	- 95,85	26,16 (1,49)	2 (3)	- 66,98	28,25 (1,63)	1 (3)
Agrar und Ernährung	-2,40	34,89 (1,87)	1 (2)	- 6,13	16,33 (1,33)	4 (4)	-110,10	30,04 (2,21)	1 (2)	- 55,00	23,20 (1,83)	4 (2)
Insgesamt	-6,87	100,00 (0,78)		-37,57	100,00 (1,58)		-366,45	100,00 (1,53)		-237,07	100,00 (1,74)	
Ernährung und Genußmittel	-1,89	27,51 (1,72)	1 (8)	- 5,29	14,08 (2,82)	1 (6)	- 61,98	16,91 (2,45)	1 (7)	- 37,67	15,89 (2,69)	1 (6)
Landwirtschaft etc.	-0,51	7,38 (2,73)	4 (4)	- 0,85	2,25 (0,31)	11 (30)	- 48,12	13,13 (1,96)	2 (8)	- 17,34	7,31 (1,07)	7 (22)
Maschinenbau	-1,37	19,85 (2,42)	2 (5)	- 2,47	6,58 (4,61)	6 (3)	- 45,96	12,54 (3,83)	3 (4)	- 26,75	11,28 (4,59)	2 (4)
Textilien	-0,81	11,77 (1,04)	3 (18)	- 3,52	19,38 (1,47)	5 (14)	- 33,09	9,03 (1,34)	4 (19)	- 21,45	9,05 (1,48)	6 (14)
Elektrotechnik	-0,12	1,71 (3,03)	9 (3)	- 4,85	12,90 (5,08)	2 (2)	- 31,57	8,62 (5,09)	5 (2)	- 25,46	10,74 (5,35)	3 (2)
Bekleidung	-0,20	2,91 (1,31)	7 (13)	- 3,94	10,47 (1,94)	4 (10)	- 29,65	8,09 (1,78)	6 (12)	- 21,66	9,14 (1,88)	5 (11)

[a] Zur Darstellung der Effekte vgl. Ziff. 68.

Quelle: Tabelle 2*. - Eigene Berechnungen.

75. Wegen der gerafften Darstellung der Schätzergebnisse kann hier auf eine erneute Zusammenfassung verzichtet werden. Festzuhalten ist lediglich,

- daß die gegebenen Präferenzen für die DDR im Verlauf einer mengenmäßigen DDR-Exportausweitung zwischen 1958 und 1974 zu beträchtlichen (Wohlfahrts- bzw.) Einkommensverlusten für die Bundesrepublik geführt haben. Diesen Verlusten stehen etwa gleich große Einkommensgewinne der DDR und - verglichen damit - deutlich höhere Exporterlössteigerungen der DDR gegenüber, die wiederum ihre Importkapazität erheblich verbesserten;
- daß die Präferenzregelung zu einer reinen Handelsumlenkung führt, die die Wohlfahrt der Drittländer der Bundesrepublik (vermutlich) unberührt läßt, die aber die Wohlfahrt der Bundesrepublik stärker senkt als sie die Wohlfahrt der DDR erhöht, so daß insgesamt ein weltwirtschaftlicher Verlust bestehen bleibt;
- daß sich die Präferenzeffekte sektoral nicht gleichmäßig verteilen, sondern sich auf etwa zehn von 31 Untergruppen konzentrieren.

V. Präferenzen und DDR-Exportstruktur

76. In Kapitel IV sind die Präferenzeffekte für die tatsächlichen DDR-Exporte in die Bundesrepublik geschätzt worden. Dies geschah auf Basis der gegebenen Struktur der DDR-Ausfuhren in die Bundesrepublik, also jener Struktur, die sich als Ergebnis aller Faktoren (einschließlich der Präferenzen), die diese bilaterale Handelsstruktur beeinflussen, einstellte. Da die gegebene Exportstruktur nicht mit derjenigen übereinstimmen muß, die bei dem relativ hohen Entwicklungsniveau der beiden Handelspartner (gemessen am hohen Grad der Kapitalakkumulation und dem hohen Ausbildungsstand der Arbeitskräfte) zu erwarten wäre, wird im folgenden - mittels eines Sensitivitätstests - zunächst geprüft, ob und inwieweit es der DDR gelungen ist, durch Abweichen der gegebenen Exportstruktur von einer "normalen" Struktur aus den Präferenzen einen Vorteil zu ziehen. Denn die Präferenzen führen - wie im theoretischen Teil der Arbeit gezeigt wurde - zu impliziten Transfers (und erhöhten Devisenerlösen pro Stück), die ceteris paribus um so höher sind, je größer der gewährte Präferenzsatz ist.

Sollte das Ergebnis des Sensitivitätstests darauf hindeuten, daß es der DDR unter den gegebenen Marktbedingungen nur bedingt gelungen ist, im Verlauf von Exportstrukturabweichungen eine Strategie der Maximierung von Präferenzvorteilen erfolgreich zu verfolgen, dann ist außerdem zu untersuchen, welche Faktoren diesem Ziel entgegengewirkt haben könnten. Vorab ist freilich zu klären, welche Struktur der DDR-Ausfuhren in die Bundesrepublik als die normale angesehen werden kann.

1. Wahl der Exportstrukturnorm

77. In einer von vielfältigen Hemmnissen beeinflußten Handelswelt kommt es darauf an, die für den anstehenden Untersuchungszweck geeignete Exportstrukturnorm zu finden. Diese Referenzstruktur sollte etwa derjenigen entsprechen, die sich bei dem hohen Entwicklungsniveau der beiden Partner und ohne Präferenzen einstellen würde. D. h., es wird nicht nach der optimalen, sondern lediglich nach einer als normal einzustufenden Struktur der DDR-Exporte in einem bilateralen Warenaustausch gesucht. Denn, soll die Referenzstruktur der Realität möglichst nahekommen, dann kann davon ausgegangen werden, daß jede normale Struktur, die sich an gegebenen Handelsströ-

men orientiert[1], so lange suboptimal ist, wie politisch und ökonomisch bedingte Divergenzen (wie Zölle, Monopolelemente, externe Effekte und falsch- oder fehldosierte wirtschaftspolitische Mittel) eine Annäherung an die optimale internationale Arbeitsteilung und damit an einen optimalen Handelsumfang mit einer optimalen Handelsstruktur verhindern. Hier geht es aber nicht darum, mit Hilfe von Optimal-Normen festzustellen, wie das bisher unausgenutzte Wohlfahrtspotential im innerdeutschen Handel (oder allgemein im Ost-West-Handel) künftig international besser genutzt werden kann[2]. Vielmehr ist zu untersuchen, ob es insbesondere durch die gegebenen Präferenzen (und andere Faktoren) zu Abweichungen der gegebenen DDR-Exportstruktur von einer plausiblen Referenzstruktur gekommen ist.

78. Zunächst liegt es nahe, sich an der Struktur zu orientieren, die sich ohne Präferenzen für DDR-Exporte in die Bundesrepublik eingestellt hätte. Angesichts der Struktur, die auch unter Einbeziehung des Entwicklungsniveaus beider Partner zu erwarten gewesen wäre, ist die um Präferenzwirkungen bereinigte Struktur der DDR-Exporte in die Bundesrepublik (vgl. Tabelle 1*) freilich wenig plausibel. Bei insgesamt geringerem Exportvolumen als zuvor, müßte die bereinigte Struktur - wie im folgenden noch zu zeigen sein wird - beispielsweise einen deutlich erhöhten Anteil der Hauptgruppe Investitionsgüterindustrien zu Lasten der Hauptgruppe Agrar und Ernährung aufweisen. Dies ist jedoch nicht der Fall[3].

---

[1] Der Versuch, die normale Handelsstruktur zwischen zwei Ländern festzustellen, erfolgt in der Literatur meist auf der Grundlage der gegebenen bilateralen Handelsströme zwischen möglichst vielen oder ausgewählten (marktwirtschaftlich orientierten) Ländern bzw. Ländergruppen. Der durch die endogenen Variablen erklärte Teil der aggregierten Handelsströme dient dann als Referenzsystem für den normalen bilateralen Handel, von dem aus Abweichungen eines speziellen bilateralen Warenaustausches bestimmt werden können. Hierzu vgl. z. B. Cornelisse [1964], Linnemann [1966, S, 74 ff., S. 164 ff.], van den Andel [1973] sowie allgemein dazu Tinbergen [1974].

[2] Zu Studien, die sich mit einer optimalen - im Sinne einer verbesserten - internationalen Arbeitsteilung beschäftigen, vgl. z. B. Fels [1972; 1974].

[3] Wegen des fehlenden Preisvorteils auf dem Markt der Bundesrepublik geht der Anteil der Investitionsgüterindustrien statt dessen zurück, während sich die Anteile der übrigen vier Hauptgruppen zwangsläufig mehr oder weniger stark erhöhen. Der zunehmende Anteil der Hauptgruppe Agrar und Ernährung ist insofern unerwartet, als die DDR gerade hier ohne Präferenzen die größten Nettotransfereinbußen zu erwarten hätte (vgl. Tabelle 4c).

Eine gerade noch signifikante Rangkorrelation läßt überdies vermuten, daß die Abweichungen der gegebenen Struktur von der Struktur ohne Präferenzen nicht durch die gegebene Präferenzstruktur allein erklärt werden können[1], sondern weitere Divergenzursachen virulent sein dürften. Folglich kommt eine Strukturnorm in Frage, die sich weniger einseitig an der Situation ohne Präferenzen, sondern stärker am Entwicklungsniveau der beiden Länder orientiert.

79. Ein Vergleich der Strukturen der jeweiligen Ausfuhren der DDR und der Bundesrepublik in den Rest der Welt (Tabelle 1*) zeigt, daß sie einander stark ähneln[2], und bestätigt das hohe Entwicklungsniveau dieser Länder[3]:

Die Exportanteile solcher Sektoren (wie die Investitionsgüterindustrien), deren Wertschöpfungsanteil, verglichen mit anderen Branchen (z. B. Agrar und Ernährung oder Bau, Steine, Erden), sehr groß ist, sind überdurchschnittlich hoch.

Neueren Ansätzen zufolge[4] müßte der Handel zwischen hochindustrialisierten Ländern wie der Bundesrepublik und der DDR primär intraindustrieller Art sein und weniger interindustrieller Art, wie er zwischen Industrie- und Entwicklungsländern zu beobachten ist. Aus dieser Sicht wäre eine Struktur der DDR-Exporte in die Bundesrepublik zu erwarten, die etwa der DDR-Ausfuhrstruktur insgesamt entspricht; denn letztere läßt die Merkmale eines intraindustriellen Handels im wesentlichen erkennen.

Vergleicht man diese Struktur der DDR-Ausfuhren in den Rest der Welt[5] mit jener Struktur der tatsächlichen DDR-Exporte in die Bun-

---

[1] Die entsprechende Rangkorrelation war bei einer Irrtumswahrscheinlichkeit von 5 vH nur knapp signifikant (r = 0,30; n = 31).

[2] Der Rangkorrelationskoeffizient zwischen den beiden Strukturen der Ausfuhren insgesamt beträgt 0,67 (signifikant bei einer Irrtumswahrscheinlichkeit von 1 vH).

[3] Zur Herleitung der Annahme, daß die Handelsstruktur eines Landes ein Spiegelbild seiner komparativen Vorteile und seines Entwicklungsniveaus ist, vgl. Balassa [1967, S. 203 ff.]. Ist das Pro-Kopf-Einkommen ein weiterer wichtiger Maßstab für das Entwicklungs- und Wohlstandsniveau eines Landes, so nahm 1972 die Bundesrepublik den siebten und die DDR den neunzehnten Platz in der "GNP-Weltrangliste" der Weltbank ein [vgl. World Bank 1974].

[4] Vgl. z. B. Giersch (Ed.) [1974] mit den Beiträgen von Hufbauer/Chilas, Hesse sowie Hirsch.

[5] Im folgenden auch kurz mit "durchschnittliche" Exportstruktur oder "Durchschnittsstruktur" bezeichnet.

desrepublik (Tabelle 1*), so weichen beide voneinander ab[1]. Am klarsten treten diese Divergenzen bei den Hauptgruppen Investitionsgüterindustrien sowie Agrar und Ernährung (51,10 vH gegenüber 10,98 vH bzw. 5,98 vH gegenüber 20,96 vH) hervor.

80. Allerdings kann, wie Baldwin [1971, S. 139 f.] für die Determinanten der US-Handelsstruktur gezeigt hat, nicht ohne weiteres unterstellt werden, daß die theoretisch und empirisch für den gesamten Handel eines Landes abgeleiteten Ergebnisse empirisch auch immer auf bilateraler Basis gültig sind. Denn die einzelnen Regionen unterscheiden sich mehr oder weniger stark in den Faktoren (Faktorausstattung), die die bilaterale Handelsstruktur beeinflussen, verglichen mit der gewogenen Summe der Faktoren aller Handelspartner eines Landes, die die Struktur des Handels insgesamt bestimmen.

So wird die Struktur der DDR-Ausfuhren in den Rest der Welt wesentlich beeinflußt von dem hohen Anteil der Exporte in die vergleichsweise weniger entwickelten RGW-Partnerländer (z. B. 1972 lag der Exportanteil, der auf die RGW-Länder entfiel, bei 71,9 vH [Staatliche Zentralverwaltung 1973]). Wegen dieses Entwicklungsunterschiedes exportiert die DDR in die Partnerländer vor allem komplementäre Güter, also primär Investitionsgüter gegen Rohstoffe. Verglichen mit einem verstärkt substitutiven Handel der DDR mit Industrieländern, wären diese - für die weniger entwickelten RGW-Länder komplementären - Güterbereiche in der durchschnittlichen Struktur der DDR-Exporte als Normstruktur für den innerdeutschen Handel überschätzt.

81. Angesichts dieses Mangels bietet sich die Struktur der DDR-Exporte in die restlichen OECD-Länder[2] als ein weiteres Referenzsystem an (vgl. Tabelle 1*). Die OECD-Länder lassen sich als eine hochindustrialisierte westliche Region betrachten, die der Bundesrepublik im Entwicklungsniveau ungefähr entspricht. Insofern dürfte die Struktur der DDR-Ausfuhren in die OECD-Länder ein plausibleres Referenzsystem für die normalen DDR-Exporte in die Bundesrepublik darstellen als die Durchschnittsstruktur der DDR-Ausfuhren insgesamt. Denn ein annähernd gleicher Entwicklungsstand der OECD-Länder und der Bundesrepublik impliziert ähnliche Pro-

---

[1] Der entsprechende Rangkorrelationskoeffizient beträgt 0,66.

[2] Im folgenden nur noch "OECD-Länder" genannt. - Zwar sind auch einige weniger entwickelte Länder Mitglieder der OECD, doch ist der Anteil der DDR-Exporte in diese Ländergruppe an den DDR-Lieferungen in alle OECD-Länder (1972 betrug er 3,7 vH) von wesentlich geringerer Bedeutung als der entsprechende Anteil der DDR-Exporte in die weniger entwickelten RGW-Länder.

Kopf-Einkommensniveaus und Nachfragestrukturen, so daß auch die Importstrukturen der beiden Regionen für DDR-Waren einander ähneln dürften (Linder-Hypothese).

Für die Struktur der DDR-Exporte in die OECD-Länder als eine plausible bilaterale Vergleichsnorm für DDR-Exporte in die Bundesrepublik spricht außerdem, daß sie die spezifischen Rahmenbedingungen des Ost-West-Handels in der Vergangenheit berücksichtigt. Zu nennen sind die Außenhandelsverpflichtungen der DDR gegenüber den RGW-Partnerländern sowie die Autarkiepolitik des Ostens gegenüber dem Westen einerseits und die Embargopolitik des Westens gegenüber dem Osten andererseits[1]. Diese Bedingungen dürften sich auf die Handelsstruktur der DDR sowohl mit den OECD-Ländern als auch mit der Bundesrepublik tendenziell gleich ausgewirkt haben.

Ein Vergleich zeigt, daß die Struktur der DDR-Exporte in die OECD-Länder tatsächlich zwischen der Durchschnittsstruktur der DDR-Exporte (in den Rest der Welt) und der gegebenen DDR-Exportstruktur im innerdeutschen Handel liegt[2]. D. h., verglichen mit der bilateralen Normalstruktur der DDR-Exporte in OECD-Länder weist die gegebene Struktur der DDR-Exporte in die Bundesrepublik mehr oder weniger starke Abweichungen auf[3]. Inwiefern diese Abweichungen insbesondere durch die gegebenen Präferenzen und andere Fak-

---

[1] Zu diesem Themenkreis vgl. z. B. Adler-Karlsson [1972], Hasse [1973] sowie Kupper [1975, S. 23 ff.] und die dort zitierte Literatur.

[2] Der Rangkorrelationskoeffizient zwischen DDR-Ausfuhrstruktur gegenüber dem Rest der Welt und der Struktur der DDR-Exporte in die OECD-Länder bzw. in die Bundesrepublik beträgt 0,788 bzw. 0,660.

[3] Der zugehörige Rangkorrelationskoeffizient beläuft sich auf 0,792. - Bezogen auf die um Präferenzwirkungen bereinigte Struktur der DDR-Exporte in die Bundesrepublik wäre zu erwarten, daß sich diese Normalstruktur von der tatsächlichen Struktur (mit Präferenzen) in Richtung OECD-Normalstruktur (ohne Präferenzen) bewegen würde. Doch entspricht das Ergebnis (vgl. Tabelle 1*) hinsichtlich der vermuteten Bewegungsrichtung dem a priori erwarteten nur sehr bedingt: Bis auf den Sektor Bergbau haben sich die anderen Hauptgruppen nicht zum OECD-Referenzsystem hin-, sondern von ihm wegbewegt. Dies kann daran liegen, daß in der Ceteris-paribus-Argumentation die Elastizitäten der Präferenzsituation auch für die Situation ohne Präferenzen unterstellt werden, obwohl sie sich längerfristig ändern dürften, und vor allem, daß es - wie gesagt - noch andere Faktoren geben dürfte, die die Struktur beeinflussen.
In diese Richtung zielen im wesentlichen auch die regelmäßigen "Klagen" in offiziellen und inoffiziellen Stellungnahmen zum innerdeutschen Handel. Aus der Vielzahl der Stellungnahmen vgl. z. B. Bundesministerium

toren hervorgerufen worden sind, gilt es im folgenden zu untersuchen.

82. Zunächst ist im Rahmen des bislang benutzten Partialmodells und bei gegebenem DDR-Exportvolumen in die Bundesrepublik allgemein zu prüfen, inwieweit die gegebenen Vorteile der DDR aus der Präferenzregelung gegenüber Exportstrukturvariationen sensitiv sind. Diese Simulation kann die Frage beantworten helfen, ob die DDR mit ihrer gegebenen Exportstruktur für die Bundesrepublik, verglichen mit den alternativen Referenzstrukturen, die größeren Präferenzvorteile erzielt.

In einer zusätzlichen Analyse ist dann zu untersuchen, inwiefern die Abweichungen der tatsächlichen Struktur der DDR-Exporte in die Bundesrepublik von der Normalstruktur neben der gegebenen Präferenzstruktur durch weitere (isolierende) strukturbestimmende Faktoren erklärbar sind[1].

2. Zur Sensitivität der DDR-Präferenzvorteile gegenüber alternativen Referenzstrukturen

83. Mittels einer Simulation des Partialmodells ist im folgenden zu prüfen, wie sich die Präferenzvorteile der DDR bei alternativen Referenzstrukturen, die die bilaterale Struktur der DDR-Exporte in die Bundesrepublik jeweils näherungsweise bestimmen, entwickelt hätten[2].

84. Als Indikator für die Vorteile der DDR kommt - wie in Kapitel IV genannt - der Präferenzeffekt "impliziter Nettotransfer-DDR" in Betracht, denn er stellt auf den Nettogewinn (als Differenz von

---

für innerdeutsche Beziehungen [1971, Textziffer 73; 1973, S. 18 f.]; Presse- und Informationsamt der Bundesregierung ["Bulletin", 1978, S. 218]; Lambrecht [1975b, S. 321 f.]; Biskup [1976, S. 109 f.]; "Nachrichten für Außenhandel" [8. September 1976]; Müller-Haeseler [1976].

[1] Hierbei wird davon ausgegangen, daß die DDR nur über ein beschränktes West-Exportangebot verfügt und sie dieses zwischen der Bundesrepublik und den OECD-Ländern so aufzuteilen versucht, daß der präferenzbedingte Vorteil ein höchstmöglicher wird.

[2] Die Simulation der Präferenzvorteile bei alternativen Referenzstrukturen unterstellt, daß es der DDR möglich gewesen wäre, ihre Exporte in die Bundesrepublik auch an diesen Alternativstrukturen auszurichten, eine Annahme, auf die im nächsten Abschnitt eingegangen wird.

Exporterlös und Produktionskosten) ab[1].

Es ist zu vermuten, daß der gesamte Transfereffekt bei gegebenen Präferenzraten und bei Konstanz der gegebenen Preiselastizitäten für die DDR-Exporte in die Bundesrepublik um so größer sein wird, je mehr die gegebene Exportstruktur von der jeweiligen Referenzstruktur abweicht.

85. Die Sensitivität des Präferenzvorteils gegenüber Exportstrukturvariationen wird mit Hilfe von zwei Referenzstrukturen simuliert, nämlich der Struktur der DDR-Exporte in OECD-Länder (Normalstruktur) und der Struktur der DDR-Exporte in den Rest der Welt (Durchschnittsstruktur). Darüber hinaus wird informationshalber die um die mengenmäßigen Präferenzwirkungen bereinigte DDR-Exportstruktur für die Bundesrepublik herangezogen[2].

Die Ermittlung der Präferenzvorteile geht von den gegebenen realen Gesamtexporten der DDR in die Bundesrepublik im Zeitraum 1958 bis 1974 in Höhe von 24 094,9 Mill. DM aus und basiert auf dem bereits in Kapitel IV angewandten Meßkonzept; vereinfachend wird im folgenden aber mit Durchschnittswerten dieses Zeitraums statt mit Jahreswerten gerechnet[3].

---

[1] In diesem Zusammenhang sei erwähnt, daß schon die Analyse der Präferenzeffekte auf der Basis der gegebenen DDR-Exportstruktur (vgl. Kapitel IV) zwischen der Nettotransferstruktur und der gegebenen Präferenzstruktur - mittels Rangkorrelation (r = 0,14) - keinen signifikanten Zusammenhang erkennen ließ.

[2] Eine Ermittlung der Vorteile mit Hilfe der um die DDR-Exporterhöhung aufgrund der Präferenzen bereinigten Struktur hat insofern nur informativen Charakter, weil sich - wie die entsprechende Rangkorrelation (r = 0,97) zeigt -, verglichen mit der tatsächlichen Struktur, keine grundsätzlich neuen Einsichten ergeben. Deshalb werden die Ergebnisse in Tabelle 5 lediglich dargestellt, nicht jedoch interpretiert. Denn bis auf kleinere Verschiebungen bei den Untergruppen ist der Wert des gesamten impliziten Nettotransfers - verglichen mit dem Ergebnis für die tatsächliche Struktur - etwa gleich. Der Rangkorrelationskoeffizient dieser beiden Nettotransferstrukturen beträgt 0,95 und ist bei einer Irrtumswahrscheinlichkeit von 1 vH ebenfalls hoch signifikant.

[3] In den Berechnungen wird unterstellt, daß die vH-Anteile der nominalen Exportwerte mit den vH-Anteilen der realen Werte übereinstimmen. Eine Bereinigung der Nominalwerte mit Hilfe der verschiedenen nationalen und sektoralen Preisindizes erschien angesichts der nicht vorhandenen oder nur sehr unzulänglichen Datenbasis kaum gerechtfertigt.

Tabelle 5 - Impliziter Nettotransfer[a] zugunsten der DDR bei alternativen Referenzstrukturen[b] 1958-1974

Wirtschaftszweig (Haupt-/Untergruppe)	Tatsächliche DDR-Exporte in die Bundesrepublik			Referenzstruktur für die DDR-Exporte in die Bundesrepublik								
				DDR-Exporte in die OECD-Länder			DDR-Exporte in den Rest der Welt			DDR-Exporte in die Bundesrepublik ohne Präferenzen		
	Mill. DM[c]	vH	Rang	Mill. DM[c]	vH	Rang	Mill. DM[c]	vH	Rang	Mill. DM[c]	vH	Rang
Bergbauliche Erzeugnisse	181,7	4,9 (6,7)	5 (5)	235,3	6,8 (6,7)	5 (5)	90,2	3,0 (6,7)	5 (5)	216,8	5,7 (6,7)	4 (5)
Grundstoff- und Produktionsgüterindustrien	819,8	21,9 (11,5)	3 (3)	818,2	23,6 (13,1)	2 (3)	634,8	20,9 (13,7)	3 (3)	848,1	22,4 (11,6)	3 (4)
Investitionsgüterindustrien	288,7	7,7 (10,9)	4 (4)	635,5	18,4 (10,7)	4 (4)	1 236,8	40,6 (10,1)	1 (4)	201,1	5,3 (11,7)	5 (3)
Verbrauchsgüterindustrien	1 011,6	27,0 (15,4)	2 (2)	738,2	21,3 (15,0)	3 (2)	660,7	21,7 (15,2)	2 (2)	1 018,3	27,0 (15,4)	2 (2)
Agrar und Ernährung	1 443,1	38,5 (28,6)	1 (1)	1 033,2	29,9 (30,1)	1 (1)	421,2	13,8 (29,2)	4 (1)	1 501,7	39,6 (28,9)	1 (1)
Insgesamt	3 744,9	100,0 (15,6)		3 460,4	100,0 (14,4)		3 043,7	100,0 (12,7)		3 786,0	100,0 (15,8)	
Landwirtschaft etc.	873,5	23,3 (35,1)	1 (1)	735,5	21,3 (35,1)	1 (1)	275,1	9,0 (35,1)	3 (1)	945,4	25,0 (35,1)	1 (1)
Ernährung und Genußmittel	569,6	15,2 (22,2)	2 (2)	297,7	8,6 (22,2)	3 (2)	146,2	4,8 (22,2)	6 (2)	556,2	14,7 (22,2)	2 (2)
Textilien	373,4	10,0 (14,9)	3 (12)	209,3	6,1 (14,9)	6 (12)	212,1	7,0 (14,9)	4 (12)	380,2	10,0 (14,9)	3 (12)
Bekleidung	281,3	7,5 (16,6)	4 (4)	46,5	1,3 (16,6)	16 (4)	157,5	5,2 (16,6)	5 (4)	277,7	7,3 (16,6)	5 (4)
Chemische Erzeugnisse	279,9	7,5 (15,5)	5 (10)	493,9	14,3 (15,5)	2 (10)	458,5	15,1 (15,5)	2 (10)	308,3	8,1 (15,5)	4 (10)
Mineralölerzeugnisse	213,6	5,7 (9,3)	6 (27)	42,9	1,2 (9,3)	18 (27)	59,4	2,0 (9,3)	13 (27)	234,9	6,2 (9,3)	6 (27)
Maschinenbau	115,0	3,1 (9,5)	9 (26)	270,3	7,8 (9,5)	4 (26)	731,4	24,0 (9,5)	1 (26)	60,1	1,6 (9,5)	11 (26)
Bergbauliche Erzeugnisse	181,7	4,9 (6,7)	7 (31)	235,3	6,8 (6,7)	5 (31)	90,2	3,0 (6,7)	12 (31)	216,8	5,7 (6,7)	7 (31)

[a]Bezogen auf den Durchschnitt der DDR-Exporte in die Bundesrepublik. - [b]Zu den Effekten vgl. S. 101, Anm. 1. - [c]DM zu Preisen von 1962.

Quelle: Anhang. - Eigene Berechnungen.

86. In Tabelle 5 sind die Ergebnisse der Modellsimulationen zusammengefaßt dargestellt[1].

Für den Nettotransfer insgesamt wird die Hypothese bestätigt, daß dieser DDR-Vorteil auf der Basis der tatsächlichen Exportstruktur mit 8,2 vH bzw. 23,0 vH über dem Transferbetrag liegt, der sich mit Hilfe der beiden Referenzstrukturen, der normalen bzw. der durchschnittlichen, ergeben hätte. Hinsichtlich der Höhe des gesamten Nettotransfers ist also die gegebene DDR-Exportstruktur für die Bundesrepublik den Referenzstrukturen überlegen[2].

---

[1] Der Verfasser dankt seinem Kollegen Peter Fröhler für das Programmieren von Tabelle 5. - Von einem vollständigen Computerausdruck für alle Sektoren im Anhang wurde hier abgesehen, weil sich die wesentlichen Wirkungen auch in einer kurzgefaßten Tabelle veranschaulichen lassen.

Im Aufbau entspricht Tabelle 5 den Tabellen 4 a-g: Die Hauptspalten geben den Präferenzeffekt für die Struktur der tatsächlichen Exporte der DDR in die Bundesrepublik an; es folgen die Ergebnisse, die sich aufgrund der Referenzstruktur, DDR-Exporte in OECD-Länder bzw. in den Rest der Welt, ermitteln. Die erste Einzelspalte einer Hauptspalte nennt den präferenzbedingten sektorspezifischen Effekt in Mill. DM (zu Preisen von 1962); die zweite seine vH-Relation, bezogen auf den Präferenzeffekt insgesamt (berechnet aus der Summe dieses Effekts über alle 31 Untergruppen), und in Klammern darunter seine vH-Relation, bezogen auf den zugehörigen DDR-Exportwert in die Bundesrepublik (z. B. der implizite Nettotransfer der DDR im Bereich Landwirtschaft, bezogen auf den Exportwert der Landwirtschaft). In der dritten Einzelspalte sind für die jeweiligen vH-Relationen der Effekte die entsprechenden Ränge (für die fünf Hauptgruppen bzw. die 31 Untergruppen) angeführt.
Welche diejenigen der 31 Einzelbranchen sind, die über den gesamten Durchschnittszeitraum 1958-1974 auf der Basis der tatsächlichen Struktur den größten Anteil am spezifischen totalen Effekt (Insgesamt) erreicht haben, darüber gibt die Reihenfolge der unter "Insgesamt" aufgeführten sechs Untergruppen Auskunft. Die Rangfolge bei den tatsächlichen Werten kann als Vergleichssystem für die Veränderung der Anteile dieser Untergruppen hinsichtlich der Referenzstrukturen angesehen werden, für die ebenfalls die ersten sechs größten Untergruppen dargestellt worden sind.

[2] Werden hingegen die präferenzbedingten Devisenerlöserhöhungen (Handelsbilanzeffekt) als Indikator für die DDR-Präferenzvorteile gewählt, so zeigen die analog berechneten (hier nicht angeführten) Ergebnisse, daß die tatsächliche Struktur sowohl der normalen als auch der durchschnittlichen Struktur unterlegen ist. D.h., die gegebene Struktur weicht nicht "optimal" von den Referenzstrukturen ab, so daß ein unausgeschöpfter Spielraum für Devisenerlöserhöhungen der DDR anzunehmen ist. Ins-

Der Sektor Agrar und Ernährung hat sowohl bei der tatsächlichen wie auch der normalen Exportstruktur die größte Bedeutung (1. Rang), während die Verbrauchsgüterindustrien mit den Grundstoff- und Produktionsgüterindustrien die Plätze getauscht haben.

Wesentlich sensibler reagieren die Nettotransferanteile der Hauptgruppen erst für die durchschnittliche Exportstruktur. Die Rangfolge der Transferanteile entspricht der Rangfolge für die Anteile der Hauptgruppen an den DDR-Ausfuhren insgesamt. Die Präferenzraten und Angebotspreiselastizitäten haben also keinen rangverändernden Einfluß mehr. Verglichen mit der tatsächlichen Struktur haben die Investitionsgüterindustrien sowie Agrar und Ernährung die größten Rangdifferenzen bezüglich ihrer Transferanteile zu verzeichnen (von Rang 4 auf Rang 1 bzw. von Rang 1 auf Rang 4) [1].

Die wichtigsten Untergruppen geben die Entwicklung der Transferanteile der Hauptgruppen in stärker differenzieter Form wieder. Bis auf die Sektoren Mineralölerzeugnisse und Bekleidung sind alle - auf der Grundlage der tatsächlichen Struktur - als wichtig ermittelten (ersten sechs) Branchen auch beim Übergang auf die anderen Referenznormen unter den ersten zehn Rängen wiederzufinden; lediglich Maschinenbau kommt erwartungsgemäß als eine dominante Branche neu hinzu.

---

gesamt ist vorab nicht zu entscheiden, ob die gegenwärtige Exportstruktur der DDR den größten Vorteil aus den ihr gewährten Präferenzen bringt, verglichen mit den beiden Referenzstrukturen. Dies gilt zumindest so lange, wie nicht bekannt ist, an welchem der beiden Indikatoren - Nettotransfer oder Devisenerlöserhöhungen - für den Präferenzvorteil sich die DDR ausrichtet. Freilich ist zu vermuten, daß den DDR-Außenhandelsplanern - mangels genauer Kenntnis ihrer Preisangebotselastizitäten - der präferenzbedingte Handelsbilanzeffekt für ihre Exporte in die Bundesrepublik wohl kaum bekannt ist. Wahrscheinlich ist demgegenüber eine Orientierung der DDR an einem zunehmenden Nettogewinn (impliziter Nettotransfer) aus der Präferenzsituation, denn dieser läßt sich bei den gegebenen Präferenzraten zumindest brutto (die Differenz zwischen Brutto- und Nettotransfer ist gemäß den Tabellen 4 c und 4 b nicht sehr gewichtig) verhältnismäßig leicht in seiner Größenordnung erfassen. Die starken DDR-Exportanteile der Sektoren Agrar und Ernährung, Textilien und Bekleidung, für die überdurchschnittlich hohe Präferenzraten bestehen, mögen dafür beispielhaft sein.

[1] Die Rangkorrelationen zwischen den Transfers für die tatsächliche gegenüber der normalen und der tatsächlichen gegenüber der durchschnittlichen Struktur ergeben Werte von 0,80 bzw. 0,71.

87. Zusammenfassend kann gefolgert werden:
Die Abweichungen der gegebenen DDR-Exportstruktur im innerdeutschen Handel von den beiden Referenzstrukturen führen für die DDR zu dem vergleichsweise größten Nettotransfervorteil.

Die schwache Rangkorrelation[1] zwischen den gegebenen DDR-Exportstrukturabweichungen (der tatsächlichen von der normalen Struktur) und der Präferenzstruktur legt indes die Vermutung nahe, daß die gegebenen Divergenzen statt eines "maximalen" nur einen "optimalen" Transfergewinn für die DDR erbrachten. Dies ist plausibel, wenn man berücksichtigt, daß die DDR-Exportstruktur im innerdeutschen Handel das größtenteils marktmäßige Ergebnis verschiedener Faktoren ist, die insgesamt strukturbestimmend sind und von denen die Präferenzen nur eine Determinante darstellen. So kann es Gründe geben, die verhinderten, daß die DDR erfolgreicher versuchen konnte, ihre Exporte stärker an den Präferenzvorteilen auszurichten, als es ihr - in Verfolgung einer Strategie der Vorteilsmaximierung - tatsächlich gelang. Sicherlich spielt hier auch die Wettbewerbsfähigkeit der DDR-Produkte auf dem Markt der Bundesrepublik eine Rolle, verglichen mit ihrer Wettbewerbsfähigkeit beispielsweise auf dem Markt der OECD-Länder. Diese und ähnliche Faktoren kann die durchgeführte Simulation im Rahmen des gegebenen Meßkonzepts freilich nicht berücksichtigen.

Deshalb soll im folgenden wiederum mittels des Regressionsansatzes geprüft werden, ob und inwiefern die bestehenden DDR-Exportstrukturdivergenzen (zwischen der tatsächlichen und der normalen Struktur) von den gegebenen Präferenzen und anderen Bestimmungsgründen beeinflußt worden sind.

3. Exportstrukturdivergenzen und Präferenzstruktur

88. Nimmt man die Exportstruktur, die sich im Handel der DDR mit den OECD-Ländern ohne Präferenzen tatsächlich einstellt, als Referenzstruktur, so lassen sich die Abweichungen der gegebenen Struktur der DDR-Exporte in die Bundesrepublik auf Produkt(-gruppen)-basis definieren und messen, und zwar als Differenz D_j (in Prozent-

---

[1] Wie erwähnt, beläuft sich der Rangkorrelationskoeffizient auf 0,30.

punkten) der beiden zugehörigen Exportanteilsätze X einer Produktgruppe j:

$$D_j = X_j^{D,B} - X_j^{D,OECD} \quad D_j \gtrless 0 \quad \sum_j D_j = 0 \quad j = 1 \ldots m$$

wobei:

$X_j^{D,B}$ = Exporte der DDR in die Bundesrepublik im Sektor j in vH ihrer Gesamtexporte in die Bundesrepublik, d.h. $\sum_j X_j^{D,B} = 1$

$X_j^{D,OECD}$ = Exporte der DDR in die OECD-Länder im Sektor j in vH der gesamten DDR-Exporte in die OECD-Länder, d.h. $\sum_j X_j^{D,OECD} = 1$

Ist $D_j > 0$, so exportiert die DDR von Gut j in die Bundesrepublik einen größeren Anteil als in die Referenzregion; bei $D_j < 0$ ist es umgekehrt, und bei $D_j = 0$ sind die Exportanteile der DDR - nicht unbedingt auch die absoluten Werte - für beide Regionen gleich[1].

Ausgehend von dieser Definition der Strukturdivergenz kann nunmehr der eigenständige Einfluß der westdeutschen Zollpräferenzen für die DDR geschätzt werden[2].

---

[1] Anzumerken ist, daß die Analyse primär aus dem Blickwinkel der DDR zu sehen ist. Dadurch ergibt sich auch die unübliche jeweilige Bezugsgröße "totale Exporte der DDR in Land n", im Gegensatz zu der üblicherweise benutzten Größe "Anteil der Importe aus der DDR zu denen aus dem Rest der Welt". Letzteres Vorgehen ist deshalb nicht möglich, weil auf Basis der westdeutschen Industriestatistik disaggregierte Importdaten für die Referenzregion OECD-Länder gegenüber dem Rest der Welt nicht vorliegen.

[2] Dies geschieht ganz in den Bahnen der herkömmlichen Außenhandelstheorie. Dazu vgl. z.B. den Überblicksartikel von Bhagwati [1964, S. 26 ff.] und Stern [1973]. - Zu empirisch orientierten Studien, die diese exogene Variable Zoll bzw. Zollverzicht (Präferenz) einbeziehen, vgl. z.B. Linnemann [1966], Baldwin [1971], Fels [1972] sowie Baldwin, Murray [1977]. - Diese Präferenzen beziehen sich - wie erwähnt - auf die Zoll-, Abschöpfungs- und Einfuhrumsatzsteuerfreiheit von Importen der Bundesrepublik aus der DDR.

a. Der methodische Ansatz

89. Ist die DDR-Exportstrukturdivergenz[1] die abhängige Variable, dann gründet sich die Auswahl der erklärenden Variablen auf die nachstehenden ökonomischen Beziehungen[2].

90. Es wird vermutet, daß die Divergenz partiell auf die Gewährung von Präferenzen für die DDR zurückzuführen ist. Gesucht ist deshalb eine Größe, die den präferenzbedingten Schutzeffekt der DDR-Exporteure gegenüber nichtbegünstigten Drittlandsanbietern auf dem Markt der Bundesrepublik in geeigneter Weise widerspiegelt. Dafür kommen als alternative Variable in Frage:

(a) Der nominale Präferenzvorteil der DDR

Dieser entspricht dem nominalen Protektionsvorteil, der dem DDR-Anbieter auf dem Markt der Bundesrepublik wegen des Sonderstatus (maximal) gewährt wird, und gibt an, um wieviel ein bestimmtes in der Bundesrepublik angebotenes Erzeugnis teurer als auf dem Weltmarkt verkauft werden kann. Der DDR-Anbieter wird also einem heimischen (westdeutschen) Anbieter quasi gleichgestellt.

Der nominale Präferenz- bzw. Protektionsvorteil der DDR setzt sich zusammen aus dem Nominalzollsatz und dem Einfuhrumsatzsteuersatz.

(b) Der effektive Präferenzvorteil der DDR

Bei mehrstufiger Produktion und differenzierten Importzöllen zeigt die nominale Protektionsrate nicht an, um wieviel die Wertschöpfung protektionsbedingt höher liegen kann als die der Drittlandsanbieter. Denn Einfuhrabgaben auf Vor- und Zwischenprodukte (Materialinputs) wirken wie eine indirekte Besteuerung der Wertschöpfung, während Zölle auf importierte Substitute (Endprodukte) einer Subventionierung der inländischen Produktion gleichkommen. Um zum tatsächlichen Schutzeffekt für die heimische Wertschöpfung zu gelangen, sind des-

---

[1] Der Einfachheithalber wird im folgenden bei allen Variablen auf den Produktgruppenindex j verzichtet. - Eine Tabelle mit Werten für die so ermittelten DDR-Exportabweichungen findet sich im Anhang (Tabelle 3*).

[2] Eine Ursache, der hier nicht weiter nachgegangen wird, dürfte z. B. in DDR-Exportangebotsengpässen sowie in mangelnder Qualität der DDR-Produkte, verglichen mit westlichen Konkurrenzgütern, bestehen; beides kann die Struktur der DDR-Ausfuhren in die Bundesrepublik beeinflussen.

halb Besteuerungs- und Subventionseffekte der tarifären Maßnahmen eines Landes zu saldieren; dies leistet bekanntlich das Konzept der effektiven Protektion[1].

Gemäß diesem Konzept ist der effektive Präferenzvorteil der DDR gleich dem effektiven Zollschutz plus dem impliziten Steuersatz [vgl. Johnson 1966, S. 16]. D.h., die effektive Präferenz für die DDR kann den protektionsbedingten Schutz der westdeutschen Wertschöpfung noch um den Teil übersteigen, den die westdeutschen Produzenten an Wertschöpfung durch die Besteuerung (Zölle) ihrer importierten Vorleistungen an den Staat zahlen müssen. Die Präferenz zugunsten der DDR wird dann nicht nur zu einer Diskriminierung der Drittlandsanbieter auf dem Markt der Bundesrepublik, sondern auch zu einer Benachteiligung für die heimischen Anbieter, wenn auch in geringerem Maße, nämlich in Höhe des impliziten Steuersatzes. Dies ist jedoch nur dann der Fall, soweit

- die zu Weltmarktpreisen international gehandelten Inputs von den DDR-Produzenten zollfrei oder zu einem geringeren Zollsatz eingeführt werden können als von den westdeutschen Produzenten und
- die auf dem westdeutschen Markt angebotenen DDR-Produkte mit den gleichen Inputs (gleiche Wertschöpfungskoeffizienten) hergestellt werden wie ihre in der Bundesrepublik produzierten Substitute.

Beide Bedingungen können nicht ohne weiteres als erfüllt vorausgesetzt werden. Wie erwähnt, hat die DDR zum einen ein anderes Abgabesystem für importierte Güter als die Bundesrepublik, zum anderen ist zu bezweifeln, ob sie die größtenteils innerhalb des RGW-Plansystems bezogenen Vorleistungen zu Weltmarktpreisen erstehen kann. Auch die zweite Annahme dürfte angesichts der unterschiedlichen Wertschöpfungssysteme in der DDR und der Bundesrepublik problematisch sein.

Da überdies für die Bundesrepublik Daten lediglich für die effektiven Zollraten, nicht aber für die impliziten Steuerraten vorliegen[2], dürfte es insgesamt vertretbar sein, die effektive Präferenzrate der DDR

---

[1] Vgl. hierzu ausführlich Donges, Fels, Neu u.a. [1973, S. 16 ff.], Hiemenz, von Rabenau [1973] und die in beiden Studien zitierte Literatur zu dem Konzept.

[2] Die impliziten Steuerraten hätten sich nur mit einem vergleichsweise hohen Zusatzaufwand mittels der Wertschöpfungskoeffizienten aller Produktionsbereiche aus den nominalen und effektiven Zollraten errechnen lassen; darauf wurde hier jedoch verzichtet.

näherungsweise durch die effektive Zollrate zu erfassen[1].

Zwischen der unabhängigen Variablen, Präferenzvorteil (nominaler bzw. effektiver), und der abhängigen Variablen, Exportstrukturabweichung, ist a priori eine positive Beziehung zu erwarten: Je höher die sektorspezifische (westdeutsche) Präferenzrate zugunsten der DDR-Exporte über dem Mittelwert der Präferenzraten aller Sektoren liegt, um so höher ist der Anteil dieser Exporte an den Gesamtexporten der DDR in die Bundesrepublik, d.h., um so mehr weicht der Anteil dieser Exporte an den Gesamtexporten der DDR in die Bundesrepublik von dem entsprechenden Anteil an den Gesamtexporten der DDR in die OECD-Länder nach oben hin ab.

91. Die DDR-Exportstrukturdivergenz kann darüber hinaus durch eine Anzahl weiterer Faktoren hervorgerufen werden. Von diesen müssen einige wichtige in die Gleichung eingeführt werden, um den Einfluß der Präferenzen isolieren zu können.

92. Als zusätzliche unabhängige Variable wird die relative Wettbewerbsfähigkeit der einzelnen DDR-Produkte auf dem Markt der Bundesrepublik eingeführt. Hierzu liefert das Konzept des "revealed comparative advantage" (RCA)[2] einen umfassenden Indikator für die tatsächliche internationale Wettbewerbsfähigkeit eines Landes in spezifischen Warenbereichen. Grundgedanke dieses Konzepts ist, daß die Handelsstruktur eines Landes die relativen Kosten wie auch die empirisch schwer erfaßbaren Unterschiede in den Nicht-Preisfaktoren, mithin die komparativen Vorteile dieses Landes, widerspiegeln. Das übliche RCA-Konzept mißt, inwieweit die Außenhandelssalden eines Landes bei einzelnen Produkten von der globalen Außenhandelsposition dieses Landes abweichen. Bei einer - wie hier - auf Null normierten Meßziffer (d.h.: $\sum_j RCA_j = 0$) weisen dann hohe positive Werte auf eine starke, hohe negative Werte auf eine geringe internationale Wettbewerbsfähigkeit bei einzelnen Produkten hin[3].

93. RCA-Werte für die DDR kann man anhand ihres Handels mit westlichen Industrieländern berechnen. Dies erscheint jedoch wenig sinnvoll, weil der präferenzierte Handel mit der Bundesrepublik den grö-

---

[1] Dies impliziert, daß die indirekten Steuerraten für alle Sektoren gleich sind, sie folglich das Niveau, nicht aber die Struktur der effektiven Zollraten beeinflussen.

[2] Vgl. Liesner [1958] und Balassa [1967, S. 203 ff.] sowie Horn [1977].

[3] Zu der hier benutzten Berechnungsformel für die RCA-Meßziffern vgl. den Anhang.

ßten Teil des DDR-Westhandels (z. B. im Jahr 1972 etwa 59 vH) ausmacht, so daß zu erwarten ist, daß die RCA-Werte durch die Präferenzen, die es gerade zu isolieren gilt, unvertretbar stark verzerrt werden.

94. Statt dessen bietet sich an, RCA-Werte für die Bundesrepublik gegenüber ihren Handelspartnern (ohne DDR) zu ermitteln und als abhängige Variable in die Gleichung einzugeben. Dem liegt der Gedanke zugrunde, daß bereits international wettbewerbsfähige Güter erst recht auf dem heimischen Markt wettbewerbsfähig sein müssen. Dementsprechend sind die RCA-Meßziffern der Bundesrepublik als ein Indikator für die Stärke des Wettbewerbsdrucks zu interpretieren, dem die DDR-Anbieter auf dem Markt der Bundesrepublik seitens heimischer Produzenten ausgesetzt sind. Bei gegebenem West-Güterangebot der DDR kann dies zu einer Verdrängung von Exporten solcher Gütergruppen in die OECD-Länder führen, bei denen diese Länderregion relativ weniger wettbewerbsfähig ist als die Bundesrepublik.

A priori ist zu vermuten, daß die Beziehung zwischen RCA-Werten und der abhängigen Variablen negativ ist: Wenn die heimische Wettbewerbsfähigkeit der westdeutschen Produzenten bei einem Gut hoch (positive RCA-Werte) ist, dann wird die Divergenz zwischen den DDR-Exportanteilen des Gutes für die Bundesrepublik und für die OECD-Länder ceteris paribus negativ sein.

95. Denkbar ist jedoch, daß es der DDR selbst in den Bereichen, für die RCA-Werte komparative Nachteile der westdeutschen Anbieter anzeigen, trotz überdurchschnittlich hoher Präferenzraten nicht gelingt, einen entsprechend hohen Exportanteil zu realisieren. Dies kann verschiedene Ursachen haben.

96. So ist zu erwarten, daß die DDR in jenen Güterbereichen auf dem Markt der Bundesrepublik weniger stark anbieten und absetzen kann (als es sonst der Fall wäre), in denen die heimischen Konkurrenzanbieter nicht nur gegenüber Anbietern aus Drittländern, sondern auch noch gegenüber den präferenzierten DDR-Anbietern weit überdurchschnittlich geschützt sind. Denn die gesamte effektive Protektion (t_3') der Wertschöpfung der westdeutschen Produzenten, die sich als Ergebnis aller außenhandelswirksamen tarifären (z. B. Zölle) und nicht-tarifären Maßnahmen (wie partiell gewährte Subventionen, gewisse indirekte Steuern) einstellt, kann die effektive tarifäre Protektion (t_2') und somit den (näherungsweise erfaßten) effektiven Präferenzvorteil der DDR (t_2) deutlich übersteigen.

Wird dieser Wettbewerbsnachteil der DDR hinsichtlich des protektionsbedingten Schutzes der Wertschöpfung von westdeutschen Anbietern demzufolge als effektive Protektionsdifferenz

$$EPD = t'_3 - t'_2 \qquad EPD \gtrless 0$$

definiert[1], dann ist ein negativer partieller Zusammenhang zwischen EPD und der abhängigen Variablen zu vermuten: Je höher die sektorspezifische effektive Protektionsdifferenz über dem Mittelwert liegt, um so geringer die Exportstrukturdivergenz für diesen Sektor[2].

97. Eine weitere Ursache, die möglicherweise verhindern könnte, daß sich die DDR-Exportanteile (an den gesamten Exporten der DDR in die Bundesrepublik) an der Struktur der Präferenzvorteile ausrichten, kann schließlich in den vorhandenen natürlichen Handelshemmnissen zu suchen sein: Natürliche Hindernisse verursachen bekanntlich Transportkosten, die wiederum die Preise der Exporte eines Landes in verschiedene Regionen mehr oder weniger deutlich voneinander abweichen lassen können.

Empirische Arbeiten[3] zeigen aber, daß es sehr schwierig ist, die Transportkosten ausreichend zu berücksichtigen; denn diese variieren nicht nur mit der geographischen Entfernung, sondern hängen auch von der Art des zu handelnden Gutes (Gewicht, räumliches Ausmaß), von der Anzahl der notwendigen Ver- und Umladevorgänge, der angestrebten Transportschnelligkeit und ähnlichen Faktoren ab[4]. Deshalb wird im folgenden auf eine Näherung für Transportkosten abgestellt, die sich an der Wertschöpfung pro Gewichtseinheit (Tonne)

---

[1] Den empirischen Studien von Donges, Fels, Neu u.a. [1973] und Hiemenz, von Rabenau [1973] zufolge, sind die Differenzen - bis auf Bergbauliche Erzeugnisse - für alle Branchen positiv (EPD > 0).

[2] Dies dürfte nur dann zutreffen, wenn die DDR den gegebenen Wettbewerbsnachteil nicht ihrerseits durch preiswirksame Subventionen kompensiert bzw. überkompensiert, vorausgesetzt, die Anbieter in den OECD-Ländern werden etwa in dem Maße effektiv geschützt wie die westdeutschen Produzenten.

[3] Vgl. dazu beispielsweise Linnemann [1966, S. 71 f., 74 ff.] sowie den Überblick bei Leamer, Stern [1976, Ch. 6] mit der dort zitierten einschlägigen Literatur.

[4] Vgl. Linnemann [1966, S. 25 ff.] - Zahlreiche empirische Studien beschränken sich auf die (statische) Variable Entfernung, eine Näherung für Transportkosten, die für diese Analyse jedoch problematisch ist, weil sie nur nach Distanzen zwischen Handelspartnern (Ländern), nicht aber auch bezüglich der verschiedenen handelbaren Güter differenziert. Folglich müßte zumindest ein weiteres Transportkostenmerkmal, wie das Gewicht des Produkts, berücksichtigt werden.

orientiert[1]. Die Entfernungskomponente wird hierbei indirekt insofern berücksichtigt, als davon ausgegangen werden kann, daß alle anderen Westhandelspartner der DDR von dieser im Durchschnitt weiter entfernt sind als die Bundesrepublik, mithin die Transportkosten in die OECD-Länder für jede Gütergruppe vergleichsweise mehr an Gewicht gewinnen[2]. Die Grundidee dieser Transportkostenvariablen ist, daß ein Gut normalerweise um so höhere Transportkosten verursacht, je geringer sein Veredlungsgrad (Wertschöpfung) pro Gewichtseinheit ist, es sich ceteris paribus wegen der steigenden Transportkosten also kaum lohnt, dieses Produkt über größere Entfernungen hinweg zu handeln, wenn und soweit (enge) Substitute in geringerer Entfernung und in ausreichender Menge vorhanden und handelbar sind (Beispiel: Steine und Erden). Demzufolge ist die erwartete Beziehung zur abhängigen Variablen negativ: Je höher die Wertschöpfung je Tonne eines Gutes (WST), d.h. je geringer der Transportkostengehalt, um so geringer die DDR-Exportstrukturdivergenz für dieses Gut.

98. Resümierend läßt sich festhalten, daß ein Zusammenhang vermutet wird zwischen der DDR-Exportstrukturabweichung D als abhängiger Variablen und den unabhängigen Variablen:

- t_1 oder t_2, der nominalen bzw. effektiven Präferenzrate zugunsten der DDR-Anbieter auf dem Markt der Bundesrepublik (als hauptsächlich interessierende unabhängige Variable),
- RCA, als Indikator für den Wettbewerbsdruck, dem die DDR-Anbieter seitens der westdeutschen Anbieter auf dem Markt der Bundesrepublik ausgesetzt sind,
- EPD, dem verbliebenen protektionsbedingten Wettbewerbsnachteil (effektive Protektionsdifferenz), den die DDR-Anbieter trotz Präferenzen noch gegenüber westdeutschen Konkurrenten auf dem Markt der Bundesrepublik haben können, und
- WST, der Wertschöpfung je Tonne als Indikator für den Transportkostengehalt eines von der DDR exportierten Gutes (Gütergruppe).

---

[1] Der Verfasser dankt seinem Kollegen Frank Weiss für diesen Hinweis. - Inwiefern dies durch die differenzierten oder auch diskriminierenden Frachtraten teilweise wieder korrigiert wird, kann ohne weitere Untersuchungen nicht beantwortet werden.

[2] Es sei unterstellt, daß die Transportkosten ab Grenze der DDR anfallen und bis zur Grenze in die Wertschöpfung der DDR-Anbieter eingehen.

Für den linearen Funktionstyp erhält man mit den a priori vermuteten Vorzeichen:

$$D = c_o + c_1 \; t_{1(2)} - c_2 RCA - c_3 EPD - c_4 WST$$

Bis auf die erklärende (Kern-) Variable t_1 bzw. t_2 erfassen die übrigen exogenen Variablen also Einflüsse, die einer Anpassung der DDR-Exportstruktur entgegengewirkt haben können.

b. Empirische Analyse

99. Die Querschnittsanalyse erfaßt 16 Wirtschaftszweige[1] und bezieht sich auf die Stichjahre 1960, 1966 sowie 1972. Die Auswahl dieser Stichjahre wurde durch die Verfügbarkeit der vollständigen Daten bestimmt; 1960 war dies erstmals gegeben, 1972 ist die zum Zeitpunkt der Berechnungen datenstatistisch aktuellste Periode, während 1966 zwischen Anfangs- und Endjahr liegt.

100. Die aufgestellten Hypothesen werden mit Hilfe eines schrittweisen Regressionsansatzes überprüft. Da die Hypothesen nicht auf eine nicht-lineare Funktionsform hindeuten, beschränkt sich die Analyse auf den linearen Funktionstyp[2].

---

[1] Diese 16 Branchen leiten sich hinsichtlich Auswahl und Aggregation aus der zweistelligen westdeutschen "Systematik des Warenverzeichnisses für die Industriestatistik" und der "Allgemeinen Erzeugnisgliederung der Land-, Forst- und Jagdwirtschaft" ab. Für eine Aggregation der bislang verwendeten Sektoren spricht insbesondere die Tatsache, daß sich der Handel der DDR sowohl mit der Bundesrepublik als auch mit den OECD-Ländern auf einige wichtige Branchen bzw. Branchengruppen konzentriert. Sektoren mit vergleichsweise kleinen Anteilen am Gesamtexport der DDR in die jeweilige Region unterliegen häufig stärkeren Zufallsschwankungen als solche mit vergleichsweise großen Anteilen. Da im Querschnitt jede sektorale Strukturdivergenz das gleiche Gewicht erhält, würde es zu einer stärkeren Verzerrung der Regressionskoeffizienten kommen, als es mit einer plausiblen Aggregation einiger Sektoren der Fall wäre. - Weitere Erläuterungen, Daten und Quellen sind im Anhang zu finden.

[2] In den schrittweisen Regressionsanalysen wird zunächst die alternative Kernvariable, die Präferenzrate t_1 bzw. t_2, in die Gleichung eingeführt und danach gemäß dem üblichen Vorgehen (mindestens eine) weitere Variable (RCA, EPD und/oder WST) eingegeben, bis sich das korrigierte Bestimmtheitsmaß $\bar{R}^2$ nicht mehr erhöht. Hierbei werden jene Variablen aus der Regressionsgleichung ausgeschieden, die entweder nicht das er-

101. Tabelle 6 zeigt die Testergebnisse der ungewichteten Analyse[1] für die drei Stichjahre.

(1) Wichtigstes Resultat dürfte sein, daß die zentrale Hypothese für zwei von drei Stichjahren bestätigt wird: Die westdeutschen Präfe-

---

wartete Vorzeichen haben oder deren Koeffizient deutlich insignifikant - d.h. kleiner als 0,5 - ist. Eine Konstante wird nur dann akzeptiert, wenn ihr Koeffizient mit einer Irrtumswahrscheinlichkeit von 5 vH signifikant ist. Von den vorstehenden "Regeln" wird in den Tabellen abgewichen, wenn sich für eine Gleichung innerhalb der schrittweisen Analyse - bei einer Irrtumswahrscheinlichkeit von 5 vH - insgesamt nur jeweils insignifikante F-Testwerte ergeben.
Hinsichtlich der alternativen Variablen t_1 und t_2 wird für die tabellarische Darstellung jene gewählt, deren Gleichung das höhere $\bar{R}^2$ erreicht. In den Tabellen sind neben den t-Testwerten zur Überprüfung der Signifikanz der Koeffizienten noch die Beta-Weights (standardisierte Regressionskoeffizienten) ausgewiesen. Sie ermöglichen einen direkten Vergleich des jeweiligen Erklärungsbeitrags der einzelnen endogenen Variablen bei Variation der exogenen Variablen um 1 vH.

[1] Die in diesem Abschnitt insgesamt aufgeführten Ergebnisse werden für eine ungewichtete unabhängige Variable, Exportstrukturdivergenz D, abgeleitet. Zufallsschwankungen der beiden Anteile für DDR-Exporte in die OECD und in die Bundesrepublik können bei anteilig vergleichsweise kleinen Sektoren - wie gesagt - durch eine gewisse Aggregation vermieden werden. Da aber jeder so zusammengefaßte Sektor im Querschnitt nach wie vor das gleiche Gewicht hat, ist darüber hinaus auch mit gewichteten abhängigen Variablen gearbeitet worden. So liegt es nahe, die sonst gleichgewichteten sektoralen Exportstrukturdivergenzen mit den entsprechenden Anteilen der DDR-Exporte in den Westen (OECD-Länder einschließlich Bundesrepublik) zu multiplizieren, um die Bedeutung der Sektoren im Rahmen der gesamten DDR-Westexporte zu erfassen (g_j = Gewicht eines Sektors j mit $\Sigma g_j = 1$).
Eine zweite Möglichkeit besteht darin, die abhängige Variable derart zu gewichten, daß die allgemeine Exportkapazität der DDR, also die komparativen Kostenvorteile der DDR auf dem Weltmarkt, widergespiegelt werden. Dies kann durch Multiplizieren der Exportstrukturdivergenzen mit den Anteilen der DDR-Exporte in den Rest der Welt geschehen. Verglichen mit der ungewichteten Analyse (D) hat sich gezeigt, daß die beiden gewichteten DDR-Exportstrukturdivergenzen (D_1 bzw. D_2) zu keinen wesentlich neuen Einsichten führen, gemessen an den t-Testwerten der Koeffizienten der unabhängigen Variablen. Deshalb kann auf eine eigenständige Interpretation im Text verzichtet und statt dessen auf eine Gegenüberstellung dieser Ergebnisse in den Tabellen 4* und 5* verwiesen werden.

Tabelle 6 - DDR-Exportstrukturdivergenzen im innerdeutschen Handel 1960, 1966, 1972 (n = 16)

Abhängige Variable Exportstrukturdivergenz: D im Jahr ...	K, t, B[a]	Unabhängige Variable				R^2 ($\bar{R}^2$)	F
		t_1	t_2	RCA	EPD		
1960	K	0,072*		-2,088*	0,227*	0,284	1,721*
	t	0,583		-1,276	1,943	(0,120)	
	B	0,078		-0,215	0,444		
1966	K	0,428		-6,011	-0,242	0,487	4,121
	t	3,357		-3,297	-2,232	(0,369)	
	B	0,428		-0,578	-0,474		
1972	K		0,292	-2,656		0,544	8,429
	t		4,018	-2,968		(0,478)	
	B		0,552	-0,219			

*Nicht signifikant bei einer Irrtumswahrscheinlichkeit von 5 vH. - [a]K = Koeffizient, t = t-Wert, B = Beta-Weight. - Kritische t-Testwerte bei einer Irrtumswahrscheinlichkeit von 1 bzw. 5 bzw. 10 vH für Variablenanzahl (einschließlich Konstante): zwei Variable: 2,977 bzw. 2,145 bzw. 1,761; drei Variable: 3,012 bzw. 2,160 bzw. 1,771; vier Variable: 3,055 bzw. 2,179 bzw. 1,782 - und analog die kritischen F-Testwerte für zwei Variable: 6,51 bzw. 3,74 bzw. 2,73; drei Variable: 5,74 bzw. 3,41 bzw. 2,56.

Quelle: Anhang I, 2. - Eigene Berechnungen.

renzen für die DDR haben tatsächlich zu einer Divergenz zwischen der Struktur der DDR-Exporte in die Bundesrepublik und jener in die OECD-Länder beigetragen; gemessen am t-Testwert sind die Koeffizienten der Präferenzraten bis auf das Jahr 1960 signifikant. Außerdem deutet ein intertemporaler Vergleich darauf hin, daß das relative Erklärungsgewicht der Präferenzen im Zeitablauf unterschiedlich war. Spielen die Präferenzen 1960 für die Exportstrukturdivergenzen offenbar noch keine nennenswerte Rolle, so gewinnen sie 1966 (verglichen mit 1960) sprunghaft an Gewicht und nehmen 1972 (verglichen mit 1966) noch an Bedeutung zu.

(2) Die Regressionsanalyse, die sowohl mit der nominalen Präferenzrate t_1 als auch mit der effektiven Präferenzrate t_2 durchgeführt wurde, erbrachte keinen deutlichen Unterschied in der Signifikanz der jeweiligen Koeffizienten. Folglich kann hier nicht entschieden werden, welche der beiden Alternativvariablen für die Strukturdivergenz stärker verantwortlich ist bzw. an welcher Präferenzstruktur sich die DDR möglicherweise überwiegend zu orien-

tieren scheint[1].

(3) Hinsichtlich der anderen Variablen[2] ist insbesondere den RCA-Meßziffern, also dem westdeutschen Wettbewerbsdruck auf DDR-Anbieter auf dem Markt der Bundesrepublik, ein gewisser Einfluß auf die Exportstrukturdivergenzen beizumessen. Dieser Einfluß ist 1960 zwar noch nicht auszumachen, doch nimmt er - wie bei den Präferenzraten - von 1960 auf 1966 deutlich zu, und er ist 1972 etwas schwächer als 1966.

Die effektive Protektionsdifferenz, EPD, wirkt sich nur 1966 (signifikant) aus; 1972 ist der entsprechende Koeffizient deutlich insignifikant, und 1960 hat er nicht das vermutete Vorzeichen[3]. Da der jeweilige Koeffizient der Transportkostenvariablen in allen Regressionsgleichungen deutlich insignifikant blieb, wurde auf eine Weiterverwendung dieser Variablen in dieser Analyse ganz verzichtet[4]. Ein Erklärungswert bezüglich der Strukturabweichungen kann den Transportkosten wohl nicht beigemessen werden. Dies wird erklärlich, wenn man bedenkt, daß der Unterschied zwischen den durchschnittlichen Transportdistanzen für DDR-Exporte in die Bundesrepublik und in die OECD-Länder (z. B. verglichen mit Nachfragern von DDR-Gütern aus Übersee) nicht sonderlich groß ist.

(4) Insgesamt läßt sich für die gewählten Stichjahre sagen, daß vor allem den Präferenzraten und den RCA-Meßziffern ein Erklärungswert bezüglich der gegebenen DDR-Exportstrukturabweichungen zu-

---

[1] Statistisch wird diese mangelnde Eindeutigkeit durch die (bei 5 vH Irrtumswahrscheinlichkeit) signifikanten Interkorrelationskoeffizienten von t_1 und t_2 unterstützt (R_{t_1, t_2} für 1972: 0,79; 1966: 0,59 und 1960: 0,72).

[2] Zu erwähnen ist, daß die "isolierenden" Variablen (RCA, EPD, WST) als alles in allem unabhängig voneinander angesehen werden können; denn die Interkorrelationskoeffizienten sind überwiegend sehr klein und, bis auf einen Fall ($R_{EPD, RCA}$ für 1966: 0,56), bei einer Irrtumswahrscheinlichkeit von 5 vH nicht signifikant.

[3] Wie bereits erwähnt, kann das positive Vorzeichen (des nur mit 10 vH Irrtumswahrscheinlichkeit signifikanten) Koeffizienten von EPD möglicherweise damit erklärt werden, daß die DDR ihre Exporte in die Bundesrepublik 1960 so stark subventioniert hat, daß der bestehende effektive Protektionsnachteil auf dem Markt der Bundesrepublik überkompensiert und der Wettbewerbsdruck westdeutscher Anbieter (RCA) somit ebenfalls stark abgeschwächt oder unterlaufen werden konnte. Allerdings gibt es keine Daten, die diese Vermutung stützen.

[4] In Tabelle 6 wurde deshalb die zugehörige Spalte für WST weggelassen.

kommt. Allerdings müssen im Jahre 1960 vornehmlich andere als die hier angeführten Faktoren die Strukturdivergenz beeinflußt haben. Denn erst 1966 (verglichen mit 1960) und 1972 (verglichen mit 1966) nimmt der - durch die hier verwendeten unabhängigen Variablen - erklärte Teil der Strukturdivergenz (gemessen am korrigierten Bestimmtheitsmaß $\bar{R}^2$) deutlich zu.

102. Die bisherigen Regressionsergebnisse lassen vermuten, daß sich der DDR-Außenhandel erst im Zeitablauf an die Präferenzstruktur (tendenziell) anpassen konnte. Ein wesentlicher Grund, der auf diesen Anpassungsprozeß erschwerend gewirkt haben dürfte, besteht wohl darin, daß die Struktur sowohl der Präferenzen zugunsten der DDR als auch der Außenzölle zahlreicher OECD-Länder als Folge der EWG-Integration seit Ende der 50er Jahre bekanntlich nicht konstant blieb, sondern sich veränderte[1]. In welchem Zeitabschnitt sich die Anpassung der DDR-Exporte schwerpunktmäßig vollzogen haben könnte und welches Maß an Flexibilität den DDR-Außenhandelsbehörden, die im Westen meist als verhältnismäßig schwerfällig angesehen werden, in diesem Zusammenhang beigemessen werden kann, soll in zwei Schritten untersucht werden:

Dem ersten Testschritt liegt der Gedanke zugrunde, daß die DDR wegen gewisser systembedingter Hemmnisse mit ihren Exporten nicht so flexibel reagieren kann, wie es die zeitlichen Veränderungen der Präferenzen (und der übrigen unabhängigen Variablen) erfordern würden, sondern daß sie sich "lediglich" an den durchschnittlich gegebenen Präferenzraten für eine mehrjährige Periode (1960-1972, 1960 bis 1966 und 1966-1972) zu orientieren versucht hat. D. h., die Veränderung der DDR-Exportstrukturabweichungen wird zunächst auf eine Anpassung an die jeweiligen Durchschnittswerte der unabhängigen Variablen während einer Zeitphase zurückgeführt. Erst im zweiten Schritt wird darüber hinausgegangen und eine Anpassung auch an die jeweiligen Veränderungen der unabhängigen Variablen zwischen zwei Zeit-

[1] So hat sich die EWG-Außenzollharmonisierung bis 1972 in drei Phasen vollzogen (vgl. Hiemenz, von Rabenau [1973, S. 132 f.] sowie Donges, Fels, Neu u.a. [1973, S. 22 ff.]): 1958, im letzten Jahr vor der EWG-Integration belief sich der nominale bzw. effektive Zollschutz der Bundesrepublik gegenüber Drittländern, d.h. (näherungsweise) die Präferenz zugunsten der DDR, z. B. für die Industrie insgesamt auf 9,0 vH bzw. 11,8 vH. Bis 1964, also für die Zeit nach der Außenzollharmonisierung, stieg diese Rate auf 11,0 vH bzw. 14,8 vH und sank dann wegen der Vereinbarungen der Kennedy-Runde (zwischen 1968 und 1972) bis zum Jahre 1972 langsam auf 7,3 vH bzw. 10,0 vH.

punkten angenommen, um zu überprüfen, ob die DDR-Exporte relativ sensibel gegenüber Variationen insbesondere der Präferenzen sind[1].

Für den gesamten Zeitraum 1960-1972 zeigt sich (Tabelle 7), daß die DDR-Exportstruktur für die Bundesrepublik, verglichen mit jener für die OECD-Länder, sich an die durchschnittlich gegebene Präferenzstruktur deutlich angepaßt hat. Überraschend ist, daß die durchschnittlich gegebene Wettbewerbsposition der DDR-Anbieter gegenüber den westdeutschen Anbietern auf dem Markt der Bundesrepublik (Ø RCA) in dieser Periode zu keiner (signifikanten) Veränderung der DDR-Exportstrukturdivergenz führte, während der durchschnittlich gegebenen effektiven Protektionsdiskriminierung der DDR-Anbieter auf dem Markt der Bundesrepublik (Ø EPD) ein etwas größerer Erklärungswert zukommt als den Präferenzen (gemessen am Beta-Weight). Hinsichtlich der Identifizierung der schwerpunktmäßigen Anpassungsphase wird deutlich, daß sich die Strukturveränderung der DDR-Exporte an die gegebenen Durchschnittswerte der unabhängigen Variablen schon zwischen 1960 und 1966 vollzogen hat, während zwischen 1966 und 1972 seitens der DDR kein (signifikanter) Anpassungsbedarf mehr auszumachen war. Im Zeitraum 1960-1966 läßt sich die Veränderung der DDR-Exportstrukturdivergenz vor allem erklären durch die Variablen Ø EPD, gefolgt von Ø t_1 sowie von der durchschnittlich gegebenen RCA-Variablen.

Die Analyse hat also für die genannten Zeiträume erbracht, daß die durchschnittlich gegebenen Präferenzen zwar auf die DDR-Exportstruktur im innerdeutschen Handel jeweils divergierend gewirkt haben, daß dieser Divergenzursache jedoch der westdeutsche Wettbewerbsdruck auf die DDR-Anbieter (Ø RCA) und vor allem die effektive Protektionsdiskriminierung der DDR auf dem Markt der Bundesrepublik (Ø EPD) entgegenwirkte. Verglichen mit Tabelle 6 ist einmal die Bedeutung der durchschnittlich gegebenen EPD auf die Veränderung der Exportstrukturdivergenz stärker sichtbar gemacht worden. Zum anderen hat sich - für den hier unterstellten Fall, daß sich

---

[1] Veränderungen werden ermittelt als Differenz zwischen den entsprechenden Anfangs- und Endjahreswerten (ΔD, $\Delta t_{1(2)}$, ΔRCA, Δ EPD); Durchschnittswerte (Ø $t_{1(2)}$, Ø RCA, Ø EPD) sind das einfache arithmetische Mittel von dem jeweiligen Anfangs- und Endjahreswert. - Die Variable WST wird nicht mehr angeführt, weil sie auch in den beiden folgenden Analysen zu keinen plausiblen oder nur zu deutlich insignifikanten Ergebnissen führte.

Tabelle 7 - Veränderungen der DDR-Exportstrukturdivergenzen im innerdeutschen Handel 1960-1972 (n = 16)

Abhängige Variable Veränderung der Exportstrukturdivergenz: Δ D im Zeitraum ...	K, t, B[a]	Unabhängige Variable				R^2 ($\bar{R}^2$)	F
		Ø t_1	Ø t_2	Ø RCA	Ø EPD		
1960-1972	K		0,249	-1,135*	-0,231	0,457	3,680
	t		2,873	-0,980	-2,634	(0,332)	
	B		0,457	-0,094	-0,547		
1960-1966	K	0,336		-2,992	-0,431	0,736	12,109
	t	3,964		-2,554	-5,710	(0,676)	
	B	0,336		-0,282	-0,806		
1966-1972	K		0,033*	-0,661*	0,109*	0,198	1,104*
	t		0,380	-0,575	1,472	(0,013)	
	B		0,075	-0,065	0,369		

*Nicht signifikant bei einer Irrtumswahrscheinlichkeit von 5 vH. - [a]K = Koeffizient, t = t-Wert, B = Beta-Weight. - Kritische t- und F-Testwerte vgl. Tabelle 6.

Quelle: Anhang I, 2. - Eigene Berechnungen.

die DDR-Außenhandelsbehörden "nur" an periodischen Durchschnittsgrößen der unabhängigen Variablen orientieren können - gezeigt, daß hinsichtlich der DDR-Exportstrukturabweichungen und der Präferenzen von einer gewissen durchschnittlichen Anpassungsflexibilität insbesondere im Zeitraum 1960-1966 gesprochen werden kann.

103. Aus Tabelle 5* wird ersichtlich, daß von einer kurz- oder mittelfristigen Reaktion des DDR-Außenhandels auf zeitliche Veränderungen der unabhängigen Variablen kaum gesprochen werden kann. Denn für die beiden Teilperioden 1960-1966 und 1966-1972 weisen die Koeffizienten der Testvariablen entweder insignifikante Werte oder unerwartete Vorzeichen (1960-1966 z. B. für ΔRCA) aus. Lediglich für den gesamten Zeitraum 1960-1972 offenbart sich eine freilich "nur" längerfristige Anpassungsflexibilität der DDR-Exporte auf die Veränderungen der strukturbeeinflussenden Faktoren. Ein Ergebnis, daß dem in Tabelle 3 für die durchschnittliche Anpassungsflexibilität im gesamten Zeitraum 1960-1972 nicht widerspricht.

104. Die empirische Analyse dieses Kapitels hat ergeben, daß den Präferenzen zugunsten der DDR - insbesondere in den beiden neueren Stichjahren 1966 und 1972 - ein Einfluß auf die Struktur der DDR-Exporte in die Bundesrepublik, verglichen mit den DDR-Exporten in die OECD-Länder, beizumessen ist. Gleichwohl ließ sich im Zeitablauf

für den DDR-Außenhandel nur eine beschränkt wirksame Anpassungsflexibilität feststellen: Zwar konnte eine deutliche Veränderung der DDR-Exporte bezüglich der durchschnittlich gegebenen Präferenzstruktur insbesondere für die Periode 1960-1966 beobachtet werden (durchschnittliche Anpassungsflexibilität). Eine sensiblere, kürzerfristige Reaktion der DDR-Exporte auf die Veränderungen der Präferenzraten innerhalb der beiden gewählten Zeitintervalle (1960-1966 und 1966-1972) ließ sich dagegen nicht ausmachen; erst für den gesamten Zeitraum (1960-1972) war dies der Fall.

Diese Ergebnisse legen insgesamt folgenden Schluß nahe:

Erstens, die DDR-Außenhandelsbehörden verhalten sich im innerdeutschen Handel (tendenziell) rational; denn die DDR-Exportstrukturabweichungen lassen sich partiell durch die westdeutschen Präferenzen zugunsten der DDR erklären, und

zweitens, ein Teil der Präferenzen dürfte erst im Gefolge der EWG-Gründung und der gleichzeitigen Zollveränderungen in EWG- und OECD-Ländern wirksam geworden sein; denn die Anpassung der DDR-Exporte in die Bundesrepublik vollzog sich mittel- bis längerfristig erst nach 1958, also überwiegend Anfang der 1960er bis Anfang der 70er Jahre.

VI. Zusammenfassung und Schlußbemerkungen

105. Mit der vorliegenden Untersuchung zum innerdeutschen Handel soll ein Beitrag zum Abbau des bestehenden öffentlichen Informationsdefizits geleistet werden. Es wird versucht, die ökonomischen Vor- und Nachteile zu analysieren und zu quantifizieren, die der DDR und der Bundesrepublik aus dem historisch bedingten Sonderstatus des innerdeutschen Handels entstanden sind.

106. Unter dem integrationstheoretischen Aspekt läßt sich der innerdeutsche Sonderstatus im wesentlichen auffassen als eine einseitige Handelspräferenz der Bundesrepublik zugunsten der DDR. Denn die DDR-Exporte in die Bundesrepublik sind - verglichen mit denen der EG-Drittländer - frei von westdeutschen Einfuhrabgaben, d.h., sie sind zoll-, abschöpfungs- und einfuhrumsatzsteuerfrei. Die Höhe dieser produktspezifisch nicht erhobenen Abgaben bestimmen auch die maximal ausschöpfbare Höhe der Präferenzen für die DDR.

107. Die theoretische Grundlage für die empirischen Ermittlungen bildete ein einfaches komparativ-statisches Außenhandelsmodell (Meßkonzept). Es zeigte sich, daß die verschiedenen Präferenzwirkungen abhängen von der Höhe der gegebenen Präferenzrate, von der Preiselastizität des DDR-Exportangebots und von der Preiselastizität der Importnachfrage nach DDR-Gütern auf dem Markt der Bundesrepublik.

108. Im einzelnen haben die angestellten theoretischen Überlegungen ergeben,

- daß die Präferenzen für die DDR auch ohne jegliche DDR-Exportausweitung im Verlauf einer unmittelbaren DDR-Exporterlöserhöhung zu einem versteckten (Einkommens-) Transfer von der Bundesrepublik an die DDR führen, der die Wohlfahrt der beiden Handelspartner verändert;
- daß diese Präferenzen nur dann eine (wohlfahrtsmindernde) reine Handelsumlenkung (trade diversion) auch zu ungunsten von Drittländern bewirken, wenn das DDR-Exportangebot für die Bundesrepublik so preiselastisch ist, daß die mengenmäßigen DDR-Exporte in die Bundesrepublik zu Lasten der Drittlandsanbieter erhöht werden, und es den Drittländern gleichzeitig nicht gelingt, diese Differenzmenge anderweitig ohne Einkommensverlust abzusetzen. Angesichts des relativ geringen Ausmaßes dieser Differenzmenge, verglichen mit den Drittländerexporten insgesamt, ist es freilich wenig wahrscheinlich, daß die Drittländer durch die Präferenzen für die DDR im Durchschnitt einen Einkommensverlust erleiden;

- daß a priori nicht feststellbar ist, wie sich der preisliche DDR-Präferenzvorteil auf dem Markt der Bundesrepublik zwischen DDR-Anbietern und westdeutschen Nachfragern tatsächlich aufteilt. Deshalb muß das Meßkonzept auf die maximalen Effekte der Präferenzen abstellen; die ermittelten Werte dürften also überschätzt sein; und

- daß es im Mehr-Güter-Fall bei verschieden hohen Präferenzraten ceteris paribus zu einer präferenzinduzierten Veränderung der Struktur der DDR-Exporte in die Bundesrepublik kommt.

109. In der empirischen Analyse galt es demzufolge, zwei zentralen Fragen nachzugehen: Zum einen sollte ermittelt werden, in welchen Größenordnungen sich die statischen Effekte der Präferenzen bewegen (Niveaueffekte). Zum anderen war zu prüfen, inwieweit die Präferenzen zu Änderungen in der Struktur der DDR-Exporte in die Bundesrepublik geführt haben (Struktureffekte).

110. Die Niveaueffekte der Präferenzen lassen sich unter anderem nur bei Kenntnis der Preiselastizitäten der DDR-Exporte in die Bundesrepublik berechnen. Da für diese Preiselastizitäten keine Daten vorlagen, mußten sie mittels eines Regressionsmodells empirisch geschätzt werden. Die Ergebnisse der multiplen Regressionsanalyse, die auf zahlreiche Determinanten der DDR-Exporte in die Bundesrepublik abstellt, unterstützen vor allem die folgenden Hypothesen, nämlich,

(1) daß die DDR-Exporte in die Bundesrepublik vornehmlich von ökonomischen Größen bestimmt werden, statt - wie oft angeführt - von nicht-ökonomischen, insbesondere institutionellen Faktoren des DDR-Planwirtschaftssystems;

(2) daß sich der systembedingte Unterschied im Außenhandel zwischen Zentralverwaltungswirtschaften und Marktwirtschaften darin ausdrückt, daß der bilateralen Mindest-Devisenposition zur Finanzierung der notwendigen Importe aus dem Westen in einem Land wie der DDR, das keinen multilateralen Handel treibt und weder anpassungsfähige Paritäten noch Währungskonvertibilität kennt, zwangsläufig ein größeres strategisches Gewicht zukommt als beispielsweise den Einkommen und Preisen in den multilateralen Handelsbeziehungen westlicher Prägung, und

(3) daß die Exporte der DDR in die Bundesrepublik dennoch in sehr vielen Produktbereichen (beispielsweise in den Investitionsgüterindustrien) längerfristig wesentlich preiselastischer sind, als es die tradierten Vorstellungen im Westen vermuten lassen.

111. Nach der Ermittlung der Preiselastizitäten der DDR-Exporte im innerdeutschen Handel sind dann - auf der Grundlage des theoretischen Meßkonzepts - die (niveaumäßigen) Wirkungen der Präferenzen für fünf Produkthauptgruppen und 31 Untergruppen (in Preisen von 1962) berechnet worden, und zwar für die Stichjahre 1958 und 1974, für den gesamten Untersuchungszeitraum 1958-1974 sowie für die neuere Periode 1968-1974.

Für den Untersuchungszeitraum 1958-1974 offenbaren die disaggregierten Schätzergebnisse erhebliche, auf etwa zehn Branchen[1] konzentrierte Wohlfahrts- bzw. Einkommensgewinne der DDR, dementsprechend erhebliche Protektionseinnahmeverzichte der Bundesrepublik, aber verglichen damit geringe weltwirtschaftliche Wohlfahrtsverluste. So beläuft sich der gesamte "implizite Nettotransfer zugunsten der DDR" (Differenz zwischen DDR-Exporterlös und Produktionskosten) für den Untersuchungszeitraum 1958-1974 auf rd. 3,6 Mrd. DM; das entspricht einem Anteil von 14,9 vH der Gesamtexporte der DDR in die Bundesrepublik desselben Zeitraums.

In dem Nettotransfer für die DDR ist bereits derjenige Teil enthalten, der der präferenzbedingten DDR-Exporterhöhung im innerdeutschen Handel (Handelsausweitungseffekt) zuzuschreiben ist. In der Durchschnittsperiode 1958-1974 erhöhten sich die DDR-Exporte wegen der Präferenzregelung um 4,2 Mrd. DM, das sind 17,4 vH, bezogen auf die tatsächlichen Exporte dieses Zeitraums. Verglichen hiermit stiegen die präferenzinduzierten Exporte der DDR in die Bundesrepublik nach 1967, also zwischen 1968 und 1974, bedeutend stärker, nämlich um 20,0 vH der gegebenen Exporte. Diese Zunahme dürfte auch auf die forcierten handelspolitischen Liberalisierungs- und Aktivierungsbestrebungen der Bundesrepublik (Abbau zahlreicher Kontingente und "Swingautomatik" im Jahre 1967) sowie auf die beiderseitigen Bemühungen, die allgemeinen Beziehungen zu normalisieren (Abschluß des Grundlagenvertrages im Jahre 1972), zurückzuführen sein. Deutlich größer als der Effekt "Nettotransfer" bzw. "Exporterhöhung" ist der "DDR-Handelsbilanzeffekt" der Präferenzen. Der Handelsbilanzeffekt gibt an, um wieviel sich die DDR-Devisenerlöse aus den Exporten in die Bundesrepublik wegen der Präferenzen erhöht haben, und er ist ein wichtiger Indikator für die so verbesserte Importkapazität der DDR. Für den Zeitraum 1958-1974 beläuft sich die präferenzinduzierte Zunahme der DDR-Exporterlöse auf rd. 7,4 Mrd. DM oder 30,8 vH der entsprechenden Gesamtexporte der DDR in die Bundes-

---

[1] Hierzu gehören Branchen wie: Landwirtschaft, Ernährung und Genußmittel, Textilien, Bekleidung, Chemische Erzeugnisse, Maschinenbau, Elektrotechnik sowie Eisen- und Stahlerzeugung.

republik (bzw. 4,6 Mrd. DM oder 34,1 vH für 1968-1974).

Den wohlfahrtserhöhenden Handelsvorteilen der DDR stehen wohlfahrtsmindernde Nachteile der Bundesrepublik gegenüber. Die Kosten der Bundesrepublik aus der Präferenzregelung zugunsten der DDR werden für die Periode 1958-1974 auf etwa 4,0 Mrd. DM geschätzt. Dieser "volkswirtschaftliche Verlust" geht überwiegend auf den präferenzbedingten Einnahmeverzicht, also den Verzicht der Bundesrepublik auf Zölle, Abschöpfungen und Einfuhrumsatzsteuern für Waren aus der DDR, zurück; er macht rd. 16,6 vH der DDR-Exporte in die Bundesrepublik in dieser Periode oder beispielsweise 167,5 vH der Exporte des Jahres 1974 aus.

Aus internationaler Sicht hat die Präferenzregelung zu einem "weltwirtschaftlichen Verlust" geführt. Dieser ergibt sich - gemäß dem theoretischen Konzept - aus dem Saldo der tatsächlich transferierten Einkommensvorteile und Einkommensnachteile. Da die Drittländer wegen der Präferenzen für die DDR keinen Einkommensverlust erleiden dürften und der Wohlfahrtsverlust der Bundesrepublik (Protektionseinnahmeverzicht) nicht durch einen entsprechenden Wohlfahrtsgewinn der DDR (impliziter Nettotransfer) kompensiert wird, verbleibt insgesamt ein weltwirtschaftlicher Verlust, den die Bundesrepublik trägt.

Für die Jahre 1958-1974 beläuft sich der weltwirtschaftliche Verlust der westdeutschen Präferenzen zugunsten der DDR auf rd. 366 Mill. DM; das sind 1,5 vH der entsprechenden DDR-Exporte in die Bundesrepublik. Verglichen mit anderen Präferenzeffekten ist dieser "negative Nettogewinn" also recht bescheiden. Sektoral disaggregiert identifiziert er jene Bereiche, in denen potentielle Anbieter aus Drittländern durch die Präferenzregelung am stärksten diskriminiert werden.

112. Da Präferenzen nicht nur Niveaueffekte, sondern auch Struktureffekte haben, wurde außerdem versucht festzustellen, ob die Präferenzen bzw. die erzielbaren Präferenzvorteile der DDR zu einer Veränderung der Struktur der DDR-Exporte in die Bundesrepublik geführt haben. Exportstrukturänderungen werden als Abweichungen der gegebenen Struktur von einer geeigneten Norm (Referenz- oder Normalstruktur) definiert. Die notwendige Diskussion verschiedener Normalstrukturen ergab,

- daß die Struktur der DDR-Exporte, die im Handel mit dem Rest der Welt herrscht, zwar eine durchschnittliche bilaterale Referenzstruktur darstellt,

- daß aber die Struktur der DDR-Exporte in die restlichen OECD-Länder als eine plausiblere Näherung an eine normale DDR-Exportstruktur im bilateralen innerdeutschen Handel anzusehen ist, die man bei dem hohen Entwicklungsniveau beider Partner (gemessen am Ausbildungs- und physischen Kapitalbestand eines Landes) und ohne Präferenzen erwarten würde.

113. Zunächst wurde - im Rahmen des zugrunde gelegten Außenhandelsmodells und für das gegebene DDR-Exportvolumen des Zeitraums 1958-1974 in Höhe von rd. 24 Mrd. DM in Preisen von 1962 - geprüft, ob die tatsächliche Struktur der DDR-Exporte in die Bundesrepublik hinsichtlich der erzielbaren Präferenzvorteile (gemessen am impliziten Nettotransfer) den beiden Referenzsystemen, also der normalen und der durchschnittlichen Struktur, überlegen ist. Der Sensitivitätstest bestätigte zwar, daß die gegebene DDR-Exportstruktur im innerdeutschen Handel im Vergleich zu den alternativen Referenzstrukturen zu den größten Nettotransfervorteilen für die DDR geführt hat, doch fiel das Ergebnis insgesamt nicht sonderlich überzeugend aus. D. h., der DDR ist es aus bisher nicht identifizierten Gründen offenbar nur bedingt gelungen, ihre Exportstruktur für die Bundesrepublik, beispielsweise verglichen mit der OECD-Normalstruktur, an die gegegebene Präferenzstruktur vorteilsoptimierend anzupassen.

114. Deshalb sind die DDR-Exportstrukturdivergenzen hinsichtlich der gegebenen Präferenzen und weiterer Divergenzursachen mit Hilfe eines multiplen Regressionsansatzes empirisch untersucht worden. Als Referenzsystem für die gegebene DDR-Exportstruktur im innerdeutschen Handel wurde die Struktur der DDR-Exporte in die restlichen OECD-Länder gewählt.

Die Ergebnisse der Querschnittsanalysen (für die Stichjahre 1960, 1966, 1972 sowie die Zeiträume zwischen diesen Jahren) zeigen, daß sowohl die mangelnde Wettbewerbsfähigkeit als auch der verbliebene effektive (nichttarifäre) Nachteil der DDR-Anbieter auf dem Markt der Bundesrepublik gegenüber heimischen Konkurrenten einer präferenzinduzierten gewinnmaximierenden Divergenz der DDR-Exportstruktur im innerdeutschen Handel entgegengewirkt haben.

Der eigenständige Einfluß der jeweils gegebenen Präferenzstruktur auf die DDR-Exportstrukturdivergenzen war vor allem 1966 und 1972 deutlich signifikant; für 1960 war er hingegen nicht auszumachen. Daß der partielle Einfluß der Präferenzen zeitlich differenziert verläuft und insbesondere in der Zeit zwischen 1960 und 1966 virulent wird, bestätigt eine weitere Analyse der Veränderungen der DDR-Exportstrukturdivergenzen (zwischen 1960 und 1966, 1966 und 1972 sowie 1960 und 1972) in Abhängigkeit von der jeweils (perioden-) durchschnittlichen Struktur der Präferenzen. Bei den staatlich gelenkten DDR-Exporten in die Bundesrepublik kann also von einer gewissen mittelfristigen Anpassungsflexibilität an die durchschnittlich gegebene Struktur der Präferenzen ausgegangen werden. Eine kürzerfristige Anpassungsflexibilität, die sich an den Veränderungen der Präferenzraten orientiert, ließ sich dagegen nicht feststellen.

115. Kurzgefaßt dürfte also die Studie insbesondere die beiden folgenden Hypothesen unterstützt haben:

(1) Westdeutsche Präferenzen zugunsten der DDR-Exporte in die Bundesrepublik führen zu erheblichen positiven impliziten Einkommenstransfers für die DDR einerseits, zu negativen impliziten Transfers für die Bundesrepublik andererseits und per saldo zu einem weltwirtschaftlichen Verlust.

(2) Die Präferenzen haben neben Niveaueffekten auch Struktureffekte. Mittels eines ökonometrischen Ansatzes ließ sich gegenüber der gewählten OECD-Referenzstruktur ein signifikanter Einfluß der gegebenen Präferenzstruktur auf die Struktur der DDR-Exporte im innerdeutschen Handel feststellen.

116. Wie die Literatur zur Integrationstheorie zeigt, lassen sich unter dem Gesichtspunkt der weltwirtschaftlichen Effizienz im Prinzip keine theoretisch stichhaltigen Gründe für Zölle oder Zollpräferenzen finden, die andere Länder diskriminieren. Die Argumente, die aus der Sicht der Bundesrepublik dennoch zugunsten der innerdeutschen Präferenzregelung sprechen können, sind daher vornehmlich im politischen Raum zu suchen. Diese Tatsache impliziert, daß der Sonderstatus des innerdeutschen Handels auch weiterhin für politische Diskussionen offen ist. Abschließend dazu einige theoretisch orientierte, wirtschaftspolitische Anmerkungen:

(1) Fühlt sich die Regierung der Bundesrepublik gegenüber den Menschen in der DDR zur mittelbaren Hilfe verpflichtet, dann hätte sie - streng theoretisch ausgedrückt - darauf zu achten, daß sie die Hilfeleistungen so lange ausdehnt, bis die sozialen Grenzkosten der Hilfe gleich sind dem sozialen Grenznutzen aus der Verlustminderung des "öffentlichen Gutes" (definiert als "Einheit der Nation"; dieser Gedanke drückt sich heutzutage wohl eher in dem politisch über den "bargaining process" angestrebten Grad der Intensität der beiderseitigen "humanitären Beziehungen i. w. S." aus).

(2) Aus Gründen der Transparenz einer insgesamt sehr heterogenen Hilfeleistung sind offene Transfers den versteckten Transfers vorzuziehen. Denn explizite Transfers erleichtern den politischen

Prozeß des "trial and error", das Optimum zwischen Grenzkosten und Grenznutzen abzutasten.

Wollte man die impliziten Transfers[1] durch explizite Transfers ersetzen - also beispielsweise die Präferenzen aufheben, ohne daß die DDR schlechter gestellt ist als zuvor -, dann wäre die direkte Ausgleichssubvention an die DDR vermutlich deutlich höher anzusetzen als der präferenzbedingte Einnahmeverlust der Bundesrepublik. Denn die präferenzinduzierte Exportausweitung der DDR führt zu einer Exporterlöserhöhung für die DDR, die stets größer ist als der implizite Zoll- und Steuertransfer von der Bundesrepublik an die DDR. Würde nur in Höhe dieses impliziten Transfers entschädigt, so wäre ein deutlicher Rückgang des innerdeutschen Handelsvolumens zu erwarten. Die Ausgleichssubvention hätte demzufolge auch die erhöhten DDR-Exporterlöse aus der Präferenz zu berücksichtigen[2].

(3) Bestünde das wirtschaftliche Ziel darin, den strukturellen Verzerrungstendenzen der Präferenzen für die DDR entgegenzuwirken, ohne daß die Bundesrepublik von sich aus die Initiative dazu ergreifen will, dann kann dies künftig mehr oder weniger automatisch durch einen multilateralen Zollabbau im Welthandel bewerkstelligt werden, wie er in den Zollverhandlungen im Rahmen des GATT (Tokio-Runde) angestrebt wird[3].

---

[1] Der Unterschied zum direkten Transfer an die DDR aus Steuermitteln der Bundesrepublik besteht darin, daß der implizite Transfer von der Bundesrepublik an die DDR einmal von den Nachfragern nach DDR-Produkten in der Bundesrepublik (über erhöhte Inlandspreise, verglichen mit Weltmarktpreisen) und zum anderen vom westdeutschen Fiskus geleistet wird.

[2] Erst wenn die Höhe der direkten Subvention für die DDR in der Bundesrepublik aus politischen Gründen (die freilich einer regelmäßigen Überprüfung bedürfen) nicht durchsetzbar erscheint (d. h., wenn die sozialen Grenzkosten abrupt über den sozialen Grenznutzen zu steigen drohen), kann die für die Öffentlichkeit weniger fühlbare, verschleierte Hilfe durch Präferenzen weiterhin als zweitbeste Lösung betrachtet werden.

[3] Zu den Implikationen der GATT-Verhandlungen für die bestehenden Präferenzsysteme der Industrieländer zugunsten von Entwicklungsländern vgl. Johnson [1976] und vor allem Baldwin, Murray [1977]. - Nebenbei bemerkt können die präferenzinduzierten Erhöhungen der DDR-Exporte in die Bundesrepublik vor allem in arbeitsintensiv produzierenden Branchen (Landwirtschaft, Textilien usf.) in zunehmend stärkerem Maße zu Lasten der potentiellen Exporte derjenigen Entwicklungsländer gehen, die hier wesentlich größere komparative Vorteile als die DDR haben und bereits ganz oder teilweise international wettbewerbsfähig sind.

Der erwartete Zollabbau sollte vorangekündigt sein, stufenweise durchgeführt werden und entweder allgemein oder erst partiell (Abbau der Protektionsspitzen) ansetzen[1]. Die DDR würde dann bei ihren Exporten in die Bundesrepublik zu einer stärkeren Beachtung ihrer internationalen Kostenvorteile angehalten werden[2]. Unabhängig davon wäre freilich zu beantworten, welche Maßnahmen die Bundesrepublik zur Kompensation für die unwirksam werdenden Präferenzvorteile der DDR ergreifen sollte.

(4) Eine selektive oder allgemeine Aufhebung der Präferenzen für die DDR, also zum Beispiel die Einführung des EG-Drittländerzolls auf spezielle oder alle Einfuhren aus der DDR, ist ein Vorschlag, der in der Bundesrepublik regelmäßig zur Diskussion gestellt wird[3]. Die Realisierung dieses Vorschlags würde das strukturelle Anpassungsproblem der Handelsströme einseitig auf die DDR verlagern. Darüber hinaus dürfte ein künftiger Anstieg des innerdeutschen Warenaustausches wegen der empirisch ermittelten Preisabhängigkeit der DDR-Exporte in die Bundesrepublik längerfristig deutlich gebremst werden. Schwerer wiegt jedoch, daß zusätzliche Zölle, also Zölle auch auf westdeutsche Importe aus der DDR, in einer Welt von zahlreich gegebenen Handelshemmnissen dem Trend der letzten Dekaden, d.h. einem mehr oder weniger stark forcierten internationalen Protektionsabbau, zuwiderlaufen würden.

(5) Insgesamt bewertet können die Präferenzen für die DDR als zweitbeste ökonomische Lösung zwar einen Schritt in die richtige Richtung darstellen, doch gilt dies nur so lange, wie politische Prioritäten die erstbeste Lösung, einen liberalisierten Welthandel, verhindern.

---

[1] Erfahrungsgemäß sind die hochgeschützten Branchen der wichtigen Industrieländer gerade jene, die sich wegen ihres politisch bedeutsamen Einflusses einer nachhaltigen nichtdiskriminierenden Liberalisierung des Welthandels oft erfolgreich widersetzen können, so daß ein partieller Zollabbau die zunächst leichter zu realisierende Alternative darstellen dürfte.

[2] Dieser strukturelle Anpassungszwang würde ebenfalls für die Produzenten in der Bundesrepublik gelten.

[3] Vgl. die Diskussion hierzu beispielsweise bei Biskup [1977]. - Demgegenüber wäre eine Rückführung des Swing auf seine ursprüngliche Höhe bzw. eine marktorientierte Verzinsung der Überziehungskredite verzerrungstheoretisch wünschenswert. Längerfristig sollte außerdem über eine Änderung des (historischen) Verrechnungsverhältnisses von 1 DM-West zu 1 Mark-Ost verhandelt werden, um währungspolitisch bedingte Wettbewerbsverzerrungen im innerdeutschen Handel abzubauen und (wenig erfolgreiche) steuerliche Ersatzaufwertungen der Bundesrepublik, wie 1970 im Gefolge der DM-Paritätsveränderungen, künftig zu vermeiden.

Anhang

Die Tabellen des Anhangs wurden aus Gründen der Kostenersparnis photomechanisch vom Urmanuskript übernommen.

I. Erläuterungen und Quellen

1. Zur Systematik und Konstruktion der Variablen in der Regressionsanalyse zur Bestimmung der DDR-Exportpreiselastizitäten im innerdeutschen Handel

Die Zeitreihe aller Variablen der Regressionen erstreckt sich über die Jahre 1958-1974.

Als Klassifikation für die Warenströme des innerdeutschen Handels werden die vom Statistischen Bundesamt [Systematisches Warenverzeichnis 1970; Allgemeine Erzeugnisgliederung 1951, S. 4 ff.] veröffentlichten zweistelligen Warengruppen einschließlich ihrer Hauptgruppen gewählt. Auf eine Untergliederung der Hauptgruppe "Bergbauliche Erzeugnisse" wird verzichtet, da diese zum größten Teil aus Kohlelieferungen (insbesondere Braunkohle) der DDR in die Bundesrepublik besteht. Aus den Warengruppen "Erzeugnisse der Land-, Forst-, Jagdwirtschaft; Fischerei" und "Ernährungs- und Genußmittelindustrie (einschließlich Tabakwaren)" wird eine zusätzliche Hauptgruppe "Agrar und Ernährung" gebildet. Die Warengruppe "Maschinenbau" enthält durchgängig - wie früher - die heute separat ausgewiesene Branche "Büromaschinen; Datenverarbeitungsgeräte und -einrichtungen". Die sonst zweistellige Gruppenabgrenzung wird wie folgt modifiziert:

Die zu einer Gruppe gehörenden Warenzweige "Erzeugnisse der Ziehereien und Kaltwalzwerke" und "Erzeugnisse der Stahlverformung" werden der Hauptgruppe "Grundstoff- und Produktionsgüterindustrien" bzw. "Investitionsgüterindustrien" als Untergruppe zugeordnet.

Nicht aufgeführt sind "Luftfahrzeuge", weil Flugzeuge u. ä. (bis auf nichtmilitärisches Zubehör) wegen der bestehenden administrativen Beschränkungen nicht gehandelt werden; diese und die "sonstigen Waren" sind in der ausgewiesenen Basis "Insgesamt" nicht enthalten.

Die Regressionsvariablen sind - soweit möglich - reale Größen.

Die abhängige Variable Exportangebot der DDR in die Bundesrepublik je Unter- bzw. Hauptgruppe wird approximiert durch die tatsächlich in der Bundesrepublik abgesetzte DDR-Exportmenge. Die nominalen Lieferwerte der DDR in die Bundesrepublik sind den Veröffentlichungen des Statistischen Bundesamtes entnommen[1] und mit dem Index der westdeutschen Erzeugerpreise, Inlandsabsatz[2], deflationiert[3]. Dieser Preisindex approximiert den tatsächlichen Preisindex für die DDR-Exporte in die Bundesrepublik. Wegen der unterschiedlichen Gewichte zwischen westdeutscher Inlandsproduktion und DDR-Lieferungen wäre der Index für die Hauptgruppen jedoch zu stark verzerrt. Deshalb wird der Preisindex für die Hauptgruppen angepaßt, und zwar durch Gewichten der jeweiligen Untergruppen-Indizes mit den zugehörigen Lieferanteilen der DDR in die Bundesrepublik.

Die Angebots- und Kapazitätsauslastungsindikatoren werden wie folgt ermittelt:
Für die wichtige Exportangebotsdeterminante, die Nettoproduktion, liegen keine ausreichend disaggregierten Daten vor. Die DDR-Statistik weist aber die industrielle Bruttoproduktion[4] in der 4-stelligen

---

[1] Statistisches Bundesamt [Fachserie F, versch. Jgg.]. - In der Bundesrepublik veröffentlichen das Statistische Bundesamt und das Bundesministerium für Wirtschaft (BMWI) voneinander abweichende Daten zum innerdeutschen Handel. Das BMWI erfaßt die Lieferungen und Bezüge einschließlich der Dienstleistungen, die im Verrechnungsverkehr über die sogenannten Unterkonten bezahlt werden. Das Statistische Bundesamt erfaßt den gesamten innerdeutschen Warenaustausch, jedoch ohne Dienstleistungen und ohne Rücksicht auf die Zahlungsart, so daß auch Waren aufgeführt werden, die nicht im Verrechnungsverkehr bezahlt werden. Beide Ermittlungsverfahren haben Vor- und Nachteile. Für diese Untersuchung, die auf die tatsächlichen Warenexporte der DDR pro Jahr abstellt, sind die Daten des Statistischen Bundesamtes vorzuziehen (vgl. hierzu die methodischen Hinweise in "Wirtschaft und Statistik" [1971, S. 707 ff.]).

[2] Statistisches Bundesamt [Fachserie M, R. 3, versch. Jgg.] und Bundesministerium für Landwirtschaft und Forsten ["Statistischer Monatsbericht", versch. Hefte].

[3] Falls Ursprungswerte nicht direkt eingehen, gilt für alle benutzten Indizes als Basisjahr 1962 (= 100). - Ab 1968 (Umsatzsteuerumstellung) ist der Index ohne Mehrwertsteuer eingesetzt worden.

[4] Die industrielle Bruttoproduktion umfaßt
- "alle fertiggestellten und zum Absatz bestimmten Waren ...
- alle abgeschlossenen materiellen Leistungen industrieller Art für fremde Auftraggeber ...
- alle fertiggestellten Erzeugnisse und materiellen Leistungen, die für eigene Investitionen und Generalreparaturen bestimmt sind ...
- den Wert an Bestandsveränderungen an unvollendeten Erzeugnissen und Leistungen ... "

(Vgl. Staatliche Zentralverwaltung [1972, Vorbemerkung zum Abschnitt "Industrie"]).

Abgrenzung nach der "Erzeugnis- und Leistungsnomenklatur der DDR" (ELN) und der "Gliederung der Volkswirtschaft nach Bereichen und Zweigen" (Betriebssystematik) in "konstanten Preisen" aus, so daß eine gewisse Vergleichbarkeit auch zwischen den Jahren gegeben ist [Ministerrat der DDR 1965/66]. Da die ost- und westdeutschen Nomenklaturen erheblich divergieren, ist versucht worden, die DDR-Systematik für alle Jahre und Gruppen schwerpunktmäßig in die westdeutsche WI-Systematik zu transformieren. Diese Näherungslösung bleibt aber insgesamt noch verbesserungsfähig.

Für die DDR-Agrarproduktion liegen keine geeigneten offiziellen Daten vor; hilfsweise kann aber eine andere Quelle herangezogen werden[1].

Die anderen industriellen bzw. landwirtschaftlichen Indikatoren sind Gesamtaggregate, nämlich

- industrielle Warenproduktion der DDR[2]
- Ausrüstungsinvestitionen der DDR[2]
- Industrieproduktion der RGW-Länder[3]
- Exporte der DDR in RGW-Länder[4]
- Exporte der DDR in sozialistische Länder[5]
- Agrarproduktion in Osteuropa (RGW)[6]

Als Preise (Stückerlöse) für DDR-Güter auf dem westdeutschen Markt

---

[1] Es handelt sich um eine Indexreihe der "Marktproduktion der DDR-Landwirtschaft", die dem Verfasser aus einem unveröffentlichten Gutachten des DIW vorab zugänglich gemacht wurde.

[2] Staatliche Zentralverwaltung [versch. Jgg.].

[3] UN [versch. Jgg.]. - Eigene Berechnungen und Schätzungen.

[4] Staatliche Zentralverwaltung [1974]. - Eigene Berechnungen und Schätzungen. - Aussagefähig wären disaggregierte Zeitreihen gewesen. Der Verfasser hatte rechtzeitig versucht, über das Bundesamt für gewerbliche Wirtschaft an unveröffentlichte Daten dieser Art zu gelangen. Zwar liegen ihm diese Daten jetzt vor, doch kamen sie wegen des allzu langen administrativen Bewilligungsweges für diesen Teil der Berechnungen zu spät. Sie konnten erst im Kapitel V eingearbeitet werden (vgl. auch Tabelle 1*).

[5] Staatliche Zentralverwaltung [1974]. - Eigene Berechnungen und Schätzungen.

[6] UN, FAO [The State of Food and Agriculture, versch. Jgg.]. - Eigene Berechnungen und Schätzungen. - Einige der hier und später noch aufgeführten Indikatoren haben sich während der Regressionsanalyse als nicht adäquat erwiesen. In Kapitel III ist auf diese Indikatoren deshalb nicht weiter eingegangen worden.

werden die - um die Nominalprotektion erhöhten - westdeutschen Cif.-Importpreise[1] gewählt; denn sie entsprechen etwa den westdeutschen Marktpreisen (Erzeugerpreise). Die Nominalprotektion stellt - wie bereits ausgeführt - den Präferenzvorteil der DDR gegenüber Drittlandsanbietern, also ihren maximalen Preiserhöhungsspielraum dar; sie setzt sich zusammen aus Nominalzollsatz[2] und Einfuhrumsatzsteuersatz[3]. Somit berechnet sich die Näherung für den (relativen)[4] Exportpreis der DDR auf dem Markt der Bundesrepublik aus:

$$PXDB_j = PMB_j \cdot \left[1 + a_i\left(\frac{t_j + s_j}{100}\right)\right]; \qquad 0 \leq a_i \leq 1$$

[1] Statistisches Bundesamt, Preisindices [versch. Jgg., unveröff.]; für den Landwirtschaftssektor: Fachserie M, R. 1 [versch. Jgg.]. - Eigene Berechnungen und Schätzungen.

[2] Die Nominalzollsätze der westdeutschen Industriesektoren wurden für die Stichjahre 1958, 1964, 1970 und 1972 von Hiemenz, von Rabenau [1973, S. 136 ff.] sowie von Donges, Fels, Neu u.a. [1973, S. 22 ff.] berechnet und unverändert übernommen. Die Zollraten der Ernährungsindustrie für 1960, 1966, 1972 sind der Studie von Dicke [1977] entnommen; sie wurden für die Zwischenjahre interpoliert und mit den entsprechenden DDR-Exportanteilen der einzelnen Subgruppen im innerdeutschen Handel umgewichtet. Die Daten für den Landwirtschaftssektor wurden für verschiedene Stichjahre (1959, 1963, 1965, 1967, 1968, 1970, 1972) über die mit den innerdeutschen Lieferanteilen der DDR gewichteten Nominalraten ausgewählter wichtiger Landwirtschaftsprodukte ermittelt. Als Quellen für spezielle bzw. bereits aggregierte Nominalraten dienten Rodemer [1977] und Nehring [1974b, S. 80 ff.]. - Die verbliebenen Lücken im Beobachtungszeitraum wurden durch eigene Schätzungen sowie durch Interpolation und Extrapolation geschlossen. Die Zollsätze der Hauptgruppe Agrar und Ernährung schließlich resultieren aus den mit beiden Subgruppenanteilen gewichteten Einzelraten.

[3] Als Einfuhrumsatzsteuer mußten für den Zeitraum 1958-1967 die vom Ifo-Institut nur für das Jahr 1963 berechneten Umsatzausgleichsteuersätze näherungsweise eingesetzt werden (Krumper, Petersen, Spanakakis [1967, S. 6]). Für die Zeit danach wurden die jeweiligen gesetzlichen Einfuhrumsatzsteuersätze verwendet.

[4] Um die Inflationskomponente aus den Preisen zu eliminieren, wurden sie mit den allgemeinen Erzeugerpreisindex (Inlandsabsatz) für die Bundesrepublik deflationiert.

wobei:

$PXDB_j$ = Stückerlös der DDR in der Bundesrepublik für Güter im Sektor j

PMB_j = westdeutscher Einfuhrpreis (cif) für Drittländergüter im Sektor j (Näherung für den Weltmarktpreis, wie ihn die DDR anderenfalls "nur" erlösen könnte ($PXDW_j$))

t_j = durchschnittlicher westdeutscher (EG-) Nominalzollsatz im Sektor j, mit dem Drittländereinfuhren belastet werden, in vH des Einfuhrwertes[1]

s_j = westdeutsche Einfuhrumsatzsteuerrate im Sektor j, mit der Drittländereinfuhren belastet werden, in vH des Einfuhrwertes

a_i = Anteil des präferenzbedingten Preiserhöhungsspielraums ($t_j + s_j$), den die DDR realisieren kann. Dieser liegt zwischen $a_i = 0$, dann erzielt sie den Weltmarktpreis PMB_j (= $PXDW_j$) und $a_i = 1$, bei dem die DDR den gesamten Preisvorteil erlöst[2]

---

[1] Die westdeutschen Nominalzollsätze eines Gütersektors sind mit inländischen Bruttoproduktionswerten gewogene Durchschnittszölle [vgl. Donges, Fels, Neu u.a. 1973, S. 22]. Sie stellen also eine Näherung an die branchenbezogenen Durchschnittszölle dar, die sich für den Exportwarenkorb der DDR in dem jeweiligen Sektor ergeben würden.

[2] Wie bereits ausgeführt, läßt sich a priori nicht sagen, welchen Anteil a_i die DDR auf dem westdeutschen Markt für ihre Produkte durchsetzen kann. Deshalb wird für die Berechnungen der maximale Wert, also $a_i = 1$, unterstellt. Darüber hinaus läßt sich auch mit Alternativwerten zwischen Eins und Null (wie 0,8 ... 0,2 ... 0) rechnen. Der unterste Wert $a_i = 0$ würde der Annahme entsprechen, daß die DDR ihren Preisspielraum nicht ausnutzt und mit den westdeutschen Nachfragern zu Weltmarktpreisen fakturiert. Diese Alternative wurde ebenfalls durchgerechnet, brachte aber bis auf den Landwirtschaftsbereich keine von $a_i = 1$ stark abweichenden Ergebnisse. Zudem dürfte der Warenaustausch zu Weltmarktpreisen für den präferenzierten innerdeutschen Handel eine wenig realistische Preisbasis darstellen; denn die vertraglichen Regelungen sehen westdeutsche Marktpreise als Preisbasis vor. Und auch die Zwischenwerte von a_i wären rein hypothetischer Natur. Deshalb erscheint es sinnvoll, sich auf $a_i = 1$ als Preisobergrenze zu beschränken, so daß offen bleiben muß, welchen preislichen Präferenzanteil die DDR von Fall zu Fall tatsächlich vereinnahmen konnte.

Als sonstige Marktauswahlindikatoren wurden die folgenden Kennziffern verwendet:
- Nationaleinkommen der DDR[1]
- Bruttoinlandsprodukt der Bundesrepublik[2]
- industrielle Nettoproduktion der Bundesrepublik[2]
- Industrieproduktion der EG[3]
- Industrieproduktion der entwickelten Marktwirtschaften[3]

Und für den Agrarsektor:
- Agrarproduktion der Bundesrepublik[4]
- Agrarproduktion Westeuropas[4]
- Agrarproduktion der EG[5]

Die letzte wichtige Variable, nämlich das Mindestdevisenerfordernis für die DDR, ist ein kombinierter Indikator[6]. Für den streng bilateralen innerdeutschen Handel besteht die Grundidee dieser Devisenbilanzrestriktion darin, daß sich die Deviseneinnahmen und -ausgaben der DDR rechnerisch ausgleichen müssen. D. h., die DDR muß für ihre Importe aus der Bundesrepublik (Devisenausgaben) über mindestens äquivalente Deviseneinnahmen verfügen, wenn es nicht zu Schwierigkeiten im Verrechnungsverkehr (Clearing) kommen soll. Oder konkreter: Die Mindestdevisenposition der DDR ergibt sich aus der Differenz der ostdeutschen Importausgaben und der von der Bundesrepublik akzeptierten Veränderung des kumulierten Kreditsaldos der DDR; letzterer reduziert um Devisenausgaben für Dienstleistungen im Zusammenhang mit dem Warentransfer, vornehmlich Kreditzinsen, Versicherungs- und Transportkosten.

Da Transport- und Versicherungskosten in den offiziell ausgewiesenen DDR-Lieferwerten des Statistischen Bundesamtes uneinheitlich enthalten sind, werden sie vernachlässigt; bei den Transportkosten

---

[1] Staatliche Zentralverwaltung [versch. Jgg.]. - Das Nationaleinkommen der DDR ist nicht identisch mit westlichen Sozialproduktskennziffern, ähnelt aber am meisten - sieht man von den fehlenden Dienstleistungen einmal ab - dem Nettosozialprodukt [vgl. Mitzscherling u. a. 1974, S. 113].

[2] Statistisches Bundesamt [Statistisches Jahrbuch, versch. Jgg.]. - Eigene Berechnungen.

[3] UN [versch. Jgg.]. - Eigene Berechnungen und Schätzungen.

[4] UN, FAO: "Monthly Bulletin" [4./1975, S. 3 ff.]; The State of Food and Agriculture [versch. Jgg.]. - Eigene Berechnungen und Schätzungen.

[5] Rodemer [1977]. - Eigene Berechnungen und Schätzungen.

[6] Die Dummyvariablen wurden bereits im Text erläutert und in Tabelle 1 wertemäßig klassifiziert.

ist dies wegen der durchschnittlich geringen Entfernung zwischen der DDR und der Bundesrepublik (und West-Berlin) verglichen mit anderen Westhandelspartnern der DDR vertretbar.

Bei den zusätzlichen Zinskosten in Westdevisen für den kumulierten Kreditsaldo bzw. für seine Veränderung ist zu unterscheiden zwischen dem Teil des Kredits, der der DDR vom westdeutschen Staat zinslos gewährt wird (Swing), und dem Teil, der über den privaten westdeutschen und/oder internationalen Kreditmarkt finanziert werden muß[1], also Devisenausgaben für Zinszahlungen (einschließlich Tilgungen) verursacht. Genaugenommen müßten auch diese Devisenausgaben von der Veränderung des Kreditsaldos subtrahiert werden, d.h. wenn gilt[2]:

$$(1) \quad \Delta KSDB_t = KSDB_t - KSDB_{t-1}$$

und

$$(2) \quad \Delta SWBD_t = SWBD_t - SWBD_{t-1}$$

so daß

$$(3) \quad \Delta KSDB_t - \Delta SWBD_t = \Delta NKSDB_t$$

die kostenverursachende Kreditveränderung ist, dann beträgt die Veränderung der Kreditkosten (ΔZ_t) bei gegebenem Kreditzins- und Tilgungssatz (z_t):

$$(4) \quad \Delta Z_t = \Delta NKSDB_t \cdot z_t$$

Um diese Veränderung der Zins- und Tilgungskosten wäre die Veränderung des Kreditsaldos zu reduzieren, falls eine Aussage über die Mindestdevisenhöhe der DDR gemacht werden soll, die diese braucht, um die notwendigen Importe aus der Bundesrepublik zu finanzieren.

Praktisch dürfte es schwierig sein, ΔZ_t zu ermitteln. Denn weder die Laufzeitstruktur noch die tatsächlichen Zins- und Tilgungssätze (bzw.

---

[1] Zur Verschuldungsproblematik vgl. Machowski [1976].

[2] $\Delta KSDB_t$: Veränderung des kumulierten Kreditsaldos zwischen der Bundesrepublik und der DDR in Periode t (UKSDBT in Tabelle 1);

$KSDB_t$ und $KSDB_{t-1}$: kumulierter Kreditsaldo in Periode t bzw. t-1.

$\Delta SWBD_t$: Veränderung des zinslosen Swing zugunsten der DDR in Periode t bzw. t-1.

Vgl. Deutscher Bundestag [1974, S. 5; 1976, S. 7]. - Ollig [1975, S. 193]. - Unveröffentlichte Daten sowie eigene Berechnungen und Schätzungen.

die Finanzierungsquellen) sind hinreichend genau bekannt[1]. Aber auch aus einem anderen Grund kann auf diese Determinante der ostdeutschen Mindestdevisenposition im Handel mit der Bundesrepublik verzichtet werden: Die DDR erzielt, wie bereits erwähnt, noch aus anderen Quellen Deviseneinnahmen in beträchtlicher Höhe (Transitgebühren, temporärer Zwangsumtausch für westdeutsche Rentner, direkte staatliche westdeutsche Ausgleichszahlungen)[2]. Da diese DM-Einnahmen der DDR in der Handels- bzw. Leistungsbilanz nur teilweise und indirekt wieder erscheinen, weil die DDR "frei" über sie entscheiden kann (z. B. Barkäufe der DDR in der Bundesrepublik über Sonderkonto S), dürfte aus diesen Mitteln ein wesentlicher Teil des Zins- und Schuldendienstes getätigt werden. Wie groß der verbleibende Ausgabenanteil der DDR ist, der ihr für "sonstige Westaktivitäten" zur Verfügung steht, ist hingegen nicht bekannt.

Die Mindestdevisenposition der DDR ist demzufolge ein so wenig präzise erfaßbarer Indikator für die Zahlungsbilanzrestriktion der DDR im innerdeutschen Handel, daß die beiden folgenden Näherungen gewählt wurden:

$$(5) \quad DPOSD_t\,1 = MTDB_t - \Delta KSDB_t$$

wobei:

$DPOSD_t$ = Mindestdevisenposition in der DDR in Periode t

$MTDB_t$ = geplante plus ungeplante totale Importe der DDR aus der Bundesrepublik in Periode t[3]

$\Delta KSDB_t$ = Veränderung des kumulierten Kreditsaldos der DDR im innerdeutschen Handel in Periode t

Oder, wenn von den Devisenerlösen der gesamten DDR-Exporte der Vorperiode in die Bundesrepublik ($XTDB_{t-1}$), vermehrt um die "ge-

---

[1] Zu einem Teilaspekt dieser Bewertungen vgl. Nehring [1974b, S. 86 ff.].

[2] Vgl. hierzu beispielsweise die Aufstellung der direkten westdeutschen Transferzahlungen an die DDR [Deutscher Bundestag 1974; 1976].

[3] Zu den nominalen westdeutschen Exporten in die DDR (≙ DDR-Importe) vgl. Statistisches Bundesamt [Fachserie F, R. 6, versch. Jgg.]. - Deflator für diese Lieferwerte - wie auch für alle anderen Nominalwerte der alternativen Zahlungsbilanznäherungen - ist der mit den jeweiligen westdeutschen Lieferanteilen im innerdeutschen Handel umgewichtete westdeutsche Exportpreisindex der Bundesrepublik. - Vgl. Statistisches Bundesamt: Statistisches Jahrbuch [versch. Jgg.]; Fachserie M, R. 1 [versch. Jgg.]; Fachserie F, R. 6 [versch. Jgg.]. - Eigene Berechnungen und Schätzungen.

plante" Kreditsaldoveränderung dieser Periode ($\Delta KSDB_t$), ausgegangen wird, gelangt man zu einer zweiten Mindestdevisenposition ($DPOSD_t$ 2). Diese stellt den Finanzierungsspielraum der DDR-Importe für die Periode t dar.

$$(6) \quad DPOSD_t\,2 = XTDB_{t-1} + \Delta KSDB_t$$

Darüber hinaus sind noch die Teilindikatoren (1) $\Delta KSDB_t$ und (3) $\Delta SWBD_t$ sowie die totalen Importe der DDR aus der Bundesrepublik ($MTDB_t$) bzw. aus dem Westen ($MTDW_t$) anfänglich als weitere Alternativnäherungen getestet worden. Allerdings zeigte sich bald, daß die beiden Mindestdevisenpositionen (DPOSD 1 oder DPOSD 2) den relativ besten "fit" ergeben, so daß nur noch mit diesen beiden Alternativen weitergerechnet worden ist.

2. Zur Analyse der DDR-Exportstrukturdivergenzen im innerdeutschen Handel

Die in Kapitel V für die Querschnittsanalyse herangezogenen Stichjahre sind - wie erwähnt - die Jahre 1960, 1966 und 1972.

Abweichungen von der bisher verwendeten Systematik (vgl. S. 128) ergeben sich im wesentlichen durch:

- Aggregieren[1] verwandter Branchen (z. B. "Säge- und Holzbearbeitung" plus "Holzwaren")[2]
- Verzicht auf die Warengruppen "Steine, Erden", "Straßen-, Luft-, Wasserfahrzeuge". Diese werden entweder wie bei "Steine, Erden" primär mit der Bundesrepublik (insbesondere West-Berlin wegen des Transportkostenvorteils), also kaum mit der Referenzregion gehandelt, oder es handelt sich weniger um Endprodukte, sondern um Zubehör, so daß die vorliegenden Daten (z. B. die Nominalzollsätze) für die unabhängigen Variablen dieser Gruppen wenig aussagefähig sein dürften[3].

---

[1] Die Aggregation erscheint - wie gesagt - notwendig, weil in der Regressionsanalyse jeder Sektor das gleiche Gewicht hat. Dies würde nicht den tatsächlichen Gegebenheiten entsprechen, denn die DDR-Exporte in die Bundesrepublik wie in die restlichen OECD-Länder konzentrieren sich auf wenige Warengruppen, so daß Zufallsschwankungen bei anteilig kleinen Gruppen das Regressionsergebnis übermäßig stark verzerren können.

[2] Zur gewählten Systematik vgl. Tabelle 3*.

[3] Alle Daten sind Nominalwerte. Soweit diese nicht in D-Mark ausgewiesen sind, wurden sie mit Hilfe der von der Deutschen Bundesbank veröffentlichten jahresdurchschnittlichen Kurse in D-Mark umgerechnet.

Die aggregierten sechzehn Branchen erfassen in den drei Stichjahren etwa 96 vH der durchschnittlichen DDR-Exporte in alle OECD-Länder (einschließlich Bundesrepublik).

Bei der Ermittlung der abhängigen Regressionsvariablen, der DDR-Exportstrukturdivergenzen[1], wurde wegen der geforderten statistischen Zuverlässigkeit und Vergleichbarkeit möglichst auf westliche Quellen zurückgegriffen[2]:

(a) Die kalenderjährlichen Anteile der DDR-Exporte einer Warengruppe j in die Bundesrepublik ($X_j^{D,B}$) ermitteln sich aus dem Nominalwert der exportierten Warengruppe ($x_j^{D,B}$) zum Nominalwert der insgesamt von der DDR in die Bundesrepublik exportierten Güter ($\sum_j x_j^{D,B}$)[3]:

$$X_j^{D,B} = \frac{x_j^{D,B}}{\sum_j x_j^{D,B}} \geq 0 \qquad \sum_j X_j^{D,B} = 1 \qquad (j = 1 \ldots 16)$$

---

1 Tabelle 3* zeigt die Werte der DDR-Exportstrukturabweichungen (in Prozentpunkten) für die gewählten Stichjahre.

2 Anzumerken ist, daß beispielsweise die Genauigkeit der verwendeten Daten für die Exporte der DDR von der Bundesrepublik über die OECD-Länder bis hin zu den RGW-Ländern aus erfassungs- und paritätstechnischen Gründen abnimmt, ein Mangel, der in Kauf genommen werden muß. Dennoch handelt es sich, was den Grad der Disaggregation (in WI-Abgrenzung) anlangt, um eine wesentlich verbesserte Datenbasis verglichen mit offiziellen Statistiken des Ostens. Die DDR publiziert ihren Außenhandel bekanntlich nur sehr unvollkommen, so daß Einsichten in Niveau und Struktur der Warenströme sehr erschwert werden: Die Warenpositionen werden in Valuta-Markt ausgewiesen, ohne daß der jeweilige Umrechnungskoeffizient (z. B. zum US-$) bekanntgemacht wird; darüber hinaus findet man beim Spezialhandel nach Ländern nur ausgewählte Erzeugnisse, nicht aber alle Produktgruppen (und Länder), wie es in westlichen Statistiken üblich ist (vgl. Staatliche Zentralverwaltung [versch. Jgg., Abschn. Außenwirtschaft] bzw. Statistisches Bundesamt [Statistisches Jahrbuch, versch. Jgg., Abschn. Außenwirtschaft, A. Spezialhandel]). Deshalb ist es zuverlässiger, sich auf die relevanten statistischen Angaben der jeweiligen DDR-Handelspartner zu stützen, wenngleich auch hier bei den RGW-Ländern beträchtliche Umrechnungsprobleme (z. B. durch "willkürliche" Wechselkurse) bestehenbleiben.

3 Statistisches Bundesamt [Fachserie F, R. 6, versch. Jgg.]. - Eigene Berechnungen.

(b) Als Näherung für die Referenzexporte, "DDR-Exporte in westliche Industrieländer - ohne BRD", werden die Exporte der DDR in die restlichen OECD-Länder gewählt; die gruppenspezifischen Exportanteile berechnen sich analog[1]:

$$X_j^{D,OECD} = \frac{x_j^{D,OECD}}{\sum_j x_j^{D,OECD}} \geq 0 \qquad \sum_j X_j^{D,OECD} = 1$$

(c) Näherung für die Struktur der gesamten DDR-Exporte (Exporte der DDR in den Rest der Welt für Gut j) ist eine additive Größe aus den sektorspezifischen DDR-Exporten in wichtige RGW-Länder[2], in die restlichen OECD-Länder und in die Bundesrepublik, jeweils bezogen auf die DDR-Exporte in diese Länder (-blöcke) insgesamt[3]:

$$X_j^{D,W} = \frac{x_j^{D,W}}{\sum_j x_j^{D,W}} \geq 0 \qquad \sum_j X_j^{D,W} = 1$$

(d) Um die verbliebenen - beispielsweise zyklusbedingten - Schwankungen der Anteile in den drei Stichjahren zu dämpfen, werden die DDR-Exportanteile $X_j^{D,B}$ und $X_j^{D,OECD}$ als mehrjährige Durchschnitte berechnet[4].

---

1 Bundesamt für gewerbliche Wirtschaft [unveröff., versch. Jgg.]. - OECD [versch. Jgg.]. - Eigene Berechnungen.

2 Diese sind: Sowjetunion, Polen, Tschechoslowakei und Ungarn; also ohne Bulgarien, Rumänien, Mongolei (Albanien, Kuba). Der Anteil dieser vier Länder am Export der DDR in den RGW-Block beträgt 1972 rd. 89,3 vH [vgl. Staatliche Zentralverwaltung 1973, S. 286].

3 Bundesamt für gewerbliche Wirtschaft [versch. Jgg.]. - OECD [versch. Jgg.]. - Nationalstatistiken der RGW-Länder. - Eigene Berechnungen und Schätzungen.

4 Und zwar: 1960 aus dem Durchschnitt der Jahreswerte 1960-1963, 1966 aus 1964-1967 und 1972 aus 1971-1973 (dem aktuellsten Jahr für diese Daten zum Zeitpunkt der Berechnungen). Auf die aufwendigen Durchschnittsbildung auch für die Struktur der gesamten DDR-Exporte gegenüber dem Rest der Welt wurde verzichtet, weil zu vermuten ist, daß das Gesamtaggregat weniger stark schwankt als seine Teilaggregate.

Die unabhängigen Variablen werden näherungsweise folgendermaßen erfaßt:

(a) Als nominale Präferenzrate (t_1) werden die westdeutschen nominalen Zoll- plus Einfuhrumsatzsteuersätze[1] und als effektive Präferenzrate (t_2) die effektiven Zollsätze[2] der Bundesrepublik für die drei Stichjahre herangezogen und in die gewählte Branchenabgrenzung gebracht[3].

(b) Die effektive Protektions- bzw. Wettbewerbsdiskriminierung der DDR-Anbieter gegenüber heimischen Anbietern auf dem Markt der Bundesrepublik (EPD) ermittelt sich aus der Differenz der Raten von gesamter effektiver Protektion[4] (t'_3) und effektiver Zollprotektion (t'_2)

$$EPD_j = t'_{3,j} - t'_{2,j} \lesseqgtr 0$$

(c) Die branchenspezifischen RCA-Werte für die Bundesrepublik, also die nationale (internationale) Wettbewerbsposition einer westdeutschen Branche, werden für die drei Stichjahre gegenüber dem "Rest der Welt"[5] (ausschließlich DDR) nach der Formel von Horn

---

[1] Zu den verwendeten Quellen vgl. S. 131, Anm. 2 u. 3.

[2] Die effektiven Zollsätze für die westdeutsche Industrie entstammen den Studien von Hiemenz, von Rabenau [1973] bzw. Donges, Fels, Neu u.a. [1973] ; für die Hauptgruppe Agrar und Ernährung sind sie geschätzt worden.

[3] Soweit für die Protektionsraten (nominale und effektive) keine direkten Angaben für die drei Stichjahre vorliegen, werden diese durch Interpolieren der beiden nächstgelegenen Werte gewonnen. In den Fällen, in denen Branchen aggregiert sind, werden die gegebenen Protektionsraten außerdem mit den zugehörigen DDR-Exportanteilen gewichtet.

[4] Die gesamten effektiven Protektionssätze für die westdeutsche Industrie werden wieder Hiemenz, von Rabenau [1973] bzw. Donges, Fels, Neu u.a. [1973] entnommen, bzw. für den Sektor Agrar und Ernährung geschätzt und dem verwendeten Aggregationsniveau entsprechend angepaßt.

[5] Präziser wären möglicherweise RCA-Werte der Bundesrepublik gegenüber OECD-Ländern gewesen, doch dürften auch die globalen RCA-Meßziffern die Wettbewerbsposition der westdeutschen Anbieter gegenüber den DDR-Anbietern hinreichend erfassen.

[1977] berechnet und auf Null normiert[1].

(d) Der Transportkostenindikator, Wertschöpfung je Tonne (WST) [2], wird für alle Sektoren - wegen des relativ hohen zusätzlichen Aufwands - nur für das Jahr 1966 berechnet. Diese Werte wurden ebenfalls für die beiden anderen Stichjahre eingesetzt. Dies erscheint noch gerechtfertigt, weil es bei dieser verhältnismäßig groben Näherung weniger auf die absoluten Werte, sondern auf die Relationen zwischen den einzelnen Branchen ankommt. Letztere dürften sich für die beiden Stichjahre 1960 und 1972, verglichen mit 1966, nicht übermäßig stark verschoben haben.

---

[1] Berechnungsformel:

$$RCA_j = \left[\frac{x_j - m_j}{x_j + m_j} - \frac{\sum_j (x_j - m_j)}{\sum_j (x_j + m_j)}\right] \cdot \left[\frac{100}{1 - \frac{\sum_j (x_j - m_j)}{\sum_j (x_j + m_j)}}\right] \quad \text{für} \quad \frac{x_j - m_j}{x_j + m_j} > \frac{\sum_j (x_j - m_j)}{\sum_j (x_j + m_j)}$$

$$RCA_j = \left[\frac{x_j - m_j}{x_j + m_j} - \frac{\sum_j (x_j - m_j)}{\sum_j (x_j + m_j)}\right] \cdot \left[\frac{100}{1 + \frac{\sum_j (x_j - m_j)}{\sum_j (x_j + m_j)}}\right] \quad \text{für} \quad \frac{x_j - m_j}{x_j + m_j} < \frac{\sum_j (x_j - m_j)}{\sum_j (x_j + m_j)}$$

wobei:

x_j = Exporte der Bundesrepublik in der Produktgruppe j

m_j = Importe der Bundesrepublik in der Produktgruppe j

Zu den Import- und Exportdaten für die Berechnung der RCA-Meßziffern vgl. Statistisches Bundesamt [Fachserie G, R. 7, versch. Jgg.]. - Eigene Berechnungen.

[2] Zur Wertschöpfung der Wirtschaftssektoren vgl. Stäglin, Wessels [1973]. - Für die Produktionsdaten in Tonnen: Statistisches Bundesamt [Fachserie D, R. 3, 1966] ; Bundesministerium für Landwirtschaft und Forsten [Statistisches Jahrbuch 1966]. - Eigene Berechnungen und Schätzungen.

II. Tabellen

Tabelle 1* - Exportstrukturen der DDR und der Bundesrepublik 1960/72[a] (in vH der jeweiligen Gesamtexporte)

Wirtschaftszweig	DDR-Exportstruktur mit				BRD-Exportstruktur mit
	Bundesrepublik[b]		Rest-OECD[c]	Rest der Welt[d]	Rest der Welt
	tatsächlich	bereinigt um Präferenzwirkungen			
Bergbauliche Erzeugnisse	11.32	13.51	14.66	5.62	3.56
Grundstoff- und Produktionsgüterindustrien	29.49	30.35	26.02	19.28	28.20
Steine und Erden	2.58	2.82	0.58	0.75	0.81
Eisen- und Stahlerzeugung	4.16	3.17	6.08	1.63	6.96
Eisen-, Stahl- und Tempergießereien	0.16	0.13	0.04	0.05	0.25
Ziehereien und Kaltwalzwerke	0.26	0.02	0.10	0.06	1.23
NE-Metalle und -Halbzeug	2.12	2.23	2.08	0.62	2.38
Mineralölerzeugnisse	9.50	10.45	1.91	2.64	0.94
Chemische Erzeugnisse	7.51	8.27	13.25	12.30	13.65
Säge- und Holzbearbeitungswerke	1.19	1.26	0.67	0.25	0.30
Holzschliff, Zellstoff, Papier und Pappe	1.00	0.98	0.85	0.45	0.62
Gummi- und Asbestwaren	1.01	1.02	0.46	0.53	1.06
Investitionsgüterindustrien	10.98	7.12	24.57	51.10	54.24
Stahl- und Leichtmetallbau	0.13	0.07	0.34	5.17	0.97
Stahlverformung	0.29	0.35	0.10	0.06	0.91
Maschinenbau	5.05	2.64	11.87	32.12	22.59
Straßenfahrzeuge	0.26	0.14	2.36	3.49	13.85
Elektrotechnik	2.61	1.08	5.07	5.73	9.34
Feinmechanik, Optik, Uhren	1.27	1.40	3.06	3.46	1.73
Eisen-, Blech- und Metallwaren	1.37	1.44	1.77	1.07	4.85
Verbrauchsgüterindustrien	27.25	27.46	20.50	18.02	10.57
Feinkeramik	1.02	1.02	2.40	0.76	0.77
Glas und Glaswaren	0.98	0.99	1.89	0.46	0.74
Holzwaren	3.28	3.34	2.27	2.66	0.73
Musikinstrumente, Sport- und Spielwaren	1.34	1.24	3.95	1.73	1.01
Papier- und Pappewaren	0.61	0.60	0.70	0.23	0.40
Druckerei, Vervielfältigung	0.94	1.09	0.65	1.39	0.67
Kunststofferzeugnisse	0.74	0.73	0.28	0.17	1.00
Leder (Herstellung, Veredelung)	0.04	0.04	0.31	0.09	0.28
Lederwaren und Schuhe	0.86	0.87	1.05	0.78	0.36
Textilien	10.42	10.61	5.84	5.92	3.66
Bekleidung	7.02	6.93	1.16	3.93	0.95
(Industrie)	(79.04)	(78.44)	(85.75)	(94.02)	(96.57)
Agrar und Ernährung	20.96	21.56	14.25	5.98	3.43
Erzeugnisse der Land-, Forst- und Jagdwirtschaft, Fischerei	10.32	11.17	8.69	3.25	1.12
Ernährungs- und Genußmittelindustrie[e]	10.64	10.39	5.56	2.73	2.31
Insgesamt[f]	100	100	100	100	100

[a] Durchschnitt der Stichjahre 1960, 1966, 1972. - [b] Durchschnitt der Periode 1958-1974. - [c] Ohne Bundesrepublik. - [d] Approximiert durch die Summe der DDR-Exporte in die OECD-Länder (einschließlich Bundesrepublik) und in wichtige RGW-Partnerländer (Ungarn, Polen, Tschechoslowakei, Sowjetunion). - [e] Einschließlich Tabakwaren. - [f] Ohne: "Wasser- und Luftfahrzeuge" und "Waren, die nicht zugeordnet werden konnten".

Quelle: Statistisches Bundesamt: Fachserie F [R. 6, versch. Jgg.]; Fachserie G [R. 1, versch. Jgg.]. - OECD [versch. Jgg.]. - Nationalstatistiken der RGW-Länder [versch. Jgg.]. - Bundesamt für gewerbliche Wirtschaft [unveröff. Daten, versch. Jgg.]. - Eigene Berechnungen und Schätzungen.

Legende zu Tabelle 2*

In der nachstehenden Tabelle 2* sind die verschiedenen statischen Effekte der Präferenzen für die DDR-Exporte in die Bundesrepublik für alle fünf Hauptgruppen und 31 Untergruppen der (modifizierten) WI-Systematik in Mill. DM und zu Preisen von 1962 aufgeführt[1]: Zunächst für das Anfangs- und Endjahr der Untersuchung, 1958 bzw. 1974, dann über den gesamten Beobachtungszeitraum 1958-1974 aufsummiert sowie analog für die Periode 1968-1974, also die Zeit nach Einführung der politisch-administrativen Verbesserungen im innerdeutschen Handel[2].
Für diese vier Zeiträume sind jeweils drei Ergebnisspalten ausgedruckt. Die erste Spalte führt den sektorspezifischen Präferenzeffekt an, die zweite seine vH-Relation, bezogen auf die zugehörigen DDR-Exporte in die Bundesrepublik (vH -1), und die dritte (vH -2) seine vH-Relation, bezogen auf die Summe dieses Präferenzeffekts über alle berechneten Hauptgruppen (Total-A) bzw. über alle berechneten Untergruppen (Total-B). Oder anders: vH -1 gibt an, wie groß der Anteil des sektorspezifischen Präferenzeffekts an den entsprechenden DDR-Exporten dieses Sektors ist, während vH -2 die relative Höhe dieses sektoralen Präferenzeffekts am entsprechenden Präferenzeffekt insgesamt fixiert.
Alle Ergebnisse sind für den maximalen Präferenzsatz, also Zoll- plus Einfuhrumsatzsteuervorteil, ausgewiesen. Wie schon erwähnt, ist nicht bekannt, ob die DDR diesen Vorteil tatsächlich realisiert. Von kompetenter Seite[3] wird (sicherlich auch mehr oder weniger spekulativ) vermutet, daß die DDR nur den Zollbestandteil der Präferenzen vereinnahmt, während der Umsatzsteuervorteil für die DDR den Nachfragern in der Bundesrepublik zufließt. Unter den Effekten, die sich auf den gesamten Präferenzvorteil zugunsten der DDR beziehen, werden informationshalber - in Klammern - noch die rein zollpräferenzbedingten Effekte angeführt; auf sie ist darüber hinaus nicht weiter eingegangen worden.
Bei den Hauptgruppen sind (bis auf Bergbauliche Erzeugnisse) jeweils zwei Alternativergebnisse dargestellt. Das erste resultiert aus der Rechnung mit der für die Hauptgruppe direkt ermittelten Preiselastizität, das zweite aus der wertmäßigen Spaltensumme der zugehörigen Untergruppen. Die Alternativergebnisse der (kursorischen) Zeile "Industrie" beziehen sich auf die Summe der berechneten industriellen Hauptgruppen bzw. auf die Summe der berechneten industriellen Unterbranchen.

---

[1] Der Verfasser dankt seinem Kollegen Peter Fröhler für das Programmieren der Ergebnistabelle. - Die aggregierte Untergruppe Bergbauliche Erzeugnisse ist gleichzeitig eine der fünf Hauptgruppen. - Zu den bereits im Anhang, S. 128 aufgeführten Untergruppen wird außerdem auf Wasserfahrzeuge verzichtet, weil die Nominalprotektionsrate für diesen hochsubventionierten Sektor wenig aussagefähig sein dürfte und überdies primär Schiffszubehör gehandelt wird, für das die Protektionsrate weniger geeignet wäre.

[2] Wie erwähnt, beschloß die Bundesregierung im Jahre 1967, den zinslosen Überziehungskredit (Swing) für die DDR (zwischen 1968 und 1973) zu dynamisieren und eine Vielzahl wichtiger Wareneinfuhrpositionen zu liberalisieren.

[3] Diesen Eindruck gewann der Verfasser aus Diskussionen mit Fachleuten des für den innerdeutschen Handel zuständigen Bundesministeriums für Wirtschaft.

Tabelle 2* - Schätzergebnisse der Präferenzeffekte 1958, 1974, 1958/74, 1968/74 (in Mill. DM zu Preisen von 1962 und vH's)

WIRTSCHAFTSZWEIG	HANDELSAUSWEITUNGSEFFEKT 1958	VH-1	VH-2	1974	VH-1	VH-2
BERGBAULICHE ERZEUGNISSE	3.667	1.564	3.141	1.784	2.940	0.413
	(1.089)	(0.465)	(1.403)	(0.013)	(0.021)	(0.006)
GRUNDSTOFF- UND PRODUKTIONS-GUETERINDUSTRIEN	34.538	12.957	29.584	137.754	15.277	31.926
	(22.024)	(8.263)	(28.378)	(58.045)	(6.437)	(28.245)
	22.818	8.560	23.324	171.775	19.049	37.863
	(14.257)	(5.349)	(21.885)	(63.124)	(7.000)	(28.995)
STEINE UND ERDEN	1.534	5.993	1.568	7.374	11.310	1.625
	(0.739)	(2.888)	(1.134)	(1.883)	(2.888)	(0.865)
EISEN- UND STAHLERZEUGUNG	1.372	35.131	1.403	68.415	37.455	15.080
	(0.704)	(18.015)	(1.080)	(21.953)	(12.019)	(10.084)
EISEN-, STAHL- UND TEMPERGIESSEREIEN	0.084	11.393	0.085	0.574	15.927	0.126
	(0.049)	(6.614)	(0.075)	(0.260)	(7.228)	(0.120)
ZIEHEREIEN UND KALTWALZWERKE	0.230	87.296	0.236	18.330	93.327	4.040
	(0.147)	(55.824)	(0.226)	(8.192)	(41.707)	(3.763)
NE-METALLE UND HALBZEUG	0.036	6.526	0.037	7.967	14.319	1.756
	(0.033)	(5.992)	(0.051)	(2.933)	(5.271)	(1.347)
MINERALOELERZEUGNISSE	9.694	7.182	9.909	34.021	12.647	7.499
	(5.215)	(3.864)	(8.004)	(9.661)	(3.591)	(4.437)
CHEMISCHE ERZEUGNISSE	5.582	8.079	5.706	21.270	10.101	4.688
	(4.420)	(6.396)	(6.784)	(11.792)	(5.600)	(5.417)
SAEGE- UND HOLZBEARBEITUNGSWERKE	1.253	10.188	1.281	3.670	15.932	0.809
	(0.651)	(5.294)	(1.000)	(1.445)	(6.272)	(0.664)
HOLZSCHLIFF, ZELLSTOFF, PAPIER U. PAPPE	1.994	16.758	2.038	7.448	20.925	1.642
	(1.516)	(12.738)	(2.327)	(3.777)	(10.612)	(1.735)
GUMMI- UND ASBESTWAREN	1.039	17.477	1.062	2.706	15.927	0.597
	(0.784)	(13.187)	(1.204)	(1.228)	(7.228)	(0.564)
INVESTITIONSGUETERINDUSTRIEN	46.933	52.598	40.202	150.042	65.026	34.774
	(30.264)	(33.917)	(38.994)	(63.789)	(27.645)	(31.040)
	30.570	34.260	31.248	107.411	46.550	23.676
	(18.132)	(20.321)	(27.833)	(45.423)	(19.686)	(20.864)
STAHL- UND LEICHTMETALLBAU	0.174	42.444	0.178	2.079	55.865	0.458
	(0.087)	(21.171)	(0.134)	(0.613)	(16.473)	(0.282)
STAHLVERFORMUNG	0.002	3.887	0.003	0.305	4.033	0.067
	(0.002)	(2.763)	(0.003)	(0.139)	(1.830)	(0.064)
MASCHINENBAU	25.680	45.548	26.249	33.679	62.856	7.424
	(14.951)	(26.518)	(22.949)	(13.398)	(25.004)	(6.154)
STRASSENFAHRZEUGE	1.509	50.119	1.542	1.675	53.343	0.369
	(1.119)	(37.192)	(1.718)	(0.809)	(25.776)	(0.372)
ELEKTROTECHNIK	1.983	50.943	2.027	62.932	65.948	13.872
	(1.206)	(30.990)	(1.852)	(27.451)	(28.766)	(12.609)
FEINMECHANIK, OPTIK, UHREN	0.521	6.867	0.533	2.353	10.055	0.519
	(0.303)	(3.992)	(0.465)	(1.099)	(4.698)	(0.505)
EISEN-, BLECH- UND METALLWAREN	0.701	11.463	0.716	4.389	13.227	0.967
	(0.464)	(7.596)	(0.712)	(1.914)	(5.769)	(0.879)
VERBRAUCHSGUETERINDUSTRIEN	22.059	14.702	18.896	113.735	17.152	26.360
	(15.642)	(10.425)	(20.154)	(60.780)	(9.166)	(29.576)
	20.179	13.449	20.626	120.732	18.207	26.612
	(14.101)	(9.398)	(21.646)	(65.731)	(9.912)	(30.192)
FEINKERAMIK	0.943	12.704	0.964	4.464	17.638	0.984
	(0.683)	(9.205)	(1.049)	(2.264)	(8.945)	(1.040)
GLAS UND GLASWAREN	1.280	15.612	1.308	3.985	15.549	0.878
	(0.994)	(12.129)	(1.526)	(2.032)	(7.930)	(0.934)
HOLZWAREN	0.775	15.467	0.793	15.483	15.535	3.413
	(0.573)	(11.422)	(0.879)	(7.183)	(7.207)	(3.299)
MUSIKINSTRUMENTE, SPORT- UND SPIELWAREN	1.449	17.826	1.481	5.771	25.126	1.272
	(0.969)	(11.917)	(1.487)	(2.910)	(12.669)	(1.337)
PAPIER- UND PAPPEWAREN	1.035	17.086	1.058	1.654	18.959	0.364
	(0.769)	(12.691)	(1.180)	(0.990)	(11.346)	(0.455)
DRUCKEREI, VERVIELFAELTIGUNG	0.628	3.733	0.642	0.606	4.804	0.134
	(0.338)	(2.008)	(0.518)	(0.239)	(1.892)	(0.110)
KUNSTSTOFFERZEUGNISSE	0.139	14.982	0.143	4.920	19.646	1.084
	(0.110)	(11.799)	(0.169)	(3.049)	(12.173)	(1.400)
LEDER (HERSTELLUNG, VEREDELUNG)	0.002	9.109	0.002	0.065	12.241	0.014
	(0.001)	(5.749)	(0.002)	(0.027)	(5.111)	(0.012)
LEDERWAREN UND SCHUHE	0.381	16.217	0.390	3.460	15.535	0.763
	(0.276)	(11.724)	(0.423)	(1.605)	(7.207)	(0.737)
TEXTILIEN	11.091	14.209	11.337	40.591	16.887	8.947
	(7.588)	(9.721)	(11.648)	(21.262)	(8.845)	(9.766)
BEKLEIDUNG	2.454	16.106	2.508	39.733	19.550	8.758
	(1.800)	(11.816)	(2.763)	(24.170)	(11.893)	(11.102)
(INDUSTRIE)	107.197	14.169	91.823	403.315	21.018	93.474
	(69.019)	(9.123)	(88.929)	(182.627)	(9.517)	(88.868)
	77.234	10.209	78.947	401.703	20.934	88.543
	(47.580)	(6.289)	(73.035)	(174.290)	(9.083)	(80.057)
AGRAR UND ERNAEHRUNG	9.546	7.415	8.177	28.158	6.124	6.526
	(8.593)	(6.675)	(11.071)	(22.878)	(4.976)	(11.132)
	20.596	16.000	21.053	51.976	11.305	11.457
	(17.567)	(13.646)	(26.965)	(43.418)	(9.443)	(19.943)
ERZEUGNISSE DER LAND- FORST- UND JAGDWIRTSCHAFT, FISCHEREI	2.553	13.717	2.609	12.595	4.630	2.776
	(2.494)	(13.399)	(3.828)	(8.532)	(3.136)	(3.919)
ERNAEHRUNGS- U. GENUSSMITTELINDUSTRIE	18.044	16.385	18.444	39.382	20.976	8.681
	(15.073)	(13.688)	(23.137)	(34.886)	(18.582)	(16.024)
TOTAL/A (SUMME DER BERECHNETEN HAUPTGRUPPEN)	116.743		100.000	431.474		100.000
	(77.611)		(100.000)	(205.505)		(100.000)
TOTAL/B (SUMME DER BERECHNETEN UNTERGRUPPEN)	97.830		100.000	453.679		100.000
	(65.146)		(100.000)	(217.708)		(100.000)

noch Tabelle 2*

WIRTSCHAFTSZWEIG	HANDELSAUSWEITUNGSEFFEKT 1958-1974	VH-1	VH-2	1968-1974	VH-1	VH-2
BERGBAULICHE ERZEUGNISSE	44.976	1.672	1.033	15.641	2.784	0.574
	(5.991)	(0.223)	(0.230)	(0.389)	(0.069)	(0.027)
GRUNDSTOFF- UND PRODUKTIONS-GUETERINDUSTRIEN	1017.561	14.460	23.370	634.358	15.330	23.280
	(531.567)	(7.554)	(20.405)	(283.634)	(6.854)	(19.677)
	1060.624	15.072	25.366	776.064	18.754	28.589
	(491.499)	(6.984)	(19.490)	(312.475)	(7.551)	(21.309)
STEINE UND ERDEN	59.599	9.722	1.425	39.757	10.896	1.465
	(24.833)	(4.051)	(0.985)	(12.330)	(3.379)	(0.841)
EISEN- UND STAHLERZEUGUNG	368.626	37.235	8.816	321.886	37.658	11.858
	(136.371)	(13.775)	(5.408)	(112.887)	(13.207)	(7.698)
EISEN-, STAHL- UND TEMPERGIESSEREIEN	4.537	15.435	0.109	3.152	16.243	0.116
	(2.520)	(8.571)	(0.100)	(1.586)	(8.170)	(0.108)
ZIEHEREIEN UND KALTWALZWERKE	58.960	93.576	1.410	57.996	93.729	2.136
	(27.887)	(44.260)	(1.106)	(27.282)	(44.091)	(1.860)
NE-METALLE UND HALBZEUG	67.691	13.392	1.619	63.992	14.235	2.357
	(28.057)	(5.551)	(1.113)	(24.656)	(5.485)	(1.681)
MINERALOELERZEUGNISSE	211.260	9.347	5.053	109.090	12.744	4.019
	(91.911)	(4.066)	(3.645)	(36.246)	(4.234)	(2.472)
CHEMISCHE ERZEUGNISSE	166.072	9.292	3.972	104.997	9.991	3.868
	(108.719)	(6.083)	(4.311)	(59.916)	(5.701)	(4.086)
SAEGE- UND HOLZBEARBEITUNGSWERKE	36.842	12.993	0.881	17.994	15.317	0.663
	(18.020)	(6.355)	(0.715)	(7.106)	(6.049)	(0.485)
HOLZSCHLIFF, ZELLSTOFF, PAPIER U. PAPPE	46.002	19.274	1.100	31.852	20.412	1.173
	(27.846)	(11.667)	(1.104)	(16.996)	(10.892)	(1.159)
GUMMI- UND ASBESTWAREN	41.035	17.040	0.981	25.346	16.727	0.934
	(25.335)	(10.520)	(1.005)	(13.469)	(8.889)	(0.919)
INVESTITIONSGUETERINDUSTRIEN	1770.845	63.749	40.670	1124.327	67.059	41.260
	(991.789)	(35.704)	(38.072)	(544.210)	(32.459)	(37.754)
	1216.128	43.780	29.085	762.006	45.449	28.071
	(651.679)	(23.460)	(25.842)	(352.957)	(21.052)	(24.070)
STAHL- UND LEICHTMETALLBAU	16.905	55.696	0.404	13.779	58.102	0.508
	(6.524)	(21.493)	(0.259)	(4.775)	(20.134)	(0.326)
STAHLVERFORMUNG	1.640	4.103	0.039	1.486	4.106	0.055
	(0.839)	(2.098)	(0.033)	(0.726)	(2.008)	(0.050)
MASCHINENBAU	683.150	56.886	16.338	364.744	62.608	13.436
	(365.142)	(30.406)	(14.479)	(160.694)	(27.583)	(10.959)
STRASSENFAHRZEUGE	33.258	54.806	0.795	14.587	56.848	0.537
	(22.519)	(37.110)	(0.893)	(8.269)	(32.227)	(0.564)
ELEKTROTECHNIK	408.758	65.835	9.776	321.847	67.574	11.856
	(214.878)	(34.609)	(8.521)	(155.401)	(32.628)	(10.598)
FEINMECHANIK, OPTIK, UHREN	28.430	9.374	0.680	16.866	10.169	0.621
	(16.481)	(5.434)	(0.654)	(8.648)	(5.214)	(0.590)
EISEN-, BLECH- UND METALLWAREN	43.989	13.457	1.052	28.698	13.817	1.057
	(25.297)	(7.739)	(1.003)	(14.445)	(6.955)	(0.985)
VERBRAUCHSGUETERINDUSTRIEN	1074.137	16.706	24.669	712.413	17.309	26.144
	(668.420)	(10.396)	(25.659)	(403.390)	(9.801)	(27.985)
	1098.004	17.077	26.260	739.766	17.973	27.251
	(691.596)	(10.756)	(27.425)	(429.123)	(10.426)	(29.264)
FEINKERAMIK	42.794	17.651	1.023	29.596	18.867	1.090
	(27.396)	(11.300)	(1.086)	(17.015)	(10.847)	(1.160)
GLAS UND GLASWAREN	37.573	16.176	0.899	24.024	16.175	0.885
	(24.175)	(10.408)	(0.959)	(13.500)	(9.090)	(0.921)
HOLZWAREN	125.785	16.100	3.008	97.107	16.194	3.577
	(71.987)	(9.214)	(2.855)	(50.596)	(8.438)	(3.450)
MUSIKINSTRUMENTE, SPORT- UND SPIELWAREN	76.112	23.823	1.820	48.192	25.618	1.775
	(47.158)	(14.760)	(1.870)	(26.592)	(14.136)	(1.813)
PAPIER- UND PAPPEWAREN	27.058	18.585	0.647	14.566	19.272	0.537
	(18.699)	(12.844)	(0.742)	(9.225)	(12.205)	(0.629)
DRUCKEREI, VERVIELFAELTIGUNG	9.566	4.293	0.229	4.138	4.651	0.152
	(5.027)	(2.256)	(0.199)	(1.857)	(2.088)	(0.127)
KUNSTSTOFFERZEUGNISSE	33.587	19.036	0.803	30.065	19.366	1.108
	(21.825)	(12.370)	(0.865)	(18.951)	(12.207)	(1.292)
LEDER (HERSTELLUNG, VEREDELUNG)	1.159	11.782	0.028	1.025	12.149	0.038
	(0.547)	(5.566)	(0.022)	(0.460)	(5.452)	(0.031)
LEDERWAREN UND SCHUHE	33.853	16.618	0.810	23.164	16.404	0.853
	(20.112)	(9.873)	(0.798)	(12.169)	(8.618)	(0.830)
TEXTILIEN	398.500	16.072	9.531	245.990	16.938	9.062
	(242.904)	(9.797)	(9.632)	(135.760)	(9.348)	(9.258)
BEKLEIDUNG	312.018	18.681	7.462	221.900	19.212	8.174
	(211.765)	(12.678)	(8.397)	(142.997)	(12.380)	(9.752)
(INDUSTRIE)	3907.519	20.451	89.742	2486.740	23.476	91.258
	(2197.768)	(11.503)	(84.366)	(1231.623)	(11.627)	(85.442)
	3419.733	17.898	81.787	2293.477	21.652	84.487
	(1840.765)	(9.634)	(72.994)	(1094.944)	(10.337)	(74.670)
AGRAR UND ERNAEHRUNG	446.640	8.954	10.258	238.217	7.905	8.742
	(407.271)	(8.164)	(15.634)	(209.849)	(6.963)	(14.558)
	761.538	15.266	18.213	421.115	13.974	15.513
	(681.044)	(13.653)	(27.006)	(371.431)	(12.325)	(25.330)
ERZEUGNISSE DER LAND- FORST- UND JAGDWIRTSCHAFT, FISCHEREI	267.729	10.898	6.403	134.488	8.333	4.954
	(247.727)	(10.084)	(9.823)	(116.663)	(7.229)	(7.956)
ERNAEHRUNGS- U. GENUSSMITTELINDUSTRIE	493.809	19.506	11.810	286.626	20.479	10.559
	(433.317)	(17.116)	(17.183)	(254.768)	(18.203)	(17.374)
TOTAL/A (SUMME DER BERECHNETEN HAUPTGRUPPEN)	4354.158		100.000	2724.957		100.000
	(2605.039)		(100.000)	(1441.472)		(100.000)
TOTAL/B (SUMME DER BERECHNETEN UNTERGRUPPEN)	4181.271		100.000	2714.591		100.000
	(2521.809)		(100.000)	(1466.374)		(100.000)

noch Tabelle 2*

WIRTSCHAFTSZWEIG	PROTEKTIONSEINNAHMEVERZICHT - BRD					
	1958	VH-1	VH-2	1974	VH-1	VH-2
BERGBAULICHE ERZEUGNISSE	12.430	5.303	11.197	6.048	9.967	1.571
	(3.691)	(1.575)	(4.835)	(0.042)	(0.070)	(0.020)
GRUNDSTOFF- UND PRODUKTIONS-GUETERINDUSTRIEN	34.162	12.816	30.773	136.255	15.110	35.385
	(21.785)	(8.173)	(28.538)	(57.414)	(6.367)	(27.521)
	26.057	9.776	26.299	129.191	14.327	34.139
	(17.039)	(6.392)	(25.339)	(51.132)	(5.670)	(25.356)
STEINE UND ERDEN	1.696	6.629	1.712	8.157	12.511	2.156
	(0.817)	(3.195)	(1.216)	(2.083)	(3.195)	(1.033)
EISEN- UND STAHLERZEUGUNG	0.492	12.587	0.496	24.513	13.420	6.478
	(0.252)	(6.455)	(0.375)	(7.866)	(4.306)	(3.900)
EISEN-, STAHL- UND TEMPERGIESSEREIEN	0.083	11.269	0.083	0.568	15.754	0.150
	(0.048)	(6.542)	(0.071)	(0.258)	(7.149)	(0.128)
ZIEHEREIEN UND KALTWALZWERKE	0.039	14.603	0.039	3.066	15.612	0.810
	(0.025)	(9.338)	(0.037)	(1.370)	(6.977)	(0.680)
NE-METALLE UND HALBZEUG	0.036	6.455	0.036	7.881	14.163	2.083
	(0.033)	(5.927)	(0.049)	(2.901)	(5.213)	(1.438)
MINERALOELERZEUGNISSE	9.881	7.322	9.973	34.679	12.892	9.164
	(5.316)	(3.939)	(7.905)	(9.848)	(3.661)	(4.883)
CHEMISCHE ERZEUGNISSE	10.040	14.530	10.133	38.255	18.167	10.109
	(7.949)	(11.504)	(11.821)	(21.209)	(10.072)	(10.517)
SAEGE- UND HOLZBEARBEITUNGSWERKE	1.149	9.338	1.159	3.364	14.603	0.889
	(0.597)	(4.853)	(0.888)	(1.325)	(5.749)	(0.657)
HOLZSCHLIFF, ZELLSTOFF, PAPIER U. PAPPE	1.615	13.570	1.630	6.031	16.944	1.594
	(1.227)	(10.314)	(1.825)	(3.058)	(8.592)	(1.517)
GUMMI- UND ASBESTWAREN	1.028	17.287	1.037	2.677	15.754	0.707
	(0.776)	(13.043)	(1.153)	(1.215)	(7.149)	(0.602)
INVESTITIONSGUETERINDUSTRIEN	10.958	12.281	9.871	35.032	15.182	9.098
	(7.066)	(7.919)	(9.257)	(14.894)	(6.455)	(7.139)
	8.619	9.660	8.699	33.610	14.566	8.882
	(5.167)	(5.791)	(7.684)	(14.452)	(6.263)	(7.166)
STAHL- UND LEICHTMETALLBAU	0.041	9.910	0.041	0.485	13.043	0.128
	(0.020)	(4.943)	(0.030)	(0.143)	(3.846)	(0.071)
STAHLVERFORMUNG	0.010	15.182	0.010	1.192	15.754	0.315
	(0.007)	(10.794)	(0.010)	(0.541)	(7.149)	(0.268)
MASCHINENBAU	5.996	10.634	6.051	7.863	14.676	2.078
	(3.491)	(6.191)	(5.191)	(3.128)	(5.838)	(1.551)
STRASSENFAHRZEUGE	0.463	15.398	0.468	0.515	16.388	0.136
	(0.344)	(11.426)	(0.511)	(0.249)	(7.919)	(0.123)
ELEKTROTECHNIK	0.463	11.894	0.467	14.693	15.398	3.883
	(0.282)	(7.236)	(0.419)	(6.409)	(6.716)	(3.178)
FEINMECHANIK, OPTIK, UHREN	0.831	10.953	0.839	3.752	16.037	0.991
	(0.483)	(6.367)	(0.718)	(1.753)	(7.493)	(0.869)
EISEN-, BLECH- UND METALLWAREN	0.816	13.345	0.823	5.109	15.398	1.350
	(0.540)	(8.842)	(0.804)	(2.229)	(6.716)	(1.105)
VERBRAUCHSGUETERINDUSTRIEN	22.671	15.110	20.422	116.891	17.628	30.357
	(16.076)	(10.714)	(21.059)	(62.467)	(9.420)	(29.943)
	21.472	14.311	21.671	122.644	18.495	32.409
	(14.821)	(9.878)	(22.040)	(66.634)	(10.049)	(33.043)
FEINKERAMIK	0.906	12.204	0.914	4.288	16.944	1.133
	(0.656)	(8.842)	(0.976)	(2.174)	(8.592)	(1.078)
GLAS UND GLASWAREN	1.400	17.081	1.413	4.360	17.012	1.152
	(1.088)	(13.270)	(1.618)	(2.224)	(8.676)	(1.103)
HOLZWAREN	0.797	15.896	0.804	15.913	15.966	4.205
	(0.589)	(11.739)	(0.875)	(7.383)	(7.407)	(3.661)
MUSIKINSTRUMENTE, SPORT- UND SPIELWAREN	0.973	11.972	0.982	3.876	16.874	1.024
	(0.651)	(8.004)	(0.968)	(1.954)	(8.509)	(0.969)
PAPIER- UND PAPPEWAREN	1.064	17.560	1.074	1.699	19.485	0.449
	(0.790)	(13.043)	(1.175)	(1.017)	(11.661)	(0.504)
DRUCKEREI, VERVIELFAELTIGUNG	1.908	11.348	1.926	1.842	14.603	0.487
	(1.026)	(6.103)	(1.526)	(0.725)	(5.749)	(0.360)
KUNSTSTOFFERZEUGNISSE	0.143	15.398	0.145	5.057	20.192	1.336
	(0.113)	(12.127)	(0.168)	(3.133)	(12.511)	(1.554)
LEDER (HERSTELLUNG, VEREDELUNG)	0.003	11.190	0.003	0.080	15.038	0.021
	(0.002)	(7.063)	(0.002)	(0.033)	(6.279)	(0.016)
LEDERWAREN UND SCHUHE	0.392	16.667	0.395	3.556	15.966	0.940
	(0.283)	(12.049)	(0.421)	(1.650)	(7.407)	(0.818)
TEXTILIEN	11.399	14.603	11.505	41.717	17.355	11.024
	(7.799)	(9.991)	(11.598)	(21.852)	(9.091)	(10.836)
BEKLEIDUNG	2.486	16.318	2.509	40.257	19.808	10.638
	(1.824)	(11.972)	(2.712)	(24.489)	(12.049)	(12.144)
(INDUSTRIE)	80.221	10.604	72.263	294.226	15.333	76.410
	(48.618)	(6.426)	(63.689)	(134.817)	(7.026)	(64.624)
	68.578	9.065	69.214	291.493	15.190	77.028
	(40.719)	(5.382)	(60.552)	(132.260)	(6.892)	(65.586)
AGRAR UND ERNAEHRUNG	30.792	23.920	27.737	90.834	19.756	23.590
	(27.718)	(21.532)	(36.311)	(73.799)	(16.051)	(35.376)
	30.502	23.695	30.786	86.931	18.907	22.972
	(26.527)	(20.607)	(39.448)	(69.399)	(15.094)	(34.414)
ERZEUGNISSE DER LAND- FORST- UND JAGDWIRTSCHAFT, FISCHEREI	7.399	39.759	7.468	36.506	13.420	9.647
	(7.228)	(38.838)	(10.748)	(24.730)	(9.091)	(12.263)
ERNAEHRUNGS- U. GENUSSMITTELINDUSTRIE	23.103	20.980	23.318	50.425	26.858	13.325
	(19.300)	(17.526)	(28.700)	(44.669)	(23.792)	(22.151)
TOTAL/A (SUMME DER BERECHNETEN HAUPTGRUPPEN)	111.013		100.000	385.060		100.000
	(76.336)		(100.000)	(208.616)		(100.000)
TOTAL/B (SUMME DER BERECHNETEN UNTERGRUPPEN)	99.080		100.000	378.424		100.000
	(67.246)		(100.000)	(201.659)		(100.000)

noch Tabelle 2*

WIRTSCHAFTSZWEIG	PROTEKTIONSEINNAHMEVERZICHT - BRD 1958-1974	VH-1	VH-2	1968-1974	VH-1	VH-2
BERGBAULICHE ERZEUGNISSE	152.461	5.667	3.703	53.020	9.439	2.170
	(20.309)	(0,755)	(0,731)	(1,317)	(0,235)	(0,088)
GRUNDSTOFF- UND PRODUKTIONS-GUETERINDUSTRIEN	1006.490	14.302	24.446	627.456	15.163	25.677
	(525.783)	(7.471)	(18,924)	(280.548)	(6,780)	(18.698)
	904.958	12.860	22.889	602.827	14.568	25.172
	(464.593)	(6.602)	(17.456)	(262.915)	(6,353)	(17.854)
STEINE UND ERDEN	65.928	10.754	1.668	43.979	12.053	1.836
	(27.470)	(4.481)	(1.032)	(13.640)	(3.738)	(0.926)
EISEN- UND STAHLERZEUGUNG	132.077	13.341	3.341	115.330	13.492	4.816
	(48.861)	(4.935)	(1.836)	(40.447)	(4.732)	(2.747)
EISEN-, STAHL- UND TEMPERGIESSEREIEN	4.488	15.267	0.114	3.118	16.066	0.130
	(2.492)	(8.478)	(0.094)	(1.568)	(8.082)	(0.107)
ZIEHEREIEN UND KALTWALZWERKE	9.863	15.653	0.249	9.702	15.679	0.405
	(4.665)	(7.404)	(0.175)	(4.564)	(7.376)	(0.310)
NE-METALLE UND HALBZEUG	66.955	13.246	1.693	63.296	14.080	2.643
	(27.752)	(5.490)	(1.043)	(24.388)	(5.425)	(1.656)
MINERALOELERZEUGNISSE	215.351	9.528	5.447	111.203	12.990	4.643
	(93.691)	(4.145)	(3.520)	(36.948)	(4.316)	(2.509)
CHEMISCHE ERZEUGNISSE	298.691	16.713	7.555	188.844	17.969	7.886
	(195.538)	(10.941)	(7.347)	(107.762)	(10.254)	(7.318)
SAEGE- UND HOLZBEARBEITUNGSWERKE	33.769	11.909	0.854	16.493	14.040	0.689
	(16.517)	(5.825)	(0.621)	(6.513)	(5.544)	(0.442)
HOLZSCHLIFF, ZELLSTOFF, PAPIER U. PAPPE	37.248	15.606	0.942	25.791	16.528	1.077
	(22.547)	(9.447)	(0.847)	(13.762)	(8.819)	(0.935)
GUMMI- UND ASBESTWAREN	40.588	16.854	1.027	25.071	16.545	1.047
	(25.060)	(10.406)	(0.942)	(13.322)	(8.792)	(0.905)
INVESTITIONSGUETERINDUSTRIEN	413.459	14.884	10.042	262.509	15.657	10.743
	(231.564)	(8.336)	(8.334)	(127.063)	(7.579)	(8.468)
	372.061	13.394	9.410	234.115	13.964	9.776
	(202.876)	(7.303)	(7.622)	(110.902)	(6.615)	(7.531)
STAHL- UND LEICHTMETALLBAU	3.947	13.004	0.100	3.217	13.566	0.134
	(1.523)	(5.018)	(0.057)	(1.115)	(4.701)	(0.076)
STAHLVERFORMUNG	6.405	16.026	0.162	5.803	16.039	0.242
	(3.276)	(8.197)	(0.123)	(2.837)	(7.842)	(0.193)
MASCHINENBAU	159.503	13.282	4.034	85.161	14.618	3.556
	(85.254)	(7.099)	(3.203)	(37.519)	(6.440)	(2.548)
STRASSENFAHRZEUGE	10.217	16.838	0.258	4.481	17.465	0.187
	(6.918)	(11.401)	(0.260)	(2.540)	(9.901)	(0.173)
ELEKTROTECHNIK	95.437	15.371	2.414	75.145	15.777	3.138
	(50.170)	(8.080)	(1.885)	(36.283)	(7.618)	(2.464)
FEINMECHANIK, OPTIK, UHREN	45.343	14.951	1.147	26.899	16.219	1.123
	(26.286)	(8.667)	(0.988)	(13.792)	(8.316)	(0.937)
EISEN-, BLECH- UND METALLWAREN	51.209	15.665	1.295	33.408	16.085	1.395
	(29.449)	(9.009)	(1.106)	(16.816)	(8.096)	(1.142)
VERBRAUCHSGUETERINDUSTRIEN	1103.943	17.170	26.813	732.182	17.789	29.963
	(686.968)	(10.684)	(24.725)	(414.583)	(10.073)	(27.631)
	1115.914	17.356	28.225	748.033	18.174	31.236
	(700.893)	(10.901)	(26.334)	(433.057)	(10.521)	(29.409)
FEINKERAMIK	41.109	16.956	1.040	28.430	18.124	1.187
	(26.317)	(10.855)	(0.989)	(16.344)	(10.419)	(1.110)
GLAS UND GLASWAREN	41.108	17.698	1.040	26.284	17.697	1.098
	(26.450)	(11.388)	(0.994)	(14.770)	(9.945)	(1.003)
HOLZWAREN	129.275	16.547	3.270	99.801	16.644	4.167
	(73.984)	(9.470)	(2.780)	(52.000)	(8.672)	(3.531)
MUSIKINSTRUMENTE, SPORT- UND SPIELWAREN	51.116	15.999	1.293	32.366	17.205	1.351
	(31.671)	(9.913)	(1.190)	(17.859)	(9.494)	(1.213)
PAPIER- UND PAPPEWAREN	27.808	19.101	0.703	14.970	19.806	0.625
	(19.218)	(13.200)	(0.722)	(9.481)	(12.544)	(0.644)
DRUCKEREI, VERVIELFAELTIGUNG	29.076	13.047	0.735	12.577	14.137	0.525
	(15.280)	(6.857)	(0.574)	(5.645)	(6.345)	(0.383)
KUNSTSTOFFERZEUGNISSE	34.519	19.564	0.873	30.900	19.904	1.290
	(22.431)	(12.713)	(0.843)	(19.477)	(12.546)	(1.323)
LEDER (HERSTELLUNG, VEREDELUNG)	1.424	14.474	0.036	1.259	14.925	0.053
	(0.673)	(6.837)	(0.025)	(0.565)	(6.698)	(0.038)
LEDERWAREN UND SCHUHE	34.792	17.079	0.880	23.806	16.860	0.994
	(20.670)	(10.147)	(0.777)	(12.507)	(8.857)	(0.849)
TEXTILIEN	409.558	16.518	10.359	252.816	17.408	10.557
	(249.645)	(10.069)	(9.380)	(139.528)	(9.607)	(9.475)
BEKLEIDUNG	316.128	18.927	7.996	224.823	19.465	9.388
	(214.554)	(12.845)	(8.061)	(144.881)	(12.544)	(9.839)
(INDUSTRIE)	2676.353	14.007	65.005	1675.168	15.815	68.553
	(1464.625)	(7.666)	(52.715)	(823.512)	(7.774)	(54.885)
	2545.394	13.322	64.380	1637.994	15.464	68.398
	(1388.671)	(7.268)	(52.175)	(808.192)	(7.630)	(54.884)
AGRAR UND ERNAEHRUNG	1440.774	28.883	34.995	768.442	25.499	31.447
	(1313.779)	(26.337)	(47.285)	(676.933)	(22.463)	(45.115)
	1408.304	28.232	35.620	756.820	25.114	31.602
	(1272.873)	(25.517)	(47.825)	(664.360)	(22.046)	(45.116)
ERZEUGNISSE DER LAND- FORST- UND JAGDWIRTSCHAFT, FISCHEREI	776.026	31.588	19.628	389.821	24.155	16.278
	(718.049)	(29.228)	(26.979)	(338.152)	(20.953)	(22.964)
ERNAEHRUNGS- U. GENUSSMITTELINDUSTRIE	632.278	24.976	15.992	366.999	26.221	15.325
	(554.823)	(21.916)	(20.846)	(326.207)	(23.307)	(22.153)
TOTAL/A (SUMME DER BERECHNETEN HAUPTGRUPPEN)	4117.126		100.000	2443.610		100.000
	(2778.404)		(100.000)	(1500.445)		(100.000)
TOTAL/B (SUMME DER BERECHNETEN UNTERGRUPPEN)	3953.698		100.000	2394.814		100.000
	(2661.544)		(100.000)	(1472.552)		(100.000)

noch Tabelle 2*

WIRTSCHAFTSZWEIG	IMPLIZITER NETTOTRANSFER - DDR 1958	VH-1	VH-2	1974	VH-1	VH-2
BERGBAULICHE ERZEUGNISSE	12.333	5.262	11.972	5.959	9.820	1.701
	(3.683)	(1.571)	(5,082)	(0,042)	(0,070)	(0.021)
GRUNDSTOFF- UND PRODUKTIONS-GUETERINDUSTRIEN	31.949	11.986	31.014	125.848	13.956	35.919
	(20.885)	(7.835)	(28.820)	(55.566)	(6.162)	(27.782)
	24.853	9.324	26.956	116.861	12.960	34.285
	(16.493)	(6.188)	(25.956)	(49.239)	(5.460)	(25.854)
STEINE UND ERDEN	1.646	6.431	1.785	7.696	11.803	2.258
	(0.806)	(3.148)	(1.268)	(2.053)	(3.148)	(1.078)
EISEN- UND STAHLERZEUGUNG	0.405	10.376	0.440	19.922	10.907	5.845
	(0,229)	(5.873)	(0,361)	(7.393)	(4.047)	(3.882)
EISEN-, STAHL- UND TEMPERGIESSEREIEN	0.078	10.627	0.085	0.522	14.499	0.153
	(0.046)	(6.326)	(0,073)	(0.248)	(6.891)	(0,130)
ZIEHEREIEN UND KALTWALZWERKE	0.022	8.229	0.024	1.635	8.327	0.480
	(0.018)	(6.732)	(0,028)	(1.085)	(5.522)	(0,569)
NE-METALLE UND HALBZEUG	0.035	6.244	0,038	7.317	13.149	2.147
	(0.032)	(5.749)	(0,050)	(2.824)	(5.076)	(1.483)
MINERALOELERZEUGNISSE	9.527	7.059	10.332	32.486	12.077	9.531
	(5.213)	(3.862)	(8.203)	(9.671)	(3.595)	(5.078)
CHEMISCHE ERZEUGNISSE	9.634	13.943	10.449	36.323	17.249	10.657
	(7.695)	(11.136)	(12.109)	(20.615)	(9.790)	(10.825)
SAEGE- UND HOLZBEARBEITUNGSWERKE	1.090	8.862	1.182	3.096	13.440	0.908
	(0.581)	(4.724)	(0.914)	(1.283)	(5.569)	(0.674)
HOLZSCHLIFF, ZELLSTOFF, PAPIER U. PAPPE	1.479	12.433	1.604	5.400	15.171	1.584
	(1.149)	(9.657)	(1.808)	(2.896)	(8.136)	(1.521)
GUMMI- UND ASBESTWAREN	0.938	15.776	1.017	2.464	14.499	0.723
	(0.724)	(12.183)	(1.140)	(1.171)	(6.891)	(0.615)
INVESTITIONSGUETERINDUSTRIEN	8.076	9.051	7.840	23.642	10.246	6.748
	(5.868)	(6.576)	(8,097)	(12.835)	(5.562)	(6.417)
	6.936	7.773	7.522	25.470	11.039	7.473
	(4.564)	(5.115)	(7.183)	(12.985)	(5.627)	(6.818)
STAHL- UND LEICHTMETALLBAU	0.032	7.807	0.035	0,350	9.400	0,103
	(0.018)	(4.420)	(0,029)	(0.131)	(3.529)	(0,069)
STAHLVERFORMUNG	0.010	14.887	0.010	1.168	15.436	0.343
	(0.007)	(10.645)	(0.011)	(0.536)	(7.084)	(0.282)
MASCHINENBAU	4.630	8.213	5.022	5.392	10.063	1.582
	(3.028)	(5.370)	(4.765)	(2.737)	(5.108)	(1.437)
STRASSENFAHRZEUGE	0.347	11.539	0.377	0.377	12.017	0.111
	(0.280)	(9.301)	(0.441)	(0.217)	(6.898)	(0.114)
ELEKTROTECHNIK	0.345	8.865	0.374	9.848	10.320	2.889
	(0.238)	(6.114)	(0.375)	(5.487)	(5.750)	(2.881)
FEINMECHANIK, OPTIK, UHREN	0.802	10.577	0.870	3.563	15.231	1.045
	(0.473)	(6.240)	(0.745)	(1.712)	(7.317)	(0.899)
EISEN-, BLECH- UND METALLWAREN	0.769	12.580	0.834	4.771	14.379	1.400
	(0.520)	(8.506)	(0.818)	(2.164)	(6.523)	(1.136)
VERBRAUCHSGUETERINDUSTRIEN	21.005	14.000	20.391	106.866	16.116	30.501
	(15.238)	(10.156)	(21.027)	(59.604)	(8.989)	(29.800)
	19.977	13.315	21.667	111.764	16.854	32.789
	(14.082)	(9.385)	(22.161)	(63.321)	(9.549)	(33.248)
FEINKERAMIK	0.848	11.429	0.920	3.910	15.449	1.147
	(0.626)	(8.435)	(0.985)	(2,077)	(8.208)	(1,091)
GLAS UND GLASWAREN	1.291	15.748	1.400	4.021	15.690	1.180
	(1.022)	(12.465)	(1.608)	(2.136)	(8.332)	(1,121)
HOLZWAREN	0.735	14.666	0.798	14.677	14.726	4.306
	(0.555)	(11.068)	(0.873)	(7.116)	(7.140)	(3.737)
MUSIKINSTRUMENTE, SPORT- UND SPIELWAREN	0.887	10.905	0.962	3.389	14.755	0.994
	(0.612)	(7.527)	(0.963)	(1.831)	(7.970)	(0.961)
PAPIER- UND PAPPEWAREN	0.973	16.060	1.055	1.538	17.638	0.451
	(0.740)	(12.216)	(1.165)	(0,959)	(10.999)	(0.504)
DRUCKEREI, VERVIELFAELTIGUNG	1.873	11.136	2.031	1.797	14.252	0.527
	(1.016)	(6.042)	(1.599)	(0.718)	(5.695)	(0.377)
KUNSTSTOFFERZEUGNISSE	0.133	14.244	0.144	4.560	18.208	1.338
	(0.106)	(11.411)	(0.167)	(2.942)	(11.749)	(1.545)
LEDER (HERSTELLUNG, VEREDELUNG)	0.002	10.680	0.003	0,075	14.118	0.022
	(0.002)	(6.860)	(0.002)	(0.032)	(6.119)	(0.017)
LEDERWAREN UND SCHUHE	0.360	15.315	0.391	3.280	14.726	0.962
	(0.267)	(11.343)	(0.420)	(1.590)	(7.140)	(0.835)
TEXTILIEN	10.589	13.565	11.485	38.195	15.890	11.206
	(7.420)	(9.505)	(11.677)	(20.885)	(8.689)	(10.966)
BEKLEIDUNG	2.286	15.004	2.479	36.322	17.871	10.656
	(1.716)	(11.265)	(2.701)	(23.033)	(11.333)	(12.094)
(INDUSTRIE)	73.362	9.697	71.217	262.315	13.670	74.869
	(45.673)	(6.037)	(63.027)	(128.047)	(6.673)	(64.020)
	64.099	8.473	69.521	260.054	13.552	76.295
	(38.822)	(5.132)	(61.094)	(125.587)	(6.545)	(65.943)
AGRAR UND ERNAEHRUNG	29.650	23.033	28.783	88.052	19.151	25.131
	(26.793)	(20.813)	(36,973)	(71.963)	(15.652)	(35.980)
	28.102	21.830	30.479	80.797	17.573	23.705
	(24.722)	(19.205)	(38.906)	(64.861)	(14.107)	(34.057)
ERZEUGNISSE DER LAND- FORST- UND JAGDWIRTSCHAFT, FISCHEREI	6.892	37.032	7.475	35.661	13.109	10.462
	(6.744)	(36.236)	(10.612)	(24.342)	(8.948)	(12.782)
ERNAEHRUNGS- U. GENUSSMITTELINDUSTRIE	21.210	19.261	23.005	45.136	24.041	13.242
	(17.979)	(16.326)	(28.293)	(40.519)	(21.582)	(21.276)
TOTAL/A (SUMME DER BERECHNETEN HAUPTGRUPPEN)	103.013		100.000	350.367		100.000
	(72.466)		(100.000)	(200.010)		(100.000)
TOTAL/B (SUMME DER BERECHNETEN UNTERGRUPPEN)	92.201		100.000	340.852		100.000
	(63.544)		(100.000)	(190.448)		(100.000)

noch Tabelle 2*

WIRTSCHAFTSZWEIG	IMPLIZITER NETTOTRANSFER - DDR					
	1958-1974	VH-1	VH-2	1968-1974	VH-1	VH-2
BERGBAULICHE ERZEUGNISSE	151.021	5.613	4.027	52.270	9.305	2.363
	(20.279)	(0.754)	(0.773)	(1.317)	(0.234)	(0.092)
GRUNDSTOFF- UND PRODUKTIONS-GUETERINDUSTRIEN	933.240	13.262	24.886	579.263	13.998	26.187
	(505.617)	(7.185)	(19.276)	(270.876)	(6.546)	(19.007)
	833.091	11.838	23.224	546.714	13.212	25.337
	(447.435)	(6.358)	(17.977)	(252.762)	(6.108)	(18.273)
STEINE UND ERDEN	62.608	10.212	1.745	41.551	11.388	1.926
	(26.865)	(4.382)	(1.079)	(13.401)	(3.673)	(0.969)
EISEN- UND STAHLERZEUGUNG	107.407	10.849	2.994	93.556	10.945	4.336
	(45.428)	(4.589)	(1.825)	(37.746)	(4.416)	(2.729)
EISEN-, STAHL- UND TEMPERGIESSEREIEN	4.138	14.078	0.115	2.864	14.758	0.133
	(2.383)	(8.108)	(0.096)	(1.503)	(7.746)	(0.109)
ZIEHEREIEN UND KALTWALZWERKE	5.240	8.317	0.146	5.148	8.319	0.239
	(3.625)	(5.754)	(0.146)	(3.551)	(5.739)	(0.257)
NE-METALLE UND HALBZEUG	62.317	12.329	1.737	58.779	13.076	2.724
	(26.980)	(5.338)	(1.084)	(23.718)	(5.276)	(1.715)
MINERALOELERZEUGNISSE	204.443	9.045	5.699	104.089	12.159	4.824
	(91.725)	(4.058)	(3.685)	(36.113)	(4.219)	(2.611)
CHEMISCHE ERZEUGNISSE	284.682	15.929	7.936	179.393	17.070	8.314
	(189.552)	(10.606)	(7.616)	(104.688)	(9.962)	(7.568)
SAEGE- UND HOLZBEARBEITUNGSWERKE	31.517	11.114	0.879	15.223	12.958	0.706
	(15.988)	(5.638)	(0.642)	(6.316)	(5.376)	(0.457)
HOLZSCHLIFF, ŻELLSTOFF, PAPIER U. PAPPE	33.622	14.087	0.937	23.146	14.833	1.073
	(21.219)	(8.890)	(0.853)	(13.011)	(8.338)	(0.941)
GUMMI- UND ASBESTWAREN	37.117	15.413	1.035	22.965	15.155	1.064
	(23.670)	(9.829)	(0.951)	(12.715)	(8.391)	(0.919)
INVESTITIONSGUETERINDUSTRIEN	280.714	10.106	7.485	174.192	10.389	7.875
	(189.184)	(6.810)	(7.213)	(106.061)	(6.326)	(7.442)
	284.867	10.255	7.941	175.882	10.490	8.151
	(177.353)	(6.385)	(7.126)	(98.120)	(5.852)	(7.093)
STAHL- UND LEICHTMETALLBAU	2.838	9.350	0.079	2.280	9.615	0.106
	(1.353)	(4.456)	(0.054)	(0.999)	(4.211)	(0.072)
STAHLVERFORMUNG	6.273	15.696	0.175	5.684	15.709	0.263
	(3.241)	(8.108)	(0.130)	(2.809)	(7.762)	(0.203)
MASCHINENBAU	113.545	9.455	3.165	58.413	10.027	2.707
	(72.046)	(5.999)	(2.895)	(32.286)	(5.542)	(2.334)
STRASSENFAHRZEUGE	7.407	12.206	0.206	3.201	12.477	0.148
	(5.608)	(9.241)	(0.225)	(2.123)	(8.273)	(0.153)
ELEKTROTECHNIK	63.865	10.286	1.780	49.685	10.432	2.303
	(41.275)	(6.648)	(1.658)	(30.260)	(6.353)	(2.188)
FEINMECHANIK, OPTIK, UHREN	43.191	14.241	1.204	25.527	15.392	1.183
	(25.561)	(8.428)	(1.027)	(13.429)	(8.097)	(0.971)
EISEN-, BLECH- UND METALLWAREN	47.748	14.607	1.331	31.091	14.970	1.441
	(28.270)	(8.648)	(1.136)	(16.215)	(7.807)	(1.172)
VERBRAUCHSGUETERINDUSTRIEN	1011.381	15.730	26.969	668.702	16.247	30.230
	(650.925)	(10.124)	(24.816)	(394.168)	(9.577)	(27.658)
	1020.058	15.865	28.436	681.055	16.547	31.563
	(662.204)	(10.299)	(26.606)	(410.021)	(9.962)	(29.641)
FEINKERAMIK	37.426	15.437	1.043	25.733	16.405	1.193
	(24.787)	(10.224)	(0.996)	(15.429)	(9.836)	(1.115)
GLAS UND GLASWAREN	37.776	16.263	1.053	24.152	16.262	1.119
	(25.020)	(10.772)	(1.005)	(14.085)	(9.484)	(1.018)
HOLZWAREN	118.837	15.211	3.313	91.691	15.291	4.249
	(70.439)	(9.016)	(2.830)	(49.751)	(8.297)	(3.597)
MUSIKINSTRUMENTE, SPORT- UND SPIELWAREN	44.959	14.072	1.253	28.209	14.996	1.307
	(29.305)	(9.172)	(1.177)	(16.585)	(8.816)	(1.199)
PAPIER- UND PAPPEWAREN	25.218	17.321	0.703	13.525	17.895	0.627
	(17.978)	(12.348)	(0.722)	(8.900)	(11.775)	(0.643)
DRUCKEREI, VERVIELFAELTIGUNG	28.447	12.765	0.793	12.283	13.806	0.569
	(15.106)	(6.779)	(0.607)	(5.586)	(6.278)	(0.404)
KUNSTSTOFFERZEUGNISSE	31.222	17.695	0.870	27.903	17.974	1.293
	(21.041)	(11.925)	(0.845)	(18.288)	(11.780)	(1.322)
LEDER (HERSTELLUNG, VEREDELUNG)	1.339	13.614	0.037	1.183	14.016	0.055
	(0.654)	(6.646)	(0.026)	(0.550)	(6.514)	(0.040)
LEDERWAREN UND SCHUHE	31.891	15.655	0.889	21.846	15.471	1.012
	(19.596)	(9.620)	(0.787)	(11.953)	(8.465)	(0.864)
TEXTILIEN	376.463	15.183	10.494	231.364	15.931	10.722
	(237.360)	(9.573)	(9.537)	(132.993)	(9.157)	(9.614)
BEKLEIDUNG	286.481	17.152	7.986	203.166	17.590	9.416
	(200.919)	(12.029)	(8.072)	(135.902)	(11.766)	(9.825)
(INDUSTRIE)	2376.356	12.437	63.368	1474.427	13.920	66.655
	(1366.005)	(7.149)	(52.078)	(772.421)	(7.292)	(54.199)
	2289.038	11.980	63.810	1455.921	13.745	67.474
	(1307.271)	(6.842)	(52.523)	(762.219)	(7.196)	(55.103)
AGRAR UND ERNAEHRUNG	1373.753	27.539	36.632	737.591	24.476	33.345
	(1256.981)	(25.198)	(47.922)	(652.738)	(21.660)	(45.801)
	1298.208	26.025	36.190	701.820	23.289	32.526
	(1181.680)	(23.689)	(47.477)	(621.048)	(20.608)	(44.897)
ERZEUGNISSE DER LAND- FORST- UND JAGDWIRTSCHAFT, FISCHEREI	727.910	29.630	20.292	372.486	23.081	17.263
	(674.673)	(27.463)	(27.107)	(324.582)	(20.112)	(23.465)
ERNAEHRUNGS- U. GENUSSMITTELINDUSTRIE	570.298	22.527	15.898	329.334	23.530	15.263
	(507.007)	(20.027)	(20.370)	(296.466)	(21.182)	(21.432)
TOTAL/A (SUMME DER BERECHNETEN HAUPTGRUPPEN)	3750.109		100.000	2212.018		100.000
	(2622.986)		(100.000)	(1425.159)		(100.000)
TOTAL/B (SUMME DER BERECHNETEN UNTERGRUPPEN)	3587.246		100.000	2157.741		100.000
	(2488.951)		(100.000)	(1383.267)		(100.000)

noch Tabelle 2*

WIRTSCHAFTSZWEIG	KONSUMTIONSKOSTEN - BRD 1958	VH-1	VH-2	1974	VH-1	VH-2
BERGBAULICHE ERZEUGNISSE	0.030	0.013	4.384	0.027	0.045	1.020
	(0.003)	(0.001)	(0.716)	(0.000)	(0.000)	(0.000)
GRUNDSTOFF- UND PRODUKTIONS-GUETERINDUSTRIEN	0.263	0.099	38.823	1.235	0.137	46.470
	(0.107)	(0.040)	(29.240)	(0.219)	(0.024)	(27.607)
	0.177	0.066	30.123	1.614	0.179	52.100
	(0.087)	(0.033)	(25.582)	(0.263)	(0.029)	(28.313)
STEINE UND ERDEN	0.003	0.011	0.478	0.026	0.039	0.824
	(0.001)	(0.003)	(0.192)	(0.002)	(0.003)	(0.179)
EISEN- UND STAHLERZEUGUNG	0.013	0.333	2.209	0.691	0.378	22.305
	(0.003)	(0.087)	(1.004)	(0.071)	(0.039)	(7.654)
EISEN-, STAHL- UND TEMPERGIESSEREIEN	0.000	0.038	0.048	0.003	0.074	0.087
	(0.000)	(0.013)	(0.028)	(0.001)	(0.015)	(0.059)
ZIEHEREIEN UND KALTWALZWERKE	0.000	0.128	0.057	0.029	0.146	0.927
	(0.000)	(0.052)	(0.041)	(0.006)	(0.029)	(0.617)
NE-METALLE UND HALBZEUG	0.000	0.025	0.024	0.067	0.120	2.162
	(0.000)	(0.021)	(0.034)	(0.009)	(0.016)	(0.976)
MINERALOELERZEUGNISSE	0.043	0.032	7.379	0.268	0.100	8.661
	(0.013)	(0.009)	(3.689)	(0.022)	(0.008)	(2.328)
CHEMISCHE ERZEUGNISSE	0.088	0.127	14.878	0.417	0.198	13.464
	(0.055)	(0.079)	(16.114)	(0.128)	(0.061)	(13.792)
SAEGE- UND HOLZBEARBEITUNGSWERKE	0.006	0.048	1.003	0.027	0.117	0.872
	(0.002)	(0.013)	(0.468)	(0.004)	(0.018)	(0.451)
HOLZSCHLIFF, ZELLSTOFF, PAPIER U. PAPPE	0.013	0.110	2.235	0.061	0.172	1.980
	(0.008)	(0.064)	(2.230)	(0.016)	(0.044)	(1.697)
GUMMI- UND ASBESTWAREN	0.011	0.179	1.812	0.025	0.149	0.817
	(0.006)	(0.102)	(1.783)	(0.005)	(0.031)	(0.561)
INVESTITIONSGUETERINDUSTRIEN	0.061	0.068	8.950	0.239	0.104	9.004
	(0.025)	(0.028)	(6.892)	(0.043)	(0.019)	(5.445)
	0.043	0.048	7.336	0.186	0.080	5.994
	(0.016)	(0.018)	(4.696)	(0.035)	(0.015)	(3.722)
STAHL- UND LEICHTMETALLBAU	0.000	0.025	0.017	0.002	0.043	0.051
	(0.000)	(0.006)	(0.007)	(0.000)	(0.004)	(0.015)
STAHLVERFORMUNG	0.000	0.104	0.011	0.008	0.112	0.273
	(0.000)	(0.052)	(0.010)	(0.002)	(0.023)	(0.187)
MASCHINENBAU	0.029	0.051	4.878	0.052	0.097	1.677
	(0.010)	(0.017)	(2.856)	(0.008)	(0.015)	(0.884)
STRASSENFAHRZEUGE	0.004	0.130	0.667	0.005	0.148	0.150
	(0.002)	(0.072)	(0.635)	(0.001)	(0.034)	(0.117)
ELEKTROTECHNIK	0.001	0.035	0.234	0.057	0.059	1.826
	(0.001)	(0.013)	(0.150)	(0.011)	(0.011)	(1.158)
FEINMECHANIK, OPTIK, UHREN	0.004	0.054	0.696	0.027	0.116	0.874
	(0.001)	(0.018)	(0.406)	(0.006)	(0.025)	(0.636)
EISEN-, BLECH- UND METALLWAREN	0.005	0.080	0.832	0.035	0.107	1.143
	(0.002)	(0.035)	(0.631)	(0.007)	(0.020)	(0.725)
VERBRAUCHSGUETERINDUSTRIEN	0.103	0.068	15.188	0.618	0.093	23.254
	(0.052)	(0.034)	(14.144)	(0.177)	(0.027)	(22.220)
	0.095	0.063	16.158	0.674	0.102	21.771
	(0.046)	(0.031)	(13.577)	(0.203)	(0.031)	(21.891)
FEINKERAMIK	0.003	0.045	0.564	0.022	0.086	0.704
	(0.002)	(0.023)	(0.511)	(0.006)	(0.022)	(0.603)
GLAS UND GLASWAREN	0.007	0.088	1.220	0.022	0.087	0.719
	(0.004)	(0.053)	(1.272)	(0.006)	(0.023)	(0.623)
HOLZWAREN	0.004	0.076	0.646	0.076	0.076	2.461
	(0.002)	(0.041)	(0.609)	(0.016)	(0.016)	(1.765)
MUSIKINSTRUMENTE, SPORT- UND SPIELWAREN	0.003	0.043	0.594	0.020	0.085	0.634
	(0.002)	(0.019)	(0.459)	(0.005)	(0.022)	(0.537)
PAPIER- UND PAPPEWAREN	0.005	0.077	0.794	0.008	0.095	0.267
	(0.003)	(0.043)	(0.757)	(0.003)	(0.034)	(0.319)
DRUCKEREI, VERVIELFAELTIGUNG	0.006	0.039	1.104	0.008	0.064	0.261
	(0.002)	(0.011)	(0.552)	(0.001)	(0.010)	(0.135)
KUNSTSTOFFERZEUGNISSE	0.001	0.071	0.113	0.031	0.122	0.989
	(0.000)	(0.044)	(0.121)	(0.012)	(0.047)	(1.265)
LEDER (HERSTELLUNG, VEREDELUNG)	0.000	0.269	0.011	0.003	0.486	0.083
	(0.000)	(0.107)	(0.007)	(0.000)	(0.085)	(0.048)
LEDERWAREN UND SCHUHE	0.003	0.139	0.555	0.028	0.127	0.917
	(0.002)	(0.073)	(0.501)	(0.006)	(0.027)	(0.657)
TEXTILIEN	0.050	0.064	8.489	0.217	0.090	7.013
	(0.023)	(0.030)	(6.865)	(0.060)	(0.025)	(6.413)
BEKLEIDUNG	0.012	0.080	2.069	0.239	0.118	7.724
	(0.007)	(0.043)	(1.924)	(0.089)	(0.044)	(9.525)
(INDUSTRIE)	0.456	0.060	67.345	2.120	0.110	79.748
	(0.186)	(0.025)	(50.992)	(0.439)	(0.023)	(55.272)
	0.345	0.046	58.660	2.501	0.130	80.740
	(0.152)	(0.020)	(44.623)	(0.501)	(0.026)	(53.926)
AGRAR UND ERNAEHRUNG	0.221	0.172	32.655	0.538	0.117	20.252
	(0.179)	(0.139)	(49.008)	(0.355)	(0.077)	(44.728)
	0.243	0.189	41.340	0.596	0.130	19.260
	(0.189)	(0.146)	(55.377)	(0.428)	(0.093)	(46.074)
ERZEUGNISSE DER LAND- FORST- UND JAGDWIRTSCHAFT, FISCHEREI	0.074	0.395	12.502	0.122	0.045	3.955
	(0.070)	(0.377)	(20.610)	(0.056)	(0.021)	(6.048)
ERNAEHRUNGS- U. GENUSSMITTELINDUSTRIE	0.170	0.154	28.838	0.474	0.252	15.305
	(0.118)	(0.108)	(34.767)	(0.372)	(0.198)	(40.026)
TOTAL/A (SUMME DER BERECHNETEN HAUPTGRUPPEN)	0.677		100.000	2.658		100.000
	(0.365)		(100.000)	(0.794)		(100.000)
TOTAL/B (SUMME DER BERECHNETEN UNTERGRUPPEN)	0.588		100.000	3.097		100.000
	(0.341)		(100.000)	(0.929)		(100.000)

noch Tabelle 2*

WIRTSCHAFTSZWEIG	KONSUMTIONSKOSTEN - BRD 1958-1974	VH-1	VH-2	1968-1974	VH-1	VH-2
BERGBAULICHE ERZEUGNISSE	0.439	0.016	1.435	0.229	0.041	1.293
	(0.009)	(0.000)	(0.057)	(0.000)	(0.000)	(0.002)
GRUNDSTOFF- UND PRODUKTIONS-GUETERINDUSTRIEN	8.694	0.124	28.411	5.720	0.138	32.335
	(2.394)	(0.034)	(14.498)	(1.148)	(0.028)	(15.244)
	9.909	0.141	31.969	7.599	0.184	39.437
	(2.549)	(0.036)	(15.751)	(1.454)	(0.035)	(18.587)
STEINE UND ERDEN	0.184	0.030	0.592	0.134	0.037	0.697
	(0.033)	(0.005)	(0.207)	(0.013)	(0.004)	(0.169)
EISEN- UND STAHLERZEUGUNG	3.712	0.375	11.977	3.277	0.383	17.006
	(0.517)	(0.052)	(3.192)	(0.406)	(0.048)	(5.196)
EISEN-, STAHL- UND TEMPERGIESSEREIEN	0.021	0.071	0.067	0.015	0.078	0.078
	(0.006)	(0.022)	(0.040)	(0.004)	(0.020)	(0.049)
ZIEHEREIEN UND KALTWALZWERKE	0.093	0.147	0.299	0.091	0.148	0.474
	(0.021)	(0.033)	(0.129)	(0.020)	(0.033)	(0.260)
NE-METALLE UND HALBZEUG	0.550	0.109	1.776	0.536	0.119	2.783
	(0.092)	(0.018)	(0.566)	(0.080)	(0.018)	(1.016)
MINERALOELERZEUGNISSE	1.334	0.059	4.305	0.870	0.102	4.516
	(0.241)	(0.011)	(1.486)	(0.102)	(0.012)	(1.306)
CHEMISCHE ERZEUGNISSE	3.023	0.169	9.754	2.040	0.194	10.586
	(1.292)	(0.072)	(7.984)	(0.664)	(0.063)	(8.482)
SAEGE- UND HOLZBEARBEITUNGSWERKE	0.227	0.080	0.733	0.128	0.109	0.665
	(0.053)	(0.019)	(0.330)	(0.020)	(0.017)	(0.254)
HOLZSCHLIFF, ZELLSTOFF, PAPIER U. PAPPE	0.352	0.148	1.137	0.257	0.165	1.334
	(0.129)	(0.054)	(0.797)	(0.073)	(0.047)	(0.932)
GUMMI- UND ASBESTWAREN	0.412	0.171	1.329	0.250	0.165	1.297
	(0.165)	(0.069)	(1.019)	(0.072)	(0.048)	(0.922)
INVESTITIONSGUETERINDUSTRIEN	2.789	0.100	9.115	1.856	0.111	10.491
	(0.891)	(0.032)	(5.394)	(0.441)	(0.026)	(5.860)
	2.160	0.078	6.969	1.395	0.083	7.241
	(0.668)	(0.024)	(4.125)	(0.321)	(0.019)	(4.102)
STAHL- UND LEICHTMETALLBAU	0.013	0.043	0.042	0.011	0.046	0.057
	(0.002)	(0.007)	(0.012)	(0.001)	(0.006)	(0.017)
STAHLVERFORMUNG	0.046	0.116	0.149	0.042	0.116	0.218
	(0.012)	(0.031)	(0.077)	(0.010)	(0.028)	(0.130)
MASCHINENBAU	0.966	0.080	3.116	0.562	0.096	2.917
	(0.278)	(0.023)	(1.715)	(0.110)	(0.019)	(1.406)
STRASSENFAHRZEUGE	0.095	0.157	0.306	0.043	0.169	0.224
	(0.044)	(0.073)	(0.274)	(0.014)	(0.055)	(0.180)
ELEKTROTECHNIK	0.369	0.059	1.189	0.297	0.062	1.543
	(0.104)	(0.017)	(0.642)	(0.070)	(0.015)	(0.899)
FEINMECHANIK, OPTIK, UHREN	0.309	0.102	0.997	0.197	0.119	1.022
	(0.104)	(0.034)	(0.642)	(0.052)	(0.031)	(0.666)
EISEN-, BLECH- UND METALLWAREN	0.363	0.111	1.170	0.243	0.117	1.260
	(0.123)	(0.038)	(0.763)	(0.063)	(0.030)	(0.805)
VERBRAUCHSGUETERINDUSTRIEN	5.708	0.089	18.652	3.914	0.095	22.127
	(2.223)	(0.035)	(13.463)	(1.259)	(0.031)	(16.716)
	5.960	0.093	19.227	4.157	0.101	21.575
	(2.384)	(0.037)	(14.733)	(1.416)	(0.034)	(18.096)
FEINKERAMIK	0.212	0.088	0.685	0.155	0.099	0.807
	(0.088)	(0.036)	(0.545)	(0.053)	(0.034)	(0.674)
GLAS UND GLASWAREN	0.219	0.094	0.706	0.140	0.094	0.727
	(0.094)	(0.040)	(0.580)	(0.045)	(0.030)	(0.575)
HOLZWAREN	0.644	0.082	2.077	0.500	0.083	2.596
	(0.219)	(0.028)	(1.351)	(0.139)	(0.023)	(1.773)
MUSIKINSTRUMENTE, SPORT- UND SPIELWAREN	0.248	0.078	0.800	0.167	0.089	0.869
	(0.095)	(0.030)	(0.589)	(0.051)	(0.027)	(0.656)
PAPIER- UND PAPPEWAREN	0.133	0.091	0.430	0.074	0.098	0.385
	(0.064)	(0.044)	(0.394)	(0.030)	(0.040)	(0.382)
DRUCKEREI, VERVIELFAELTIGUNG	0.115	0.052	0.370	0.054	0.060	0.279
	(0.032)	(0.014)	(0.197)	(0.011)	(0.012)	(0.138)
KUNSTSTOFFERZEUGNISSE	0.203	0.115	0.656	0.185	0.119	0.959
	(0.086)	(0.049)	(0.530)	(0.073)	(0.047)	(0.937)
LEDER (HERSTELLUNG, VEREDELUNG)	0.045	0.454	0.144	0.041	0.480	0.210
	(0.010)	(0.101)	(0.061)	(0.008)	(0.097)	(0.104)
LEDERWAREN UND SCHUHE	0.298	0.146	0.962	0.201	0.143	1.046
	(0.110)	(0.054)	(0.682)	(0.057)	(0.040)	(0.728)
TEXTILIEN	2.041	0.082	6.584	1.323	0.091	6.866
	(0.758)	(0.031)	(4.681)	(0.403)	(0.028)	(5.151)
BEKLEIDUNG	1.802	0.108	5.814	1.317	0.114	6.833
	(0.829)	(0.050)	(5.122)	(0.546)	(0.047)	(6.977)
(INDUSTRIE)	17.631	0.092	57.612	11.719	0.111	66.247
	(5.516)	(0.029)	(33.412)	(2.848)	(0.027)	(37.821)
	18.468	0.097	59.582	13.380	0.126	69.440
	(5.610)	(0.029)	(34.667)	(3.191)	(0.030)	(40.788)
AGRAR UND ERNAEHRUNG	12.972	0.260	42.388	5.971	0.198	33.753
	(10.993)	(0.220)	(66.588)	(4.683)	(0.155)	(62.179)
	12.528	0.251	40.418	5.888	0.195	30.560
	(10.572)	(0.212)	(65.333)	(4.632)	(0.154)	(59.212)
ERZEUGNISSE DER LAND- FORST- UND JAGDWIRTSCHAFT, FISCHEREI	6.973	0.284	22.497	2.512	0.156	13.039
	(6.286)	(0.256)	(38.848)	(1.967)	(0.122)	(25.139)
ERNAEHRUNGS- U. GENUSSMITTELINDUSTRIE	5.555	0.219	17.922	3.376	0.241	17.521
	(4.286)	(0.169)	(26.485)	(2.666)	(0.190)	(34.074)
TOTAL/A (SUMME DER BERECHNETEN HAUPTGRUPPEN)	30.602		100.000	17.691		100.000
	(16.509)		(100.000)	(7.531)		(100.000)
TOTAL/B (SUMME DER BERECHNETEN UNTERGRUPPEN)	30.997		100.000	19.268		100.000
	(16.182)		(100.000)	(7.823)		(100.000)

noch Tabelle 2*

WIRTSCHAFTSZWEIG	VOLKSWIRTSCHAFTLICHER VERLUST - BRD 1958	VH-1	VH-2	1974	VH-1	VH-2
BERGBAULICHE ERZEUGNISSE	12.459	5.316	11.155	6.075	10.011	1.567
	(3.694)	(1.576)	(4.816)	(0.042)	(0.070)	(0.020)
GRUNDSTOFF- UND PRODUKTIONS-GUETERINDUSTRIEN	34.425	12.915	30.822	137.491	15.247	35.461
	(21.891)	(8.213)	(28.541)	(57.633)	(6.391)	(27.522)
	26.235	9.842	26.322	130.804	14.506	34.285
	(17.127)	(6.425)	(25.340)	(51.395)	(5.700)	(25.369)
STEINE UND ERDEN	1.699	6.640	1.705	8.183	12.550	2.145
	(0.818)	(3.197)	(1.210)	(2.084)	(3.197)	(1.029)
EISEN- UND STAHLERZEUGUNG	0.505	12.920	0.506	25.203	13.798	6.606
	(0.256)	(6.542)	(0.378)	(7.937)	(4.345)	(3.918)
EISEN-, STAHL- UND TEMPERGIESSEREIEN	0.083	11.307	0.083	0.570	15.828	0.149
	(0.048)	(6.555)	(0.071)	(0.258)	(7.165)	(0.127)
ZIEHEREIEN UND KALTWALZWERKE	0.039	14.731	0.039	3.095	15.758	0.811
	(0.025)	(9.390)	(0.037)	(1.376)	(7.006)	(0.679)
NE-METALLE UND HALBZEUG	0.036	6.480	0.036	7.948	14.283	2.083
	(0.033)	(5.948)	(0.049)	(2.910)	(5.230)	(1.436)
MINERALOELERZEUGNISSE	9.925	7.354	9.958	34.948	12.992	9.160
	(5.328)	(3.948)	(7.883)	(9.869)	(3.669)	(4.872)
CHEMISCHE ERZEUGNISSE	10.127	14.657	10.161	38.672	18.365	10.136
	(8.004)	(11.584)	(11.843)	(21.337)	(10.133)	(10.532)
SAEGE- UND HOLZBEARBEITUNGSWERKE	1.155	9.386	1.158	3.391	14.720	0.889
	(0.599)	(4.865)	(0.886)	(1.329)	(5.767)	(0.656)
HOLZSCHLIFF, ZELLSTOFF, PAPIER U. PAPPE	1.628	13.680	1.633	6.092	17.116	1.597
	(1.235)	(10.378)	(1.827)	(3.074)	(8.637)	(1.517)
GUMMI- UND ASBESTWAREN	1.039	17.466	1.042	2.702	15.903	0.708
	(0.782)	(13.146)	(1.156)	(1.220)	(7.180)	(0.602)
INVESTITIONSGUETERINDUSTRIEN	11.019	12.349	9.865	35.271	15.286	9.097
	(7.091)	(7.947)	(9.245)	(14.937)	(6.473)	(7.133)
	8.662	9.708	8.691	33.796	14.647	8.858
	(5.183)	(5.809)	(7.669)	(14.486)	(6.278)	(7.151)
STAHL- UND LEICHTMETALLBAU	0.041	9.934	0.041	0.487	13.086	0.128
	(0.020)	(4.949)	(0.030)	(0.143)	(3.850)	(0.071)
STAHLVERFORMUNG	0.010	15.286	0.010	1.201	15.866	0.315
	(0.007)	(10.846)	(0.010)	(0.543)	(7.172)	(0.268)
MASCHINENBAU	6.024	10.685	6.044	7.915	14.773	2.075
	(3.500)	(6.209)	(5.179)	(3.136)	(5.853)	(1.548)
STRASSENFAHRZEUGE	0.467	15.528	0.469	0.519	16.536	0.136
	(0.346)	(11.498)	(0.512)	(0.250)	(7.953)	(0.123)
ELEKTROTECHNIK	0.464	11.930	0.466	14.750	15.457	3.866
	(0.282)	(7.249)	(0.418)	(6.420)	(6.728)	(3.169)
FEINMECHANIK, OPTIK, UHREN	0.835	11.007	0.838	3.779	16.153	0.991
	(0.484)	(6.385)	(0.717)	(1.759)	(7.518)	(0.868)
EISEN-, BLECH- UND METALLWAREN	0.820	13.425	0.823	5.144	15.504	1.348
	(0.543)	(8.877)	(0.803)	(2.235)	(6.737)	(1.103)
VERBRAUCHSGUETERINDUSTRIEN	22.774	15.179	20.391	117.509	17.721	30.308
	(16.127)	(10.749)	(21.026)	(62.643)	(9.447)	(29.914)
	21.567	14.374	21.638	123.318	18.597	32.323
	(14.867)	(9.909)	(21.997)	(66.837)	(10.079)	(32.992)
FEINKERAMIK	0.909	12.248	0.912	4.310	17.030	1.130
	(0.658)	(8.866)	(0.974)	(2.180)	(8.614)	(1.076)
GLAS UND GLASWAREN	1.408	17.169	1.412	4.383	17.099	1.149
	(1.092)	(13.323)	(1.616)	(2.229)	(8.698)	(1.100)
HOLZWAREN	0.801	15.972	0.803	15.989	16.043	4.191
	(0.591)	(11.780)	(0.874)	(7.399)	(7.424)	(3.652)
MUSIKINSTRUMENTE, SPORT- UND SPIELWAREN	0.977	12.015	0.980	3.896	16.960	1.021
	(0.652)	(8.023)	(0.965)	(1.959)	(8.530)	(0.967)
PAPIER- UND PAPPEWAREN	1.069	17.637	1.072	1.708	19.580	0.448
	(0.793)	(13.086)	(1.173)	(1.020)	(11.695)	(0.503)
DRUCKEREI, VERVIELFAELTIGUNG	1.915	11.386	1.921	1.850	14.667	0.485
	(1.028)	(6.114)	(1.521)	(0.726)	(5.759)	(0.359)
KUNSTSTOFFERZEUGNISSE	0.144	15.469	0.144	5.087	20.314	1.333
	(0.113)	(12.171)	(0.168)	(3.145)	(12.558)	(1.552)
LEDER (HERSTELLUNG, VEREDELUNG)	0.003	11.459	0.003	0.082	15.524	0.022
	(0.002)	(7.170)	(0.002)	(0.034)	(6.364)	(0.017)
LEDERWAREN UND SCHUHE	0.395	16.806	0.396	3.584	16.094	0.940
	(0.285)	(12.122)	(0.422)	(1.656)	(7.435)	(0.817)
TEXTILIEN	11.449	14.667	11.487	41.934	17.446	10.991
	(7.822)	(10.021)	(11.574)	(21.911)	(9.116)	(10.816)
BEKLEIDUNG	2.498	16.398	2.506	40.496	19.925	10.614
	(1.830)	(12.015)	(2.708)	(24.577)	(12.093)	(12.132)
(INDUSTRIE)	80.677	10.664	72.233	296.346	15.443	76.433
	(48.804)	(6.451)	(63.629)	(135.256)	(7.048)	(64.589)
	68.923	9.110	69.152	293.994	15.321	77.058
	(40.870)	(5.402)	(60.472)	(132.761)	(6.918)	(65.532)
AGRAR UND ERNAEHRUNG	31.013	24.091	27.767	91.372	19.873	23.567
	(27.897)	(21.671)	(36.371)	(74.154)	(16.128)	(35.411)
	30.746	23.884	30.848	87.527	19.037	22.942
	(26.716)	(20.753)	(39.528)	(69.827)	(15.187)	(34.468)
ERZEUGNISSE DER LAND- FORST- UND JAGDWIRTSCHAFT, FISCHEREI	7.473	40.154	7.498	36.629	13.465	9.601
	(7.298)	(39.215)	(10.798)	(24.786)	(9.112)	(12.235)
ERNAEHRUNGS- U. GENUSSMITTELINDUSTRIE	23.273	21.134	23.350	50.899	27.110	13.341
	(19.418)	(17.633)	(28.731)	(45.041)	(23.990)	(22.233)
TOTAL/A (SUMME DER BERECHNETEN HAUPTGRUPPEN)	111.690		100.000	387.718		100.000
	(76.701)		(100.000)	(209.410)		(100.000)
TOTAL/B (SUMME DER BERECHNETEN UNTERGRUPPEN)	99.669		100.000	381.521		100.000
	(67.586)		(100.000)	(202.588)		(100.000)

noch Tabelle 2*

WIRTSCHAFTSZWEIG	VOLKSWIRTSCHAFTLICHER VERLUST - BRD 1958-1974	VH-1	VH-2	1968-1974	VH-1	VH-2
BERGBAULICHE ERZEUGNISSE	152.900	5.683	3.686	53.249	9.480	2.163
	(20.319)	(0.755)	(0.727)	(1.318)	(0.235)	(0.087)
GRUNDSTOFF- UND PRODUKTIONS-GUETERINDUSTRIEN	1015.184	14.426	24.476	633.176	15.301	25.725
	(528.177)	(7.505)	(18.898)	(281.696)	(6.807)	(18.680)
	914.868	13.000	22.960	610.425	14.751	25.286
	(467.142)	(6.638)	(17.445)	(264.369)	(6.389)	(17.858)
STEINE UND ERDEN	66.112	10.784	1.659	44.113	12.090	1.827
	(27.503)	(4.486)	(1.027)	(13.653)	(3.742)	(0.922)
EISEN- UND STAHLERZEUGUNG	135.789	13.716	3.408	118.607	13.876	4.913
	(49.377)	(4.988)	(1.844)	(40.853)	(4.779)	(2.760)
EISEN-, STAHL- UND TEMPERGIESSEREIEN	4.509	15.337	0.113	3.133	16.144	0.130
	(2.499)	(8.500)	(0.093)	(1.572)	(8.101)	(0.106)
ZIEHEREIEN UND KALTWALZWERKE	9.956	15.801	0.250	9.793	15.827	0.406
	(4.686)	(7.437)	(0.175)	(4.584)	(7.408)	(0.310)
NE-METALLE UND HALBZEUG	67.505	13.355	1.694	63.832	14.200	2.644
	(27.844)	(5.509)	(1.040)	(24.468)	(5.443)	(1.653)
MINERALOELERZEUGNISSE	216.686	9.587	5.438	112.073	13.092	4.642
	(93.931)	(4.156)	(3.508)	(37.051)	(4.328)	(2.503)
CHEMISCHE ERZEUGNISSE	301.714	16.882	7.572	190.884	18.163	7.907
	(196.830)	(11.013)	(7.351)	(108.426)	(10.317)	(7.324)
SAEGE- UND HOLZBEARBEITUNGSWERKE	33.997	11.989	0.853	16.621	14.149	0.689
	(16.571)	(5.844)	(0.619)	(6.533)	(5.561)	(0.441)
HOLZSCHLIFF, ZELLSTOFF, PAPIER U. PAPPE	37.601	15.754	0.944	26.048	16.693	1.079
	(22.676)	(9.501)	(0.847)	(13.835)	(8.866)	(0.935)
GUMMI- UND ASBESTWAREN	41.000	17.025	1.029	25.321	16.710	1.049
	(25.224)	(10.474)	(0.942)	(13.395)	(8.840)	(0.905)
INVESTITIONSGUETERINDUSTRIEN	416.248	14.985	10.036	264.365	15.768	10.741
	(232.455)	(8.368)	(8.317)	(127.504)	(7.605)	(8.455)
	374.222	13.472	9.391	235.510	14.047	9.756
	(203.544)	(7.327)	(7.601)	(111.223)	(6.634)	(7.513)
STAHL- UND LEICHTMETALLBAU	3.960	13.047	0.099	3.228	13.612	0.134
	(1.525)	(5.025)	(0.057)	(1.116)	(4.707)	(0.075)
STAHLVERFORMUNG	6.451	16.142	0.162	5.845	16.155	0.242
	(3.289)	(8.228)	(0.123)	(2.848)	(7.870)	(0.192)
MASCHINENBAU	160.468	13.362	4.027	85.723	14.714	3.551
	(85.531)	(7.122)	(3.194)	(37.629)	(6.459)	(2.542)
STRASSENFAHRZEUGE	10.312	16.994	0.259	4.525	17.633	0.187
	(6.963)	(11.474)	(0.260)	(2.555)	(9.956)	(0.173)
ELEKTROTECHNIK	95.806	15.431	2.404	75.443	15.840	3.125
	(50.274)	(8.097)	(1.877)	(36.353)	(7.633)	(2.456)
FEINMECHANIK, OPTIK, UHREN	45.652	15.053	1.146	27.096	16.338	1.122
	(26.390)	(8.701)	(0.986)	(13.844)	(8.347)	(0.935)
EISEN-, BLECH- UND METALLWAREN	51.572	15.776	1.294	33.651	16.202	1.394
	(29.573)	(9.047)	(1.104)	(16.878)	(8.127)	(1.140)
VERBRAUCHSGUETERINDUSTRIEN	1109.651	17.258	26.753	736.097	17.884	29.907
	(689.191)	(10.719)	(24.659)	(415.842)	(10.103)	(27.576)
	1121.874	17.448	28.155	752.190	18.275	31.158
	(703.277)	(10.938)	(26.264)	(434.473)	(10.556)	(29.349)
FEINKERAMIK	41.321	17.043	1.037	28.586	18.223	1.184
	(26.405)	(10.891)	(0.986)	(16.397)	(10.453)	(1.108)
GLAS UND GLASWAREN	41.327	17.792	1.037	26.424	17.792	1.095
	(26.544)	(11.428)	(0.991)	(14.815)	(9.975)	(1.001)
HOLZWAREN	129.919	16.629	3.260	100.301	16.727	4.155
	(74.203)	(9.498)	(2.771)	(52.139)	(8.695)	(3.522)
MUSIKINSTRUMENTE, SPORT- UND SPIELWAREN	51.364	16.077	1.289	32.533	17.294	1.348
	(31.766)	(9.943)	(1.186)	(17.911)	(9.521)	(1.210)
PAPIER- UND PAPPEWAREN	27.942	19.192	0.701	15.044	19.905	0.623
	(19.282)	(13.244)	(0.720)	(9.511)	(12.583)	(0.642)
DRUCKEREI, VERVIELFAELTIGUNG	29.191	13.099	0.733	12.631	14.198	0.523
	(15.312)	(6.871)	(0.572)	(5.656)	(6.357)	(0.382)
KUNSTSTOFFERZEUGNISSE	34.723	19.680	0.871	31.084	20.023	1.288
	(22.517)	(12.762)	(0.841)	(19.550)	(12.593)	(1.321)
LEDER (HERSTELLUNG, VEREDELUNG)	1.468	14.928	0.037	1.300	15.405	0.054
	(0.682)	(6.938)	(0.025)	(0.573)	(6.795)	(0.039)
LEDERWAREN UND SCHUHE	35.090	17.225	0.881	24.008	17.002	0.994
	(20.781)	(10.201)	(0.776)	(12.564)	(8.898)	(0.849)
TEXTILIEN	411.599	16.600	10.329	254.139	17.499	10.527
	(250.402)	(10.099)	(9.351)	(139.931)	(9.635)	(9.452)
BEKLEIDUNG	317.930	19.034	7.979	226.139	19.579	9.368
	(215.383)	(12.895)	(8.043)	(145.427)	(12.591)	(9.824)
(INDUSTRIE)	2693.983	14.100	64.951	1686.887	15.925	68.536
	(1470.141)	(7.694)	(52.601)	(826.360)	(7.801)	(54.799)
	2563.863	13.419	64.343	1651.374	15.590	68.406
	(1394.281)	(7.297)	(52.070)	(811.383)	(7.660)	(54.809)
AGRAR UND ERNAEHRUNG	1453.746	29.143	35.049	774.413	25.698	31.464
	(1324.772)	(26.557)	(47.399)	(681.616)	(22.618)	(45.201)
	1420.832	28.483	35.657	762.708	25.309	31.594
	(1283.445)	(25.729)	(47.930)	(668.992)	(22.199)	(45.191)
ERZEUGNISSE DER LAND- FORST- UND JAGDWIRTSCHAFT, FISCHEREI	783.000	31.872	19.650	392.333	24.310	16.252
	(724.336)	(29.484)	(27.050)	(340.119)	(21.075)	(22.975)
ERNAEHRUNGS- U. GENUSSMITTELINDUSTRIE	637.833	25.195	16.007	370.375	26.463	15.342
	(559.109)	(22.085)	(20.880)	(328.873)	(23.497)	(22.216)
TOTAL/A (SUMME DER BERECHNETEN HAUPTGRUPPEN)	4147.729		100.000	2461.300		100.000
	(2794.913)		(100.000)	(1507.976)		(100.000)
TOTAL/B (SUMME DER BERECHNETEN UNTERGRUPPEN)	3984.695		100.000	2414.082		100.000
	(2677.726)		(100.000)	(1480.375)		(100.000)

noch Tabelle 2*

WIRTSCHAFTSZWEIG	HANDELSBILANZEFFEKT - DDR					
	1958	VH-1	VH-2	1974	VH-1	VH-2
BERGBAULICHE ERZEUGNISSE	15.902	6.784	7.510	7.654	12.614	1.024
	(4.763)	(2.032)	(3.258)	(0.055)	(0.091)	(0.014)
GRUNDSTOFF- UND PRODUKTIONS-GUETERINDUSTRIEN	64.273	24.112	30.353	253.194	28.079	33.888
	(42.009)	(15.760)	(28.732)	(111.763)	(12.394)	(28.158)
	46.468	17.433	25.371	276.307	30.642	36.502
	(30.205)	(11.331)	(24.166)	(110.470)	(12.251)	(27.830)
STEINE UND ERDEN	3.128	12.225	1.708	14.608	22.406	1.930
	(1.533)	(5.990)	(1.226)	(3.906)	(5.990)	(0.984)
EISEN- UND STAHLERZEUGUNG	1.691	43.297	0.923	83.746	45.848	11.063
	(0.910)	(23.307)	(0.728)	(28.873)	(15.807)	(7.274)
EISEN-, STAHL- UND TEMPERGIESSEREIEN	0.157	21.378	0.086	1.051	29.172	0.139
	(0.093)	(12.723)	(0.075)	(0.499)	(13.861)	(0.126)
ZIEHEREIEN UND KALTWALZWERKE	0.235	89.151	0.129	18.535	94.369	2.449
	(0.158)	(59.949)	(0.127)	(8.990)	(45.774)	(2.265)
NE-METALLE UND HALBZEUG	0.070	12.559	0.038	14.720	26.454	1.945
	(0.064)	(11.563)	(0.051)	(5.681)	(10.209)	(1.431)
MINERALOELERZEUGNISSE	18.865	13.978	10.300	64.314	23.909	8.496
	(10.325)	(7.650)	(8.260)	(19.155)	(7.121)	(4.826)
CHEMISCHE ERZEUGNISSE	14.811	21.435	8.087	55.661	26.433	7.353
	(11.860)	(17.165)	(9.489)	(31.814)	(15.108)	(8.015)
SAEGE- UND HOLZBEARBEITUNGSWERKE	2.285	18.575	1.248	6.499	28.208	0.859
	(1.217)	(9.890)	(0.973)	(2.686)	(11.661)	(0.677)
HOLZSCHLIFF, ZELLSTOFF, PAPIER U. PAPPE	3.338	28.054	1.823	12.217	34.323	1.614
	(2.587)	(21.738)	(2.069)	(6.511)	(18.292)	(1.640)
GUMMI- UND ASBESTWAREN	1.887	31.743	1.031	4.957	29.172	0.655
	(1.457)	(24.510)	(1.166)	(2.355)	(13.861)	(0.593)
INVESTITIONSGUETERINDUSTRIEN	52.128	58.420	24.617	162.294	70.336	21.722
	(34.934)	(39.150)	(23.893)	(74.565)	(32.315)	(18.786)
	35.822	40.146	19.559	124.742	54.061	16.479
	(22.094)	(24.760)	(17.677)	(56.940)	(24.677)	(14.345)
STAHL- UND LEICHTMETALLBAU	0.198	48.148	0.108	2.293	61.622	0.303
	(0.103)	(25.067)	(0.082)	(0.733)	(19.686)	(0.185)
STAHLVERFORMUNG	0.012	18.479	0.006	1.450	19.152	0.192
	(0.008)	(13.259)	(0.007)	(0.670)	(8.849)	(0.169)
MASCHINENBAU	28.945	51.338	15.804	36.600	68.307	4.835
	(17.516)	(31.067)	(14.014)	(15.743)	(29.383)	(3.966)
STRASSENFAHRZEUGE	1.740	57.800	0.950	1.915	60.989	0.253
	(1.335)	(44.368)	(1.068)	(0.994)	(31.654)	(0.250)
ELEKTROTECHNIK	2.210	56.778	1.207	67.936	71.191	8.975
	(1.401)	(35.983)	(1.121)	(32.016)	(33.551)	(8.066)
FEINMECHANIK, OPTIK, UHREN	1.295	17.068	0.707	5.727	24.480	0.757
	(0.767)	(10.105)	(0.613)	(2.770)	(11.839)	(0.698)
EISEN-, BLECH- UND METALLWAREN	1.423	23.278	0.777	8.822	26.588	1.165
	(0.963)	(15.766)	(0.771)	(4.014)	(12.098)	(1.011)
VERBRAUCHSGUETERINDUSTRIEN	41.397	27.591	19.550	210.577	31.756	28.184
	(30.041)	(20.022)	(20.547)	(117.521)	(17.723)	(29.609)
	38.661	25.768	21.109	221.615	33.421	29.277
	(27.444)	(18.291)	(21.957)	(125.738)	(18.962)	(31.676)
FEINKERAMIK	1.734	23.357	0.947	7.995	31.593	1.056
	(1.279)	(17.233)	(1.023)	(4.244)	(16.768)	(1.069)
GLAS UND GLASWAREN	2.462	30.027	1.344	7.668	29.916	1.013
	(1.950)	(23.789)	(1.560)	(4.080)	(15.918)	(1.028)
HOLZWAREN	1.449	28.904	0.791	28.924	29.021	3.821
	(1.094)	(21.820)	(0.875)	(14.034)	(14.081)	(3.535)
MUSIKINSTRUMENTE, SPORT- UND SPIELWAREN	2.249	27.664	1.228	8.674	37.761	1.146
	(1.542)	(18.967)	(1.234)	(4.617)	(20.100)	(1.163)
PAPIER- UND PAPPEWAREN	1.917	31.645	1.047	3.031	34.749	0.400
	(1.459)	(24.079)	(1.167)	(1.891)	(21.684)	(0.476)
DRUCKEREI, VERVIELFAELTIGUNG	2.465	14.657	1.346	2.359	18.706	0.312
	(1.343)	(7.989)	(1.075)	(0.950)	(7.532)	(0.239)
KUNSTSTOFFERZEUGNISSE	0.261	28.073	0.143	8.983	35.871	1.187
	(0.209)	(22.495)	(0.168)	(5.800)	(23.161)	(1.461)
LEDER (HERSTELLUNG, VEREDELUNG)	0.004	19.279	0.002	0.135	25.439	0.018
	(0.003)	(12.407)	(0.002)	(0.059)	(11.070)	(0.015)
LEDERWAREN UND SCHUHE	0.710	30.181	0.387	6.464	29.021	0.854
	(0.526)	(22.361)	(0.421)	(3.136)	(14.081)	(0.790)
TEXTILIEN	20.871	26.737	11.395	75.263	31.311	9.943
	(14.629)	(18.741)	(11.705)	(41.181)	(17.132)	(10.374)
BEKLEIDUNG	4.539	29.796	2.478	72.120	35.485	9.528
	(3.408)	(22.373)	(2.727)	(45.747)	(22.509)	(11.525)
(INDUSTRIE)	173.701	22.960	82.029	633.719	33.025	84.818
	(111.747)	(14.771)	(76.430)	(303.905)	(15.837)	(76.568)
	136.853	18.089	74.721	630.319	32.847	83.270
	(84.505)	(11.170)	(67.610)	(293.203)	(15.279)	(73.865)
AGRAR UND ERNAEHRUNG	38.054	29.561	17.971	113.429	24.671	15.182
	(34.460)	(26.769)	(23.570)	(93.005)	(20.228)	(23.432)
	46.298	35.965	25.279	126.640	27.544	16.730
	(40.484)	(31.448)	(32.390)	(103.741)	(22.563)	(26.135)
ERZEUGNISSE DER LAND- FORST- UND JAGDWIRTSCHAFT, FISCHEREI	8.937	48.022	4.880	47.411	17.428	6.263
	(8.753)	(47.033)	(7.003)	(32.486)	(11.942)	(8.184)
ERNAEHRUNGS- U. GENUSSMITTELINDUSTRIE	37.361	33.928	20.399	79.229	42.200	10.467
	(31.731)	(28.815)	(25.387)	(71.255)	(37.953)	(17.951)
TOTAL/A (SUMME DER BERECHNETEN HAUPTGRUPPEN)	211.755		100.000	747.149		100.000
	(146.207)		(100.000)	(396.909)		(100.000)
TOTAL/B (SUMME DER BERECHNETEN UNTERGRUPPEN)	183.151		100.000	756.959		100.000
	(124.989)		(100.000)	(396.945)		(100.000)

noch Tabelle 2*

WIRTSCHAFTSZWEIG	HANDELSBILANZEFFEKT - DDR 1958-1974	VH-1	VH-2	1968-1974	VH-1	VH-2
BERGBAULICHE ERZEUGNISSE	194.558	7.231	2.515	67.161	11.956	1.427
	(26.239)	(0.975)	(0.517)	(1.705)	(0.304)	(0.061)
GRUNDSTOFF- UND PRODUKTIONSGUETERINDUSTRIEN	1877.551	26.680	24.266	1165.427	28.163	24.768
	(1017.018)	(14.452)	(20.049)	(544.838)	(13.166)	(19.519)
	1821.849	25.889	24.613	1266.665	30.610	27.327
	(921.777)	(13.099)	(19.052)	(555.083)	(13.414)	(20.109)
STEINE UND ERDEN	118.886	19.392	1.606	78.880	21.618	1.702
	(51.093)	(8.334)	(1.056)	(25.493)	(6.987)	(0.924)
EISEN- UND STAHLERZEUGUNG	451.363	45.593	6.098	393.667	46.055	8.493
	(178.366)	(18.017)	(3.687)	(147.932)	(17.307)	(5.359)
EISEN-, STAHL- UND TEMPERGIESSEREIEN	8.326	28.324	0.112	5.763	29.692	0.124
	(4.794)	(16.308)	(0.099)	(3.024)	(15.582)	(0.110)
ZIEHEREIEN UND KALTWALZWERKE	59.578	94.556	0.805	58.589	94.688	1.264
	(30.473)	(48.364)	(0.630)	(29.821)	(48.194)	(1.080)
NE-METALLE UND HALBZEUG	125.370	24.803	1.694	118.255	26.306	2.551
	(54.264)	(10.736)	(1.122)	(47.705)	(10.612)	(1.728)
MINERALOELERZEUGNISSE	404.795	17.909	5.469	206.066	24.072	4.446
	(181.669)	(8.038)	(3.755)	(71.524)	(8.355)	(2.591)
CHEMISCHE ERZEUGNISSE	436.745	24.437	5.900	274.940	26.162	5.931
	(292.285)	(16.354)	(6.041)	(161.529)	(15.370)	(5.852)
SAEGE- UND HOLZBEARBEITUNGSWERKE	66.106	23.312	0.893	31.947	27.194	0.689
	(33.479)	(11.807)	(0.692)	(13.225)	(11.257)	(0.479)
HOLZSCHLIFF, ZELLSTOFF, PAPIER U. PAPPE	75.998	31.841	1.027	52.353	33.550	1.129
	(47.737)	(20.001)	(0.987)	(29.256)	(18.748)	(1.060)
GUMMI- UND ASBESTWAREN	74.681	31.011	1.009	46.205	30.493	0.997
	(47.615)	(19.772)	(0.984)	(25.576)	(16.878)	(0.927)
INVESTITIONSGUETERINDUSTRIEN	1918.814	69.076	24.800	1210.202	72.181	25.720
	(1138.594)	(40.989)	(22.446)	(629.269)	(37.532)	(22.544)
	1413.801	50.896	19.100	879.654	52.466	18.977
	(803.510)	(28.926)	(16.608)	(438.294)	(26.142)	(15.878)
STAHL- UND LEICHTMETALLBAU	18.634	61.392	0.252	15.122	63.767	0.326
	(7.706)	(25.387)	(0.159)	(5.657)	(23.854)	(0.205)
STAHLVERFORMUNG	7.781	19.469	0.105	7.050	19.485	0.152
	(4.044)	(10.118)	(0.084)	(3.506)	(9.690)	(0.127)
MASCHINENBAU	750.737	62.514	10.142	396.410	68.043	8.552
	(423.980)	(35.305)	(8.763)	(187.748)	(32.227)	(6.802)
STRASSENFAHRZEUGE	37.853	62.380	0.511	16.508	64.338	0.356
	(26.816)	(44.190)	(0.554)	(9.974)	(38.872)	(0.361)
ELEKTROTECHNIK	441.051	71.036	5.958	346.071	72.660	7.466
	(247.258)	(39.824)	(5.111)	(179.637)	(37.716)	(6.508)
FEINMECHANIK, OPTIK, UHREN	69.469	22.906	0.939	41.021	24.734	0.885
	(41.318)	(13.624)	(0.854)	(21.714)	(13.093)	(0.787)
EISEN-, BLECH- UND METALLWAREN	88.276	27.004	1.193	57.471	27.672	1.240
	(52.388)	(16.026)	(1.083)	(30.058)	(14.472)	(1.089)
VERBRAUCHSGUETERINDUSTRIEN	1992.955	30.996	25.758	1317.636	32.013	28.003
	(1283.302)	(19.959)	(25.299)	(777.142)	(18.881)	(27.841)
	2022.206	31.451	27.319	1353.844	32.893	29.208
	(1315.111)	(20.454)	(27.182)	(816.108)	(19.828)	(29.565)
FEINKERAMIK	76.538	31.568	1.034	52.632	33.553	1.135
	(50.654)	(20.892)	(1.047)	(31.528)	(20.099)	(1.142)
GLAS UND GLASWAREN	72.016	31.005	0.973	46.043	31.001	0.993
	(47.765)	(20.564)	(0.987)	(26.900)	(18.112)	(0.975)
HOLZWAREN	234.183	29.975	3.164	180.688	30.133	3.898
	(138.880)	(17.776)	(2.871)	(98.098)	(16.360)	(3.554)
MUSIKINSTRUMENTE, SPORT- UND SPIELWAREN	114.913	35.967	1.552	72.245	38.405	1.559
	(74.097)	(23.192)	(1.532)	(41.903)	(22.275)	(1.518)
PAPIER- UND PAPPEWAREN	49.685	34.126	0.671	26.646	35.255	0.575
	(35.436)	(24.340)	(0.732)	(17.543)	(23.211)	(0.636)
DRUCKEREI, VERVIELFAELTIGUNG	37.383	16.775	0.505	16.126	18.127	0.348
	(19.959)	(8.956)	(0.413)	(7.383)	(8.299)	(0.267)
KUNSTSTOFFERZEUGNISSE	61.512	34.862	0.831	54.972	35.410	1.186
	(41.476)	(23.507)	(0.857)	(36.049)	(23.221)	(1.306)
LEDER (HERSTELLUNG, VEREDELUNG)	2.413	24.536	0.033	2.131	25.255	0.046
	(1.182)	(12.020)	(0.024)	(0.994)	(11.783)	(0.036)
LEDERWAREN UND SCHUHE	62.843	30.849	0.849	43.049	30.487	0.929
	(38.635)	(18.965)	(0.799)	(23.568)	(16.691)	(0.854)
TEXTILIEN	741.869	29.921	10.022	455.901	31.391	9.836
	(467.979)	(18.874)	(9.673)	(262.219)	(18.055)	(9.499)
BEKLEIDUNG	568.852	34.057	7.685	403.410	34.927	8.703
	(399.048)	(23.891)	(8.248)	(269.921)	(23.369)	(9.778)
(INDUSTRIE)	5983.878	31.318	77.339	3760.426	35.501	79.918
	(3465.153)	(18.136)	(68.311)	(1952.953)	(18.437)	(69.965)
	5452.414	28.537	73.661	3567.325	33.678	76.961
	(3066.637)	(16.050)	(63.384)	(1811.190)	(17.099)	(65.614)
AGRAR UND ERNAEHRUNG	1753.373	35.149	22.661	944.957	31.357	20.082
	(1607.454)	(32.224)	(31.689)	(838.392)	(27.821)	(30.035)
	1949.651	39.084	26.339	1067.935	35.438	23.039
	(1771.531)	(35.513)	(36.616)	(949.167)	(31.496)	(34.386)
ERZEUGNISSE DER LAND- FORST- UND JAGDWIRTSCHAFT, FISCHEREI	947.523	38.569	12.801	489.639	30.340	10.563
	(879.023)	(35.781)	(18.169)	(427.675)	(26.500)	(15.493)
ERNAEHRUNGS- U. GENUSSMITTELINDUSTRIE	1002.128	39.585	13.538	578.296	41.318	12.476
	(892.508)	(35.255)	(18.447)	(521.492)	(37.260)	(18.892)
TOTAL/A (SUMME DER BERECHNETEN HAUPTGRUPPEN)	7737.251		100.000	4705.383		100.000
	(5072.607)		(100.000)	(2791.345)		(100.000)
TOTAL/B (SUMME DER BERECHNETEN UNTERGRUPPEN)	7402.065		100.000	4635.260		100.000
	(4838.168)		(100.000)	(2760.357)		(100.000)

noch Tabelle 2*

WIRTSCHAFTSZWEIG	NETTOGEWINN DER PRAEFERENZEN (BRD UND DDR) 1958	VH-1	VH-2	1974	VH-1	VH-2
BERGBAULICHE ERZEUGNISSE	-0.097	0.041	1.215	-0.089	0.147	0.256
	(-0.009)	(0.004)	(0.222)	(-0.000)	(0.000)	(0.000)
GRUNDSTOFF- UND PRODUKTIONS-GUETERINDUSTRIEN	-2.213	0.830	27.663	-10.408	1.154	30.000
	(-0.900)	(0.338)	(23.256)	(-1.848)	(0.205)	(21.473)
	-1.204	0.452	17.500	-12.329	1.367	32.815
	(-0.546)	(0.205)	(14.750)	(-1.893)	(0.210)	(16.882)
STEINE UND ERDEN	-0.051	0.199	0.739	-0.461	0.707	1.228
	(-0.012)	(0.046)	(0.319)	(-0.030)	(0.046)	(0.268)
EISEN- UND STAHLERZEUGUNG	-0.086	2.211	1.255	-4.591	2.513	12.218
	(-0.023)	(0.581)	(0.613)	(-0.473)	(0.259)	(4.216)
EISEN-, STAHL- UND TEMPERGIESSEREIEN	-0.005	0.642	0.068	-0.045	1.255	0.120
	(-0.002)	(0.216)	(0.043)	(-0.009)	(0.258)	(0.083)
ZIEHEREIEN UND KALTWALZWERKE	-0.017	6.374	0.245	-1.431	7.285	3.808
	(-0.007)	(2.606)	(0.186)	(-0.286)	(1.455)	(2.549)
NE-METALLE UND HALBZEUG	-0.001	0.211	0.017	-0.564	1.014	1.502
	(-0.001)	(0.178)	(0.027)	(-0.076)	(0.137)	(0.682)
MINERALOELERZEUGNISSE	-0.355	0.263	5.158	-2.193	0.815	5.837
	(-0.103)	(0.076)	(2.774)	(-0.177)	(0.066)	(1.577)
CHEMISCHE ERZEUGNISSE	-0.406	0.587	5.895	-1.932	0.918	5.142
	(-0.254)	(0.368)	(6.868)	(-0.594)	(0.282)	(5.297)
SAEGE- UND HOLZBEARBEITUNGSWERKE	-0.059	0.476	0.851	-0.268	1.163	0.713
	(-0.016)	(0.128)	(0.427)	(-0.042)	(0.180)	(0.371)
HOLZSCHLIFF, ZELLSTOFF, PAPIER U. PAPPE	-0.135	1.137	1.967	-0.631	1.773	1.679
	(-0.078)	(0.657)	(2.112)	(-0.162)	(0.456)	(1.447)
GUMMI- UND ASBESTWAREN	-0.090	1.511	1.306	-0.213	1.255	0.567
	(-0.051)	(0.860)	(1.381)	(-0.044)	(0.258)	(0.392)
INVESTITIONSGUETERINDUSTRIEN	-2.882	3.230	36.021	-11.390	4.936	32.831
	(-1.198)	(1.343)	(30.965)	(-2.059)	(0.892)	(23.923)
	-1.684	1.887	24.474	-8.140	3.528	21.664
	(-0.603)	(0.676)	(16.286)	(-1.467)	(0.636)	(13.087)
STAHL- UND LEICHTMETALLBAU	-0.009	2.103	0.126	-0.136	3.643	0.361
	(-0.002)	(0.523)	(0.058)	(-0.012)	(0.317)	(0.105)
STAHLVERFORMUNG	-0.000	0.295	0.003	-0.024	0.318	0.064
	(-0.000)	(0.149)	(0.003)	(-0.005)	(0.065)	(0.044)
MASCHINENBAU	-1.365	2.422	19.848	-2.471	4.612	6.578
	(-0.463)	(0.821)	(12.503)	(-0.391)	(0.730)	(3.488)
STRASSENFAHRZEUGE	-0.116	3.859	1.688	-0.137	4.371	0.365
	(-0.064)	(2.125)	(1.728)	(-0.032)	(1.021)	(0.286)
ELEKTROTECHNIK	-0.118	3.030	1.714	-4.845	5.077	12.895
	(-0.044)	(1.121)	(1.179)	(-0.922)	(0.966)	(8.223)
FEINMECHANIK, OPTIK, UHREN	-0.029	0.376	0.415	-0.189	0.806	0.502
	(-0.010)	(0.127)	(0.260)	(-0.041)	(0.176)	(0.367)
EISEN-, BLECH- UND METALLWAREN	-0.047	0.765	0.679	-0.338	1.018	0.899
	(-0.021)	(0.336)	(0.554)	(-0.064)	(0.194)	(0.573)
VERBRAUCHSGUETERINDUSTRIEN	-1.667	1.111	20.831	-10.024	1.512	28.895
	(-0.838)	(0.558)	(21.653)	(-2.863)	(0.432)	(33.268)
	-1.494	0.996	21.723	-10.881	1.641	28.959
	(-0.739)	(0.493)	(19.969)	(-3.313)	(0.500)	(29.555)
FEINKERAMIK	-0.058	0.775	0.836	-0.378	1.494	1.006
	(-0.030)	(0.407)	(0.816)	(-0.097)	(0.384)	(0.867)
GLAS UND GLASWAREN	-0.109	1.333	1.589	-0.339	1.323	0.902
	(-0.066)	(0.805)	(1.782)	(-0.088)	(0.344)	(0.786)
HOLZWAREN	-0.062	1.229	0.896	-1.236	1.240	3.290
	(-0.034)	(0.670)	(0.908)	(-0.266)	(0.267)	(2.373)
MUSIKINSTRUMENTE, SPORT- UND SPIELWAREN	-0.087	1.067	1.261	-0.487	2.120	1.296
	(-0.039)	(0.477)	(1.047)	(-0.124)	(0.539)	(1.104)
PAPIER- UND PAPPEWAREN	-0.091	1.500	1.321	-0.161	1.847	0.429
	(-0.050)	(0.828)	(1.355)	(-0.058)	(0.662)	(0.515)
DRUCKEREI, VERVIELFAELTIGUNG	-0.036	0.212	0.518	-0.044	0.351	0.118
	(-0.010)	(0.061)	(0.278)	(-0.007)	(0.054)	(0.061)
KUNSTSTOFFERZEUGNISSE	-0.011	1.153	0.156	-0.497	1.983	1.322
	(-0.007)	(0.715)	(0.180)	(-0.191)	(0.761)	(1.701)
LEDER (HERSTELLUNG, VEREDELUNG)	-0.000	0.510	0.002	-0.005	0.920	0.013
	(-0.000)	(0.203)	(0.001)	(-0.001)	(0.160)	(0.008)
LEDERWAREN UND SCHUHE	-0.032	1.351	0.462	-0.276	1.240	0.735
	(-0.017)	(0.706)	(0.449)	(-0.059)	(0.267)	(0.530)
TEXTILIEN	-0.810	1.037	11.772	-3.522	1.465	9.375
	(-0.379)	(0.486)	(10.241)	(-0.966)	(0.402)	(8.620)
BEKLEIDUNG	-0.200	1.314	2.910	-3.935	1.936	10.473
	(-0.108)	(0.707)	(2.911)	(-1.456)	(0.716)	(12.989)
(INDUSTRIE)	-6.859	0.907	85.731	-31.911	1.663	91.982
	(-2.945)	(0.389)	(76.096)	(-6.769)	(0.353)	(78.664)
	-4.479	0.592	65.110	-31.439	1.638	83.675
	(-1.897)	(0.251)	(51.236)	(-6.673)	(0.348)	(59.523)
AGRAR UND ERNAEHRUNG	-1.142	0.887	14.269	-2.782	0.605	8.018
	(-0.925)	(0.719)	(23.904)	(-1.836)	(0.399)	(21.336)
	-2.400	1.865	34.890	-6.134	1.334	16.325
	(-1.805)	(1.402)	(48.764)	(-4.538)	(0.987)	(40.477)
ERZEUGNISSE DER LAND- FORST- UND JAGDWIRTSCHAFT, FISCHEREI	-0.507	2.727	7.377	-0.845	0.311	2.249
	(-0.484)	(2.602)	(13.081)	(-0.388)	(0.143)	(3.459)
ERNAEHRUNGS- U. GENUSSMITTELINDUSTRIE	-1.893	1.719	27.513	-5.289	2.817	14.076
	(-1.321)	(1.199)	(35.682)	(-4.150)	(2.210)	(37.017)
TOTAL/A (SUMME DER BERECHNETEN HAUPTGRUPPEN)	-8.001		100.000	-34.692		100.000
	(-3.870)		(100.000)	(-8.605)		(100.000)
TOTAL/B (SUMME DER BERECHNETEN UNTERGRUPPEN)	-6.879		100.000	-37.572		100.000
	(-3.702)		(100.000)	(-11.211)		(100.000)

noch Tabelle 2*

WIRTSCHAFTSZWEIG	NETTOGEWINN DER PRAEFERENZEN (BRD UND DDR) 1958-1974	VH-1	VH-2	1968-1974	VH-1	VH-2
BERGBAULICHE ERZEUGNISSE	-1.440	0.054	0.392	-0.750	0.134	0.324
	(-0.031)	(0.001)	(0.020)	(-0.001)	(0.000)	(0.001)
GRUNDSTOFF- UND PRODUKTIONS-GUETERINDUSTRIEN	-73.250	1.041	19.958	-48.193	1.165	20.810
	(-20.166)	(0.287)	(12.975)	(-9.672)	(0.234)	(12.848)
	-71.867	1.021	19.612	-56.113	1.356	23.669
	(-17.157)	(0.244)	(9.941)	(-10.153)	(0.245)	(11.372)
STEINE UND ERDEN	-3.320	0.542	0.906	-2.428	0.665	1.024
	(-0.605)	(0.099)	(0.350)	(-0.239)	(0.065)	(0.267)
EISEN- UND STAHLERZEUGUNG	-24.669	2.492	6.732	-21.774	2.547	9.185
	(-3.433)	(0.347)	(1.989)	(-2.701)	(0.316)	(3.025)
EISEN-, STAHL- UND TEMPERGIESSEREIEN	-0.349	1.189	0.095	-0.254	1.309	0.107
	(-0.109)	(0.371)	(0.063)	(-0.065)	(0.335)	(0.073)
ZIEHEREIEN UND KALTWALZWERKE	-4.623	7.337	1.261	-4.554	7.360	1.921
	(-1.040)	(1.650)	(0.602)	(-1.012)	(1.636)	(1.134)
NE-METALLE UND HALBZEUG	-4.638	0.918	1.266	-4.517	1.005	1.905
	(-0.772)	(0.153)	(0.447)	(-0.670)	(0.149)	(0.750)
MINERALOELERZEUGNISSE	-10.908	0.483	2.977	-7.114	0.831	3.001
	(-1.966)	(0.087)	(1.139)	(-0.835)	(0.098)	(0.936)
CHEMISCHE ERZEUGNISSE	-14.009	0.784	3.823	-9.451	0.899	3.986
	(-5.986)	(0.335)	(3.468)	(-3.075)	(0.293)	(3.444)
SAEGE- UND HOLZBEARBEITUNGSWERKE	-2.253	0.794	0.615	-1.270	1.081	0.536
	(-0.529)	(0.187)	(0.307)	(-0.197)	(0.168)	(0.221)
HOLZSCHLIFF, ZELLSTOFF, PAPIER U. PAPPE	-3.626	1.519	0.990	-2.645	1.695	1.116
	(-1.328)	(0.556)	(0.769)	(-0.751)	(0.481)	(0.841)
GUMMI- UND ASBESTWAREN	-3.471	1.441	0.947	-2.106	1.390	0.888
	(-1.390)	(0.577)	(0.805)	(-0.608)	(0.401)	(0.681)
INVESTITIONSGUETERINDUSTRIEN	-132.745	4.779	36.169	-88.318	5.268	38.135
	(-42.380)	(1.526)	(27.268)	(-21.002)	(1.253)	(27.896)
	-87.194	3.139	23.794	-58.233	3.473	24.563
	(-25.523)	(0.919)	(14.788)	(-12.783)	(0.762)	(14.317)
STAHL- UND LEICHTMETALLBAU	-1.109	3.654	0.303	-0.937	3.950	0.395
	(-0.171)	(0.562)	(0.099)	(-0.116)	(0.490)	(0.130)
STAHLVERFORMUNG	-0.132	0.329	0.036	-0.119	0.330	0.050
	(-0.035)	(0.089)	(0.021)	(-0.029)	(0.080)	(0.032)
MASCHINENBAU	-45.958	3.827	12.541	-26.747	4.591	11.282
	(-13.208)	(1.100)	(7.653)	(-5.233)	(0.898)	(5.861)
STRASSENFAHRZEUGE	-2.811	4.632	0.767	-1.280	4.988	0.540
	(-1.311)	(2.160)	(0.759)	(-0.418)	(1.628)	(0.468)
ELEKTROTECHNIK	-31.572	5.085	8.616	-25.461	5.346	10.740
	(-8.895)	(1.433)	(5.154)	(-6.023)	(1.265)	(6.746)
FEINMECHANIK, OPTIK, UHREN	-2.152	0.710	0.587	-1.372	0.827	0.579
	(-0.724)	(0.239)	(0.420)	(-0.363)	(0.219)	(0.406)
EISEN-, BLECH- UND METALLWAREN	-3.461	1.059	0.944	-2.317	1.116	0.977
	(-1.179)	(0.361)	(0.683)	(-0.601)	(0.289)	(0.673)
VERBRAUCHSGUETERINDUSTRIEN	-92.562	1.440	25.220	-63.480	1.542	27.410
	(-36.043)	(0.561)	(23.191)	(-20.416)	(0.496)	(27.117)
	-95.856	1.491	26.158	-66.977	1.627	28.252
	(-38.689)	(0.602)	(22.416)	(-23.036)	(0.560)	(25.801)
FEINKERAMIK	-3.683	1.519	1.005	-2.697	1.719	1.138
	(-1.530)	(0.631)	(0.886)	(-0.915)	(0.584)	(1.025)
GLAS UND GLASWAREN	-3.333	1.435	0.909	-2.132	1.436	0.899
	(-1.431)	(0.616)	(0.829)	(-0.685)	(0.461)	(0.767)
HOLZWAREN	-10.438	1.336	2.848	-8.110	1.352	3.421
	(-3.546)	(0.454)	(2.054)	(-2.249)	(0.375)	(2.519)
MUSIKINSTRUMENTE, SPORT- UND SPIELWAREN	-6.158	1.927	1.680	-4.156	2.209	1.753
	(-2.366)	(0.740)	(1.371)	(-1.274)	(0.677)	(1.427)
PAPIER- UND PAPPEWAREN	-2.591	1.779	0.707	-1.445	1.912	0.609
	(-1.241)	(0.852)	(0.719)	(-0.581)	(0.769)	(0.651)
DRUCKEREI, VERVIELFAELTIGUNG	-0.630	0.282	0.172	-0.294	0.331	0.124
	(-0.174)	(0.078)	(0.101)	(-0.059)	(0.067)	(0.067)
KUNSTSTOFFERZEUGNISSE	-3.298	1.869	0.900	-2.996	1.930	1.264
	(-1.390)	(0.788)	(0.805)	(-1.189)	(0.766)	(1.332)
LEDER (HERSTELLUNG, VEREDELUNG)	-0.085	0.860	0.023	-0.077	0.909	0.032
	(-0.019)	(0.191)	(0.011)	(-0.015)	(0.183)	(0.017)
LEDERWAREN UND SCHUHE	-2.901	1.424	0.792	-1.960	1.388	0.827
	(-1.074)	(0.527)	(0.622)	(-0.554)	(0.392)	(0.621)
TEXTILIEN	-33.094	1.335	9.031	-21.452	1.477	9.049
	(-12.285)	(0.495)	(7.118)	(-6.535)	(0.450)	(7.319)
BEKLEIDUNG	-29.647	1.775	8.090	-21.657	1.875	9.135
	(-13.635)	(0.816)	(7.900)	(-8.979)	(0.777)	(10.056)
(INDUSTRIE)	-299.996	1.570	81.739	-200.741	1.895	86.679
	(-98.620)	(0.516)	(63.455)	(-51.091)	(0.482)	(67.862)
	-256.356	1.342	69.956	-182.073	1.719	76.800
	(-81.400)	(0.426)	(47.163)	(-45.973)	(0.434)	(51.490)
AGRAR UND ERNAEHRUNG	-67.021	1.344	18.261	-30.851	1.024	13.321
	(-56.798)	(1.139)	(36.545)	(-24.195)	(0.803)	(32.138)
	-110.096	2.207	30.044	-55.000	1.825	23.200
	(-91.193)	(1.828)	(52.837)	(-43.312)	(1.437)	(48.510)
ERZEUGNISSE DER LAND- FORST- UND JAGDWIRTSCHAFT, FISCHEREI	-48.116	1.959	13.130	-17.335	1.074	7.312
	(-43.376)	(1.766)	(25.132)	(-13.570)	(0.841)	(15.199)
ERNAEHRUNGS- U. GENUSSMITTELINDUSTRIE	-61.979	2.448	16.913	-37.665	2.691	15.887
	(-47.816)	(1.889)	(27.705)	(-29.742)	(2.125)	(33.311)
TOTAL/A (SUMME DER BERECHNETEN HAUPTGRUPPEN)	-367.017		100.000	-231.592		100.000
	(-155.418)		(100.000)	(-75.286)		(100.000)
TOTAL/B (SUMME DER BERECHNETEN UNTERGRUPPEN)	-366.452		100.000	-237.073		100.000
	(-172.593)		(100.000)	(-89.285)		(100.000)

__Quelle:__ Anhang I,1. - Eigene Berechnungen.

Tabelle 3* - Werte der DDR-Exportstrukturdivergenzen im innerdeutschen Handel[a] (D_j) 1960, 1966, 1972 (in Prozentpunkten)

Lfd. Nr.	Wirtschaftszweig[b]	Dj		
		1960	1966	1972
1	Bergbauliche Erzeugnisse	-5,17	-1,36	-4,82
2	Eisen- und Stahlerzeugung Eisen-, Stahl- und Tempergießereien Ziehereien und Kaltwalzwerke NE-Metalle und -Halbzeug	6,45	6,09	-2,40
3	Mineralölerzeugnisse Chemische Erzeugnisse Kunststofferzeugnisse	-8,83	4,12	1,45
4	Säge- und Holzbearbeitungswerke Holzwaren	-0,70	-1,62	-1,09
5	Holzschliff, Zellstoff, Papier und Pappe Papier- und Pappewaren	-0,08	0,18	-0,07
6	Gummi- und Asbestwaren	-0,51	-0,48	-0,04
7	Stahl- und Leichtmetallbau Stahlverformung	-0,04	0,65	-0,03
8	Maschinenbau	6,78	5,91	7,73
9	Elektrotechnik	2,39	4,22	3,30
10	Feinmechanik, Optik, Uhren	1,81	1,14	2,44
11	Eisen-, Blech- und Metallwaren	0,91	0,48	0,24
12	Feinkeramik Glas und Glaswaren Musikinstrumente, Spiel-, Sport- und Schmuckwaren	6,79	5,42	3,43
13	Druckerei, Vervielfältigung	-0,86	-0,33	0,21
14	Leder (Herstellung, Veredelung) Lederwaren und Schuhe	0,17	0,32	0,86
15	Textilien Bekleidung	-5,28	-11,81	-14,59
16	Agrar und Ernährung	-4,93	-5,43	-3,87

[a]Zur Berechnung vgl. Textziffer 89. - [b]Die Wirtschaftszweige sind zusammengestellt nach der Systematik des westdeutschen Warenverzeichnisses für die Industriestatistik (Ausgabe 1970) und der Allgemeinen Erzeugnisgliederung der Land-, Forst- und Jagdwirtschaft; Fischerei (Ausgabe 1951).

Quelle: Vgl. Tabelle 1*. - Eigene Berechnungen.

Tabelle 4* - DDR-Exportstrukturdivergenzen im innerdeutschen Handel, gewichtete und ungewichtete Analyse, 1960, 1966, 1972 (n = 16)

Abhängige Variable Exportstrukturdivergenz ungewichtet: D gewichtet[a]: D_1, D_2 im Jahr ...		K, t, B[b]	Unabhängige Variable					R^2 ($\bar{R}^2$)	F
			t_1	t_2	RCA	EPD	WST		
1972	D	K		0.292	-2.656			0.544	8.429
		t		4.018	-2.968			(0.478)	
		B		0.552	-0.219				
	D_1	K		0.041	-0.256*			0.492	7.828
		t		3.946	-1.985			(0.419)	
		B		0.573	-0.154				
	D_2	K		0.031	-0.361*			0.264	2.537*
		t		2.031	-1.953			(0.159)	
		B		0.355	-0.183				
1966	D	K	0.428		-6.011	-0.242		0.487	4.121
		t	3.357		-3.297	-2.232		(0.369)	
		B	0.428		-0.578	-0.474			
	D_1	K	0.075		-0.938	-0.034*		0.494	4.567
		t	3.699		-3.220	-1.968		(0.377)	
		B	0.469		-0.561	-0.415			
	D_2	K		0.271	-0.351	-0.023*		0.390	2.810*
		t		2.630	-2.389	-1.815		(0.249)	
		B		0.470	-0.303	-0.408			
1960	D	K	0.072*		-2.088*	0.227		0.284	1.721*
		t	0.583		-1.276	1.943		(0.120)	
		B	0.078		-0.215	0.444			
	D_1	K				0.056	-0.001*	0.489	7.966
		t				3.991	-0.678	(0.416	
		B				0.689	-0.094		
	D_2	K	0.002*			0.052	-0.002*	0.466	3.791
		t	0.118			2.789	-1.500	(0.343)	
		B	0.011			0.555	-0.295		

* Nicht signifikant bei einer Irrtumswahrscheinlichkeit von 5 vH. - [a] D_1: gewichtet mit den durchschnittlichen Anteilen der DDR-Exporte in die OECD-Länder einschließlich Bundesrepublik; D_2: gewichtet mit den Anteilen der DDR-Exporte in den Rest der Welt. - [b] K = Koeffizient, t = t-Wert, B = Beta-Weight. - Kritische t-Testwerte bei einer Irrtumswahrscheinlichkeit von 1 bzw. 5 bzw. 10 vH für Variablenanzahl (einschließlich Konstante): zwei Variable: 2,977 bzw. 2,145 bzw. 1,671; drei Variable: 3,012 bzw. 2,160 bzw. 1,771; vier Variable: 3,055 bzw. 2,179 bzw. 1,782 - und analog die kritischen F-Testwerte für zwei Variable: 6,51 bzw. 3,74 bzw. 2,73; drei Variable: 5,74 bzw. 3,41 bzw. 2,56.

Quelle: Anhang I,2. - Eigene Berechnungen.

Tabelle 5* - Veränderungen der DDR-Exportstrukturdivergenzen im innerdeutschen Handel, gewichtete und ungewichtete Analyse, 1960-1972 (n = 16)

Abhängige Variable Exportstrukturdivergenz ungewichtet: ΔD gewichtet[a]: ΔD_1, ΔD_2 im Zeitraum ...		K, t, B[b]	Unabhängige Variable				R^2	F
			Ø t_1	Ø t_2	Ø RCA	Ø EPD	$(\bar{R}^2)$	
1960 bis 1972:	ΔD	K		0.249	-1.135*	-0.231	0.457	3.680
		t		2.873	-0.980	-2.634	(0.332)	
		B		0.457	-0.094	-0.547		
	ΔD_1	K		0.033	-0.168*	-0.041	0.634	7.540
		t		3.487	-1.339	-4.272	(0.549)	
		B		0.455	-0.105	-0.725		
	ΔD_2	K	0.005*		-0.347*	-0.039	0.430	3.269
		t	0.239		-1.206	-2.760	(0.298)	
		B	0.027		-0.179	-0.576		
1960 bis 1966:	ΔD	K	0.336		-2.992	-0.431	0.736	12.109
		t	3.964		-2.554	-5.710	(0.676)	
		B	0.336		-0.282	-0.806		
	ΔD_1	K		0.043	-0.239*	-0.840	0.785	15.933
		t		4.553	-1.845	-6.657	(0.736)	
		B		0.465	-0.126	-0.878		
	ΔD_2	K		0.027	-0.322	-0.027	0.467	3.898
		t		2.979	-2.566	-2.180	(0.345)	
		B		0.479	-0.275	-0.453		
1966 bis 1972:	ΔD	K		0.033*	-0.661*	0.109*	0.198	1.104*
		t		0.380	-0.575	1.472	(0.013)	
		B		0.075	-0.065	0.369		
	ΔD_1	K		-0.008*	0.017*	0.015	0.189	1.008*
		t		-0.741	0.113	1.723	(0.001)	
		B		-0.147	0.014	0.435		
	ΔD_2	K		0.029*	-0.430		0.291	2.930*
		t		2.138	-2.225		(0.189)	
		B		0.350	-0.227			

noch Tabelle 5*

Abhängige Variable Exportstrukturdivergenz ungewichtet: D gewichtet[a]: D_1, D_2 im Zeitraum ...		K, t, B[b]	Unabhängige Variable					R^2 ($\bar{R}^2$)	F
			CONST	Δ t_1	Δ t_2	Δ RCA	Δ EPD		
1960 bis 1972:	Δ D	K		0.499		- 8.163	-0.438	0.702	10.253
		t		2.565		- 3.416	-4.965	(0.633)	
		B		0.300		- 0.529	-0.865		
	Δ D_1	K		0.044*		- 0.905	-0.059	0.727	11.588
		t		1.790		- 3.000	-5.237	(0.664)	
		B		0.200		- 0.445	-0.873		
	Δ D_2	K		0.027*		- 0.454	-0.048	0.779	15.564
		t		1.565		- 2.155	-6.152	(0.728)	
		B		0.157		- 0.287	-0.922		
1960 bis 1966:	Δ D	K	2.167		0.053*	19.483		0.813	28.337
		t	3.266		0.273	6.938		(0.785)	
		B			0.036	0.917			
	Δ D_1	K	0.331		0.003*	3.463		0.822	30.002
		t	2.854		0.075	7.056		(0.795)	
		B			0.010	0.911			
	Δ D_2	K	0.275		0.028*	3.214		0.856	38.489
		t	3.016		1.032	8.336		(0.833)	
		B			0.120	0.969			
1966 bis 1972:	Δ D	K		0.132*		- 4.430*	0.180*	0.194	1.082*
		t		0.504		- 1.494	1.499	(0.010)	
		B		0.112		- 0.447	0.400		
	Δ D_1	K		0.001*		- 0.414*	0.026*	0.216	1.193*
		t		0.011		- 1.191	1.834	(0.035)	
		B		0.003		- 0.352	0.483		
	Δ D_2	K			0.003*	- 0.121*	0.021*	0.250	1.454*
		t			0.245	- 0.505	1.886	(0.076)	
		B			0.046	- 0.143	0.540		

* Nicht signifikant bei einer Irrtumswahrscheinlichkeit von 5 vH. - [a] Gewichtet mit den jeweils durchschnittlichen Anteilen der DDR-Exporte in die OECD-Länder (einschließlich Bundesrepublik) bzw. in den Rest der Welt. - [b] K = Koeffizient, t = t-Wert, B = Beta-Weight. - Kritische t- und F-Testwerte vgl. Tabelle 4*.

Quelle: Anhang I,2. - Eigene Berechnungen.

Literaturverzeichnis

Adler-Karlsson, Gunnar, International Economic Power. The U.S. Strategic Embargo. "Journal of World Trade Law", Twickenham, Middx., Vol. 6 (1972), S. 501-517.

Andel, Willem van den, De feitelijke versus de "potentiele" omvang van de oost-west handel. Een vergelijking in de tijd. Diss. Rotterdam, April 1973.

Aroyo, Zak Z., Market Mechanism in International Economies. In: Thomás Földi, E. Kiss (Eds.), Socialist World Market Prices. Budapest 1969. S. 23-28.

Association for the Study of the Grants Economy, A Brochure. Detroit, Augsburg, Dezember 1973.

Bajt, Alexander, Investment Cycles in European Socialist Economies: A Review Article. "The Journal of Economic Literature", Menasha, Wisc., Vol. 9 (1971), S. 53-63.

Balassa, Bela, The Theory of Economic Integration. London 1962.

--, European Integration: Problems and Issues. "The American Economic Review", Menasha, Wisc., Vol. 53 (1963), Papers and Proceedings, S. 175-184.

--, Trade Liberalization among Industrial Countries: Objectives and Alternatives. New York 1967.

--, Trade Creation and Diversion in the European Common Market: An Appraisal of Evidence. In: Derselbe et al. (Eds.), European Economic Integration. Amsterdam, New York, Oxford 1975. Ch. 3, S. 79-118.

Balassa, Bela, et al. (Eds.), European Economic Integration. Amsterdam, New York, Oxford 1975.

Baldwin, Robert E., Determinants of the Commodity Structure of U.S. Trade. "The American Economic Review", Menasha, Wisc., Vol. 61 (1971), S. 126-146.

--, Tracy Murray, MFN Tariff Reductions and Developing Country Trade Benefits Under the GSP. "The Economic Journal", London, Vol. 87 (1977), S. 30-46.

Banerji, Ranadev, The Development Impact of Barter and Barter-Like Trade Agreements in Developing Countries: Case Study of India. OECD. Paris 1977. (Veröff. in Vorber.)

Baron, Stefan, Hans H. Glismann, Bernd Stecher, Ökonomische Implikationen einer Neuen Weltwirtschaftsordnung. Gesamtwirtschaftliche Kosten einzelner Forderungen. Gutachten erstellt für das Bundesministerium für Wirtschaft, Bonn. Kiel 1977. Veröffentl. als: Internationale Rohstoffpolitik. Ziele, Mittel, Kosten. (Kieler Studien, 150.) Tübingen 1977.

Bhagwati, Jagdish N., The Pure Theory of International Trade: A Survey. "The Economic Journal", London, Vol. 74 (1964), No. 293, S. 1-84.

--, The Generalized Theory of Distortions and Welfare. In: Derselbe et al., Trade, Balance of Payments and Growth. Papers in International Economics in Honor of Charles P. Kindleberger. Amsterdam, London 1971. Ch. 4.

Biskup, Reinhold, Was die DDR heimlich kassiert. "Frankfurter Allgemeine Zeitung", Frankfurt/M., 2. November 1974.

--, Deutschlands offene Handelsgrenze. Die DDR als Nutznießer des EWG-Protokolls über den innerdeutschen Handel. (Eine Studie der Ludwig-Erhard-Stiftung e.V., Bonn.) Frankfurt/M., Berlin 1976.

--, Handel und Politik, Zur Diskussion über die Vorteile im innerdeutschen Handel. "Wirtschaftspolitische Chronik", Köln, Jg. 26 (1977), H. 1, S. 69-84.

Bolz, Klaus, Sanktionen gegen die DDR? "Wirtschaftsdienst", Hamburg, Jg. 56 (1976), S. 432.

Boulding, Kenneth E., The Economy of Love and Fear. Belmont, Calif., 1973.

--, Martin Pfaff (1972a): Transferwirtschaft: Regelungstheorie der Wirtschafts- und Sozialpolitik. "Wirtschaftswoche", Frankfurt/M., Jg. 26 (1972), Nr. 36, S. 35-42.

--, --, (1972b): Veröffentlichungen auf dem Gebiet der Transferwirtschaftslehre. Ebenda, Nr. 37, S. 63.

--, --, Janos Horvath, Grants Economics: A Simple Introduction. "The American Economist", New York, Vol. 16 (1972), No. 1, S. 19-35.

Boulding, Kenneth E., Martin Pfaff (Eds.), Redistribution to the Rich and the Poor. The Grants Economics Income Distribution. Belmont, Calif., 1972.

Brada, Josef, C., Larry J. Wipf, The Export Performance of East European Nations in Western Markets. "Weltwirtschaftliches Archiv", Tübingen, Bd. 111 (1975), S. 121-137.

Brada, Josef C. (Ed.), Quantitative and Analytical Studies in East-West Economic Relations. (IDRC, Studies in East European and Soviet Planning, Development and Trade, No. 24.) Bloomington, Ind., 1976.

Bródy, András, The Rate of Economic Growth in Hungary, 1924-1965. In: Martin Bronfenbrenner (Ed.), Is the Business Cycle Obsolete? New York 1969. S. 312-327.

Brown, Alan A., Egon Neuberger (Eds.), International Trade and Central Planning. An Analysis of Economic Interactions. Berkeley, Los Angeles 1968.

Bryson, Philip J., Dynamic Price Planning in Command Systems. A Partial Equilibrium Approach. "Weltwirtschaftliches Archiv", Tübingen, Bd. 109 (1973), S. 495-513.

Bülow, Erich, Georg Langner, Fundstellennachweis für das Recht der Europäischen Gemeinschaften. "Bundesanzeiger", Frankfurt/M., 1973, Beilage Nr. 9.

Bundesamt für gewerbliche Wirtschaft, Außenhandel der DDR mit OECD-Ländern/mit RGW-Ländern nach ausgewählten Ländern und Warengruppen und -zweigen des Warenverzeichnisses für die Industriestatistik. Eschborn, versch. Jgg. (Unveröff.)

Bundesministerium für Innerdeutsche Beziehungen:

Bericht der Bundesregierung und Materialien zur Lage der Nation 1971. Bonn 1971.

Die Entwicklung der Beziehungen zwischen der Bundesrepublik Deutschland und der Deutschen Demokratischen Republik. Bericht und Dokumentation. Bonn 1973.

DDR-Handbuch. Wissenschaftl. Leitung: Peter Ch. Ludz unter Mitwirkung von Johannes Kuppe. Köln 1975.

Bundesministerium für Landwirtschaft und Forsten:

"Statistischer Monatsbericht", Bonn, versch. Jgg.

Statistisches Jahrbuch über Ernährung, Landwirtschaft und Forsten. Bonn, 1966.

Bundesministerium für Wirtschaft (BMWI):

Pressemitteilung Nr. 4143, Bonn, vom 1. Juli 1970.

Mitteilung betr. Vorteile der DDR aus dem innerdeutschen Handel. Bonn, vom 9. Dezember 1974.

Schreiben an den Verfasser. Bonn, vom 23. Februar 1977.

Clement, Hermann, Schulden über 100 Milliarden Mark. "Wirtschaftswoche", Frankfurt/M., Jg. 30 (1976), Nr. 37, S. 53-60.

Cooper, Charles A., Benton F. Massell, A New Look at Customs Union Theory. "The Economic Journal", London, Vol. 75 (1965), S. 742-747.

Corden, Warner Max, The Calculation of the Cost of Protection. "The Economic Record". Melbourne, Vol. 33 (1957), S. 29-51.

--, Economies of Scale and Customs Union Theory. "The Journal of Political Economy", Chicago, Ill., Vol. 80 (1972), S. 465-475.

--, Trade Policy and Economic Welfare. Oxford 1974.

Cornelisse, Peter A., The Volume of East-West Trade. "Co-Existence", Pickering, Ont., H. 2, November 1964, S. 99-106.

DDR-Handbuch, vgl. Bundesministerium für Innerdeutsche Beziehungen.

Deutscher Bundestag:

Drucksache 7/1554, Bonn, vom 17.1.1974.

Drucksache 7/4839, Bonn, vom 9.3.1976.

Dicke, Hugo, Die Wirkungen strukturpolitischer Maßnahmen in der Ernährungsindustrie. Analyse und Prognose. (Kieler Studien, 144.) Tübingen 1977.

Donges, Juergen B., Gerhard Fels, Axel D. Neu u.a., Protektion und Branchenstruktur der westdeutschen Wirtschaft. (Kieler Studien, 123.) Tübingen 1973.

Ehlermann, Claus-Dieter, Innerdeutsche Wirtschaftsbeziehungen und Europäische Gemeinschaft. In: Derselbe, Siegfried Kupper, Horst Lambrecht, Gerhard Ollig, Handelspartner DDR. Innerdeutsche Wirtschaftsbeziehungen. Baden-Baden 1975. S. 205-260.

Europäische Gemeinschaften (EG), Der Rat, Antwort 1911/70 (ASS 1159) auf die schriftliche Anfrage Nr. 474/69. Brüssel 1970.

Feldsieper, Manfred, Zollpräferenzen für Entwicklungsländer. (Bochumer Schriften zur Entwicklungsforschung und Entwicklungspolitik, Bd. 20.) Tübingen, Basel 1975.

Fels, Gerhard, Der internationale Preiszusammenhang. Eine Studie über den Inflationsimport in der Bundesrepublik. Köln 1969.

--, The Choice of Industry Mix in the Division of Labour between Developed and Developing Countries. "Weltwirtschaftliches Archiv", Tübingen, Bd. 108 (1972), S. 71-221.

--, The Export Needs of the Developing Countries and the Adjustment Process in Industrial Countries. In: Herbert Giersch (Ed.), The International Division of Labour. Problems and Perspectives. International Symposium. Tübingen 1974. S. 176-201.

"Frankfurter Allgemeine Zeitung", Frankfurt/M., 19. März 1977: DDR drängt immer stärker auf Gegengeschäfte.

Giersch, Herbert, Konjunktur- und Wachstumspolitik in der offenen Wirtschaft. Allgemeine Wirtschaftspolitik, Bd. 2. Wiesbaden 1977.

Giersch, Herbert (Ed.), The International Division of Labour. Problems and Perspectives. International Symposium. Tübingen 1974.

Ginsburg, Alan L., American and British Regional Export Determinants. Amsterdam, London 1969.

Glismann, Hans-H., Die gesamtwirtschaftlichen Kosten der Protektion. (Institut für Weltwirtschaft, Kieler Diskussionsbeiträge, 35.) Kiel, Oktober 1974.

--, Wettbewerbsbeschränkende Absprachen im Außenhandel. (Kieler Studien, 131.) Tübingen 1975.

--, Axel Neu, Towards New Agreements on International Trade Liberalization. Methods and Examples on Measuring Nontariff Trade Barriers. "Weltwirtschaftliches Archiv", Tübingen, Bd. 107 (1971 II), S. 235-271.

Goldmann, Josef, Fluctuations in the Growth Rate in a Socialist Economy and the Inventory Cycle. In: Martin Bronfenbrenner (Ed.), Is the Business Cycle Obsolete? New York, London 1969. S. 332-349.

Hanusch, Horst, Theorie des öffentlichen Gutes. Allokative und distributive Aspekte. (Abhandlungen zu den Wirtschaftlichen Staatswissenschaften, Bd. 3.) Göttingen 1972.

Hasse, Rolf, Theorie und Politik des Embargos. (Institut für Wirtschaftspolitik an der Universität Köln, Untersuchungen Nr. 25.) Köln 1973.

Hesse, Helmut, Hypotheses for the Explanation of Trade between Industrial Countries, 1953-1970. In: Herbert Giersch (Ed.), The International Division of Labour. Problems and Perspectives. International Symposium. Tübingen 1974. S. 39-59.

Hicks, John R., The Generalized Theory of Consumers' Surplus. "The Review of Economic Studies", London, Vol. 13 (1945/46), S. 68-74.

Hiemenz, Ulrich, Kurt von Rabenau, Effektive Protektion. Theorie und empirische Berechnung für die westdeutsche Industrie. (Schriften zur Angewandten Wirtschaftsforschung, 32.) Tübingen 1973.

Hirsch, Seev, Hypotheses Regarding Trade between Developing and Industrial Countries. In: Herbert Giersch (Ed.), The International Division of Labour. Problems and Perspectives. International Symposium. Tübingen 1974. S. 65-79.

Horn, Ernst-Jürgen, International Trade and Technological Innovation: The German Position vis-à-vis Other Developed Market Economies. In: Karl A. Stroetmann (Ed.), Innovation, Economic Change and Technology Policies. Proceedings of a Seminar on Technological Innovation. (Interdisciplinary Systems Research, 51.) Basel, Stuttgart 1977. S. 129-147.

Hort, Peter, Der Swing - ein politischer Hebel? Zur Diskussion um den innerdeutschen Handel. "Frankfurter Allgemeine Zeitung", Frankfurt/M., 9. September 1976.

Horvath, Janos, On Evaluation of International Grants Policy. "Public Finance", The Hague, Vol. 26 (1971), S. 379-393.

--, The Scope of the International Grants Economy: The Case of the Eximbank. In: Martin Pfaff (Ed.), Frontiers in Social Thought. Essays in Honor of Kenneth E. Boulding. Amsterdam, New York, Oxford 1976. S. 121-142.

Houthakker, Hendrik S., Stephen P. Magee, Income and Price Elasticities in World Trade. "The Review of Economics and Statistics", Cambridge, Mass., Vol. 51 (1969), S. 111-125.

Hufbauer, Gary C., John G. Chilas, Specialization by Industrial Countries: Extent and Consequences. In: Herbert Giersch (Ed.), The International Division of Labour. Problems and Perspectives. International Symposium. Tübingen 1974. S. 3-38.

Johnson, Harry G., Economic Expansion and International Trade, "The Manchester School of Economic and Social Studies", Manchester, Vol. 23 (1955), S. 95-112.

--, The Cost of Protection and the Scientific Tariff. "The Journal of Political Economy", Chicago, Ill., Vol. 68 (1960), S. 327-345.

--, The Economic Theory of Customs Union. "Pakistan Economic Journal", Lahore, Vol. 10 (1960), S. 14-32. Wiederabgedr. in: Derselbe, Money, Trade and Economic Growth. London 1962. S. 46-74.

--, An Economic Theory of Protectionism, Tariff Bargaining, and the Formation of Customs Unions. "The Journal of Political Economy", Chicago, Ill., Vol. 73 (1965), S. 256-283.

--, Trade Preferences and Developing Countries. "Lloyds Bank Review", London, 1966, No. 80, S. 1-18.

--, Economic Policies Towards Less Developed Countries. Washington, D.C., 1967.

--, Notes on Some Theoretical Problems Posed by the Foreign Trade of Centrally Planned Economies. In: Alan A. Brown, Egon Neuberger (Eds.), International Trade and Central Planning. An Analysis of Economic Interactions. Berkeley, Los Angeles 1968. S. 393-402.

--, The Theory of Effective Protection and Preferences. "Economica", London, Vol. 36 (1969), S. 119-138.

--, Trade Negotiations and the New International Monetary System. In: Gerald and Victoria Curzon (Eds.), Commercial Policy Issues. Lausanne, September 1976. S. 13-31.

Jones, Norman W., Jacques Nusbaumer, A Method of Estimating Elasticities in Bilateral Trade. "Weltwirtschaftliches Archiv", Tübingen, Bd. 112 (1976), S. 674-691.

Kemp, Murray C., A Contribution to the General Equilibrium Theory of Preferential Trading. Amsterdam, London 1969.

Koutsoyiannis, A., Theory of Econometrics. An Introductory Exposition of Econometric Methods. London, Basingstoke 1973.

Krämer, Hans R., Zollpräferenzen für Entwicklungsländer. "Wirtschaftsdienst", Hamburg, Jg. 51 (1971), S. 540-544.

K r a u s s, Melvyn B., (1972a) : Customs Union Theory: Ten Years Later. "Journal of World Trade Law", Twickenham, Middx., Vol. 6 (1972), S. 284-299.

--, (1972b) : Recent Developments in Customs Union Theory: An Interpretive Survey. "The Journal of Economic Literature", Menasha, Wisc., Vol. 10 (1972), S. 413-436.

--, Harry G. J o h n s o n, General Equilibrium Analysis. A Micro-Economic Text. London 1974.

K r a u s s, Melvyn B. (Ed.), The Economics of Integration. A Book of Readings. London 1973.

K r e i n i n, Mordechai E., On the Dynamic Effects of a Customs Union. "The Journal of Political Economy", Chicago, Ill., Vol. 72 (1964), S. 193-195.

K r o l, Gerd-Jan, Die Wirtschaftsreform in der DDR und ihre Ursachen. Erfahrungen mit der administrativen Steuerungskonzeption. (Schriften zur Kooperationsforschung, A. Studien, Bd. 4.) Tübingen 1972.

K r u m p e r, Arthur J., P. P e t e r s e n, G. S p a n a k a k i s, Umsatzsteuerreform mit geringen Preiswirkungen. "Wirtschaftskonjunktur", München, Jg. 19 (1967), H. 4, S. 2-7.

K u p p e r, Siegfried, Der innerdeutsche Handel. Rechtliche Grundlagen, politische und wirtschaftliche Bedeutung. Köln 1972.

--, Politische Aspekte des innerdeutschen Handels. In: Claus-Dieter E h l e r m a n n, Siegfried K u p p e r, Horst L a m b r e c h t, Gerhard O l l i g, Handelspartner DDR. Innerdeutsche Wirtschaftsbeziehungen. Baden-Baden 1975. S. 13-76.

L a m b r e c h t, Horst, Innerdeutscher Handel. In: DIW, DDR-Wirtschaft. Eine Bestandsaufnahme. Frankfurt/M. 1974. S. 290-298.

--, (1975a) : Zum innerdeutschen Handel. DIW, "Wochenbericht", Berlin, Jg. 42 (1975), S. 170-174.

--, (1975b) : Zum Westhandel der DDR. Ebenda, S. 319-323.

L e a m e r, Edward E., Robert M. S t e r n, Quantitative International Economics. Chicago 1976.

L e v č i k, Friedrich, Kommentar zu: East-West and Economic Development in Eastern and Western Europe. 7. Internationales Seminar der CESES. Stresa, September 1971. (Zitiert nach Stankowsky [1972, S. 68].)

L i e s n e r , H. H. , The European Common Market and British Industry. "The Economic Journal", London, Vol. 68 (1958) , S. 302-316.

L i n d e r , Staffan B. , An Essay on Trade and Transformation. New York 1961.

L i n n e m a n n , Hans, An Econometric Study of International Trade Flows. Amsterdam 1966.

L i p s e y , Richard G. , The Theory of Customs Unions: A General Survey. "The Economic Journal", London, Vol. 70 (1960) , S. 496-513.

--, The Theory of Customs Unions: A General Equilibrium Analysis. London 1970.

M a c h o w s k i , Heinrich, Abbau des Ungleichgewichtes im Ost-West-Handel. DIW, "Wochenbericht", Berlin, Jg. 43 (1976) , S. 359-364.

M a g e e , Stephen P. , The Welfare Effects of Restrictions on U. S. Trade. "Brookings Papers on Economic Activity", Washington, D. C. , 1972, S. 645-701.

--, Factor Market Distortions, Production and Trade: A Survey. "Oxford Economic Papers", London, N. S. Vol. 25 (1973) , S. 1-43.

M a r e r , Paul, Foreign Trade Prices in the Soviet Bloc: A Theoretical and Empirical Study. Unpubl. Ph. D. Diss. University of Pennsylvania 1968. Ann Arbor, Mich. , 1969.

--, Postwar Pricing and Price Patterns in Socialist Foreign Trade (1946-1971) . (IDRC, Report 1.) Bloomington, Ind. , 1972.

M e r k e l , Konrad, Die finanziellen und devisenpolitischen Auswirkungen einer Behandlung der DDR als Ausland bzw. als Drittland der EWG im Warenverkehr mit der Bundesrepublik. Bericht. TU Berlin, 4. März 1970. (Mineo.)

M i c h a e l y , Michael, On Customs Unions and the Gains from Trade. "The Economic Journal", London, Vol. 75 (1965) , S. 577-583.

M i n i s t e r r a t d e r DDR, Staatliche Zentralverwaltung für Statistik, Erzeugnis und Leistungsnomenklatur der Deutschen Demokratischen Republik, Teil I-VII. Berlin (Ost) [1965/66] .

M i t z s c h e r l i n g , Peter, Horst L a m b r e c h t , Manfred M e l z e r u. a. , System und Entwicklung der DDR-Wirtschaft. (DIW, Sonderheft, 98.) Berlin 1974.

Müller, Friedemann, Die Außenwirtschaftstheorie in der Planwirtschaft. (Wiener wirtschafts- und finanzwissenschaftliche Untersuchungen, Bd. 8.) Berlin 1975.

Müller-Haeseler, Wolfgang, Drei Handikaps im innerdeutschen Handel. "Frankfurter Allgemeine Zeitung", Frankfurt/M., 15. September 1976.

"Nachrichten für Außenhandel", Frankfurt/M., 8. September 1976: Rohwedder: Kaufbereitschaft höher als DDR behauptet.

Nattland, Karl-Heinz, Exportförderungsmaßnahmen in der DDR. In: Erik Boettcher (Hrsg.), Wirtschaftsbeziehungen mit dem Osten. Stuttgart, Mainz 1971. S. 43-60.

--, Der Außenhandel in der Wirtschaftsreform der DDR. (Wirtschaftswissenschaftliche Veröffentlichungen des Osteuropa-Instituts an der Freien Universität Berlin, Bd. 33.) Berlin, 1972.

Nehring, Sighart (1974a) : Innerdeutscher Handel: Besonderheiten, Entwicklung, Perspektiven. "Die Weltwirtschaft", Tübingen, 1974, H. 2, S. 61-76.

--, (1974b) : Innerdeutscher Handel: Einnahmeverzichte der Bundesrepublik Deutschland - Handelsvorteile der DDR. Ebenda, S. 76-88.

--, (1975a) : Zur theoretischen Einordnung impliziter Handelstransfers. (Institut für Weltwirtschaft, Kieler Arbeitspapiere, 34.) Kiel, September 1975.

--, (1975b) : Theoretisch-empirische Probleme der Berechnung von internationalen impliziten Transfers. (Ebenda, 36.) Kiel, September 1975.

--, Frank Weiss, Domestic Price Distortions and Implicit International Transfers. Paper Pres. at the Annual Meeting of the American Economic Association, Joint Session with the Association for the Study of the Grants Economy. New York, December 30, 1973 (Mimeo). Abgedr. in: "Jahrbücher für Nationalökonomie und Statistik", Stuttgart, Bd. 189 (1975), S. 234-255.

"Neues Deutschland", Berlin (Ost), 7. Juni 1970: Dichtung und Wahrheit über den Außenhandel zwischen der DDR und der Bundesrepublik.

OECD, Overall Trade by Origin and Destination. "Statistical Bulletins", Foreign Trade, Série A, Paris, versch. Jgg.

Olivera, Julio H.G., Cyclical Economic Growth under Collectivism. "Kyklos", Basel, Vol. 13 (1960), S. 229-255.

O l l i g , Gerhard, Rechtliche Grundlagen des innerdeutschen Handels. In: Claus-Dieter E h l e r m a n n , Siegfried K u p p e r , Horst L a m b r e c h t , Gerhard O l l i g , Handelspartner DDR. Innerdeutsche Wirtschaftsbeziehungen. Baden-Baden 1975. S. 147-201.

O r c u t t , Guy H., Measurement of Price Elasticities in International Trade. "The Review of Economics and Statistics", Cambridge, Mass., Vol. 32 (1950), S. 117-132.

P f a f f , Martin, Anita B. P f a f f , The Grants Economy as Regulator of the Exchange Economy. In: Joint Economic Committee, Congress of the United States, The Economics of Federal Subsidy Programs. A Compendium of Papers. Part 1: General Study Papers. Washington, May 8, 1972. S. 120-155.

P f a f f , Martin (Ed.), Grants and Exchange. International Symposium, Amsterdam 1976.

P o m f r e t , Richard, The Consequences of Free Trade in Manufactures between Israel and the EEC. (Institut für Weltwirtschaft, Kieler Arbeitspapiere, 51.) Kiel, July 1976.

P r e s s e - und I n f o r m a t i o n s a m t der B u n d e s r e g i e r u n g , "Bulletin", Bonn, 1976, Nr. 24.

R o d e m e r , Horst, Wirkungsanalyse der EG-Agrarpolitik und alternativer agrarpolitischer Systeme. (Institut für Weltwirtschaft.) Kiel 1977. Manuskript.

S c h w a d t k e , Horst (Leiter des Autorenkollektivs), Erwin G u d l a t , Gerhard H e s k e , Roland S t e g e r , Internationale Preisvergleiche. Berlin (Ost) 1973.

S c h a r p f , Peter, Europäische Wirtschaftsgemeinschaft und Deutsche Demokratische Republik. Tübingen 1973.

--, Die Bedeutung des innerdeutschen Handels für die Beziehungen der EWG zur DDR. "Deutschland Archiv", Köln, Jg. 7 (1974), S. 260-266.

S e l l e k a e r t s , The Effects of the EEC on East-West Trade. Unpubl. Ph. D. Diss. Michigan State University. Ann Arbor, Mich., 1971.

--, How Meaningful are Empirical Studies on Trade Creation and Diversion? "Weltwirtschaftliches Archiv", Tübingen, Bd. 109 (1973), S. 519-553.

Sharma, R. K., Grant Element in External Assistance to India. "Indian Economic Journal", Bombay, Vol. 21 (1973), S. 124-131.

Sieben, Reinhard, Innerdeutscher Handel. Köln 1974. (Loseblattsammlung.)

Staatliche Zentralverwaltung für Statistik, Statistisches Jahrbuch der Deutschen Demokratischen Republik, Berlin (Ost), versch. Jgg.

Stäglin, Reiner, Hans Wessels, Input-Outputrechnung für die Bundesrepublik Deutschland 1954, 1958, 1962, 1966. (DIW, Beiträge zur Strukturforschung, H. 27.) Berlin 1973.

Stankovsky, Jan, Bestimmungsgründe im Handel zwischen Ost und West. (Österreichisches Institut für Wirtschaftsforschung, Forschungsberichte, 7.) Wien, November 1972.

Statistisches Bundesamt (Wiesbaden):

Allgemeine Erzeugnisgliederung der Land-, Forst- und Jagdwirtschaft; Fischerei. Abgedr. in: "Bundesanzeiger", Bonn, 1951, Nr. 116, S. 4 ff.

Fachserie D: Die Industrie der Bundesrepublik Deutschland, Stuttgart, Mainz,
Reihe 3 : Die industrielle Produktion, 1966.

Fachserie F: Groß- und Einzelhandel, Gastgewerbe, Fremdenverkehr, Stuttgart, Mainz,
Reihe 6 : Warenverkehr mit der Deutschen Demokratischen Republik und Berlin (Ost), versch. Jgg.

Fachserie G: Außenhandel, Stuttgart, Mainz,
Reihe 1 : Zusammenfassende Übersichten, versch. Jgg.

Reihe 7 : Sonderbeiträge; Außenhandel nach Ländern und Warengruppen und -zweigen des Warenverzeichnisses für die Industriestatistik, versch. Jgg.

Fachserie M: Preise, Löhne, Wirtschaftsrechnungen, Stuttgart, Mainz,
Reihe 1 : Preise und Preisindices für Außenhandelsgüter, versch. Jgg.

Reihe 3 : Preise und Preisindices für die industrielle Produktion, Index der Erzeugerpreise, versch. Jgg.

Preisindices für Einfuhren aus Drittländern nach Warengruppen und -zweigen des Warenverzeichnisses für die Industriestatistik, Wiesbaden, versch. Jgg. (Unveröff.)

S t a t i s t i s c h e s B u n d e s a m t (Wiesbaden):

Statistisches Jahrbuch für die Bundesrepublik Deutschland, Stuttgart, Mainz, versch. Jgg.

Systematisches Warenverzeichnis für die Industriestatistik, Stuttgart, Mainz, Februar 1970.

"Wirtschaft und Statistik", Stuttgart, 1971, H. 11.

S t e r n, Robert M., Tariffs and Other Measures of Trade Control: A Survey of Recent Developments. "The Journal of Economic Literature", Menasha, Wisc., Vol. 11 (1973), S. 857-888.

"S ü d d e u t s c h e Z e i t u n g", München, 30. August 1976: Handel mit der DDR erreicht acht Milliarden, Abbau der Überschüsse zeichnet sich ab.

T h o r b e c k e, Erik, European Economic Integration and the Pattern of World Trade. "The American Economic Review", Menasha, Wisc., Vol. 53 (1963), Papers and Proceedings, S. 147-174.

T i n b e r g e n, Jan, Möglichkeiten zur Verbesserung der weltwirtschaftlichen Arbeitsteilung durch Intensivierung des Ost-West-Handels. In: Herbert G i e r s c h (Hrsg.), Möglichkeiten und Grenzen einer Verbesserung des Ost-West-Handels und der Ost-West-Kooperation. Symposium. Tübingen 1974. S. 23-29.

U n i t e d N a t i o n s (UN), The Growth of World Industry, Vol. 1, New York, versch. Jgg.

UN, C o n f e r e n c e o n T r a d e a n d D e v e l o p m e n t (UNCTAD), Review of Schemes of Generalized Preferences of Developed Market-Economy Countries. Genf, versch. Berichte und Jahre.

UN, E c o n o m i c C o m m i s s i o n f o r E u r o p e (ECE), Analytical Report on the State of Intra-European Trade. New York 1970.

UN, F o o d a n d A g r i c u l t u r a l O r g a n i z a t i o n (FAO):

"Monthly Bulletin of Agricultural Economics and Statistics", Rom, Vol. 24 (1975), H. 4.

The State of Food and Agriculture, Rom, versch. Jgg.

V i n e r, Jacob, The Customs Union Issue. New York 1950.

W e i n t r a u b, Sidney, Trade Preferences for Less Developed Countries. New York 1967.

Weiss, Frank, Frank Wolter, Die Staatshandelsländer als Anbieter auf den westdeutschen Industriewarenmärkten. "Die Weltwirtschaft", Tübingen 1977, H. 1, S. 109-126.

Wilczynski, Josef, The Economics and Politics of East-West-Trade. London 1969.

Wiles, Peter J. D., Communist International Economics. Oxford 1968.

Wolf, Thomas A., The Impact of Elimination of West German Quantitative Restrictions on Imports from Centrally Planned Economies. "Weltwirtschaftliches Archiv", Tübingen, Bd. 112 (1976), S. 338-358.

Wolter, Frank, Factor Proportions, Technology and West German Industry's International Trade Patterns - Worldwide and Regional. (Institut für Weltwirtschaft, Kieler Arbeitspapiere, 53.) Kiel, September 1976. Abgedr. in: "Weltwirtschaftliches Archiv", Tübingen, Bd. 113 (1977), S. 250-267.

World Bank, World Bank Atlas. Washington, D. C., 1974.

Yamane, Taro, Statistics. An Introductory Analysis. 3rd Ed. New York 1973.

Kieler Diskussionsbeiträge
Kiel Discussion Papers

38./ Comments on "Economic Policy for the European Community – The Way
39. Forward". Kiel, June 1975. 78 S. *DM* 11,60.

40. Exportbeschränkungen, ein neues Problem der Welthandelsordnung. Von H. R. Krämer. Kiel, Juni 1975. 23 S. *DM* 5,80.

41. Anatomie einer "Krise". Zur Situation der öffentlichen Finanzen und zu den konjunkturellen Wirkungen öffentlicher Haushalte in der Bundesrepublik. Von D. Biehl. Kiel, August 1975. 24 S. *DM* 5,80. Vergriffen.

42. Die Weltwirtschaft im Wandel. Symposium 1975. Kiel, Oktober 1975. 48 S. *DM* 5,80.

43. Die Auswirkungen des gesamtwirtschaftlichen Strukturwandels auf die Nachfrage nach Arbeitskräften in den Bundesländern. Eine Prognose der Wirtschaftsstruktur und des Arbeitsplätzeangebots bis 1985. Von H. Vögele. Kiel, November 1975. 24 S. *DM* 5,80. Vergriffen.

44. Volkswirtschaftliche und soziale Implikationen sinkender Sterblichkeit bei anhaltendem Geburtenrückgang in West- und Nordeuropa. Von H. Wander. Kiel, Dezember 1975. 18 S. *DM* 5,80.

45. Weltwirtschaft im Übergang. Beiträge zu einer Vortragsveranstaltung des Instituts für Weltwirtschaft. Kiel, Januar 1976. 30 S. *DM* 5,80. Vergriffen.

46. Ökonomische Implikationen der "Neuen Weltwirtschaftsordnung". Von H. H. Glismann, P. Juhl und B. Stecher. Kiel, Februar 1976. 56 S. *DM* 5,80. Vergriffen.

47. Strukturwandlungen des privaten Verbrauchs in der Bundesrepublik Deutschland 1950–1985. Von Klaus-Dieter Schmidt. Kiel, Mai 1976. 34 S. *DM*. 5,80. Vergriffen.

48. Wirtschaftspolitik und wirtschaftliche Aussichten in den Industrieländern. Kiel, Dezember 1976. 15 S. *DM* 5,80.

49. Wege zur Überwindung der Arbeitslosigkeit. Beiträge zu einer Vortragsveranstaltung des Instituts für Weltwirtschaft. Kiel, Januar 1977. 45 S. *DM* 5,80.

50. Recent Economic Development and Outlook in Industrial Countries. By Adolf Ahnefeld, Dietmar Gebert, Jürgen Roth, Joachim Scheide, and Norbert Walter. Kiel, May 1977. 113 S. *DM* 5,80.

51. Wirtschaftspolitik und wirtschaftliche Aussichten in den Industrieländern. Kiel, Dezember 1977. 16 S. *DM* 5,80.

52. Entkoppelung von Wirtschaftswachstum und Energieverbrauch — eine Strategie der Energiepolitik? Von Axel D. Neu. Kiel, Februar 1978. 91 S. *DM* 5,80.

53. Kritisches und Positives zu den Forderungen nach einer Neuordnung der Weltwirtschaft. Von Herbert Giersch. Kiel, März 1978. 16 S. *DM* 5,80.

54. The Future of the World Economy. An Appraisal of Leontief's Study. By Jamuna P. Agarwal, Dean Spinanger, Bernd Stecher. Kiel, May 1978. 48 S. *DM* 5,80.

55. Zur Natur der Wachstumsschwäche in der Bundesrepublik Deutschland. Eine empirische Analyse langer Zyklen wirtschaftlicher Entwicklung. Von Hans H. Glismann, Horst Rodemer und Frank Wolter. Kiel, Juni 1978. 32 S. *DM* 5,80.

©

Institut für Weltwirtschaft an der Universität Kiel

Postfach 4309, D-2300 Kiel 1

ISSN 0455 - 0420

Kieler Studien

Institut für Weltwirtschaft an der Universität Kiel

Herausgegeben von Herbert Giersch
Schriftleitung: Hubertus Müller-Groeling

140. Klaus Möbius, Ekkehart Seusing, Adolf Ahnefeld, Die Pharmazeutische Industrie in der Bundesrepublik Deutschland. Struktur und Wettbewerb. 1976. XIII, 139 S. Broschiert *DM* 34,–. Leinen *DM* 46,–.
141. Richard W. T. Pomfret, Trade Policies and Industrialization in a Small Country: The Case of Israel. 1976. XVI, 204 S. Broschiert *DM* 42,–. Leinen *DM* 52,–.
142. Wolf-Dieter Zumpfort, Untersuchungen zum Wachstum des Eurodollarmarktes. 1977. XVII, 175 S. Broschiert *DM* 39,–. Leinen *DM* 49,–.
143. Maurice Girgis, Industrialization and Trade Patterns in Egypt. 1977. XVII, 261 S. Broschiert *DM* 50,–. Leinen *DM* 60,–.
144. Hugo Dicke, Die Wirkungen strukturpolitischer Maßnahmen in der Ernährungsindustrie. Analyse und Prognose. 1977. XV, 230 S. Broschiert *DM* 46,–. Leinen *DM* 56,–.
145. Charles R. Chittle, Industrialization and Manufactured Export Expansion in a Worker-Managed Economy. The Yugoslav Experience. 1977. XIV, 168 S. Broschiert *DM* 36,–. Leinen *DM* 46,–.
146. Dieter Biehl, Günter Hagemann, Karl H. Jüttemeier, Harald Legler, Konjunkturelle Wirkungen öffentlicher Haushalte. 1978. XIX, 257 S. Broschiert *DM* 49,–. Leinen *DM* 59,–.
147. Klaus Stegemann, Price Competition and Output Adjustment in the European Steel Market. 1977. XIX, 359 S. Broschiert *DM* 62,–. Leinen *DM* 72,–.
148. Seev Hirsch, Rich Man's, Poor Man's, and Every Man's Goods. Aspects of Industrialization. 1977. XI, 150 S. Broschiert *DM* 32,–. Leinen *DM* 42,–.
149. Hilde Wander, Bevölkerungswachstum und Konsumstruktur in Entwicklungsländern. Fakten, Zusammenhänge und politische Implikationen. 1977. XII, 117 S. Broschiert *DM* 28,–. Leinen *DM* 38,–.
150. Stefan Baron, Hans H. Glismann, Bernd Stecher, Internationale Rohstoffpolitik. Ziele, Mittel, Kosten. 1977. XI, 194 S. Broschiert *DM* 28,–. Leinen *DM* 46,–.
151. Rolf J. Langhammer, Die Zentralafrikanische Zoll- und Wirtschaftsunion. Integrationswirkungen bei Ländern im Frühstadium der industriellen Entwicklung. 1978. XV, 268 S. Broschiert *DM* 50,–. Leinen *DM* 60,–.
152. Hugo Dicke, Strukturwandel im westdeutschen Straßenfahrzeugbau. 1978. XI, 171 S. Broschiert *DM* 36,–. Leinen *DM* 48,–.
153. Jan Peter Wogart, Industrialization in Colombia: Policies, Patterns, Perspectives. 1978. XIII, 176 S. Broschiert *DM* 35,–. Leinen *DM* 49,–.
154. Sighart Nehring, Die Wirkungen von Handelspräferenzen im Warenaustausch zwischen der Bundesrepublik und der DDR. Ein empirischer Beitrag zur Theorie der impliziten Transfers. 1978. VII, 174 S. Broschiert *DM* 36,–. Leinen *DM* 48,–.
155. Frank Dietmar Weiss, Electrical Engineering in West Germany: Adjusting to Imports from Less Developed Countries. 1978. XII, 115 S. Broschiert *DM* 28,–. Leinen *DM* 40,–.

J. C. B. Mohr (Paul Siebeck) Tübingen
Postfach 2040, D-7400 Tübingen
ISSN 0340 - 6989